U0825741

山区峡谷高桥建造技术技能人才培养创新与实践

贵州交通“一桥一课一团队”育人模式改革

SHANQU XIAGU GAOQIAO JIANZAO JISHU JINENG RENCAI PEIYANG CHUANGXIN YU SHIJIAN

刘正发　韦生根 / 主编

中央民族大学出版社
China Minzu University Press

图书在版编目（CIP）数据

山区峡谷高桥建造技术技能人才培养创新与实践 / 刘正发，韦生根主编. —北京：中央民族大学出版社，2022. 4

ISBN 978-7-5660-2082-6

Ⅰ. ①山… Ⅱ. ①刘… ②韦… Ⅲ. ①山区道路—桥梁工程—人才培养—研究 Ⅳ. ①U448. 28

中国版本图书馆 CIP 数据核字（2022）第 063640 号

山区峡谷高桥建造技术技能人才培养创新与实践

主　　编	刘正发　韦生根
责任编辑	舒　松
封面设计	舒刚卫
出版发行	中央民族大学出版社
	北京市海淀区中关村南大街 27 号　邮编：100081
	电　话：(010)68472815(发行部)　传真：(010)68932751(发行部)
	(010)68932218(总编室)　(010)68932447(办公室)
经 销 者	全国各地新华书店
印 刷 厂	北京鑫宇图源印刷科技有限公司
开　　本	787×1092　1/16　印张：15. 75
字　　数	240 千字
版　　次	2022 年 4 月第 1 版　2022 年 4 月第 1 次印刷
书　　号	ISBN 978-7-5660-2082-6
定　　价	60. 00 元

版权所有　翻印必究

前　言

党的十八大以来，中国社会经济进入高质量发展新时代。职业教育也由“量”的全面发展转向“质”的内涵提升新的发展阶段。加快推进职业教育培养模式向产教融合、校企合作转变，培养德技并重、符合社会经济发展要求的高素质技术技能人才，成为深化高等职业教育教学改革的时代主题。

高等职业教育本质上是服务区域经济发展的教育。这为高职专业差异化发展和个性化人才提供了明确的导向。本书在系统梳理和吸收国内外有关高素质技术技能人才培养最新理论与实践成果的基础上，以贵州交职院道路桥梁工程技术专业为依托，立足专业办学优势和贵州交通发展为特色，主动寻求和产业、企业的联动发展，以创新实践专业个性化人才培养方案为样本，对突出本校专业差异化发展和人才培养特色的技术技能人才育人模式进行了实证分析研究。在总结实践创新的同时，深入探讨了高职个性化技术技能人才的内涵及特征、适应区域发展和学生发展的育人路径、育人环境等目前职业教育研究比较欠缺的问题。专业紧扣山区高桥人才需求，形成依托贵州高桥在建项目产教深度融合，培养山区桥梁未来大国工匠的一桥一课一团队“贵州模式”，尤其是“多层次课岗融通”的专业教学体系，“以产促教、以教助产”的双师培养新模式，面向人人的“以德为先、全面发展”的成长机制，对全国高职交通土建类专业高素质技术技能人才培养具有重要示范及方法学借鉴意义。提出的面向区域重大战略、面向产业发展优势、面向人人尽展其才，聚焦差异化发展、聚焦特色化教学、聚焦多样化成长的“三聚焦”个性化育人理念，对高职其他专业深度融入区域发展，构建与区域经济和产业转型升级匹配程度高、特色鲜明的个性化育人模式，形成与国内相同专业错位发展的格局，提高人才供给适配度，提升毕业生就业质量及终身职业发展能力也具有重要指导意义。

本书在编写过程中，参考和引用了大量文献资料，在此对原作者深表谢意！参与本书资料收集和内容撰写工作的还有周德军、郭天惠、李郴娟、龙建旭、林林、向程龙、冉江兰等老师，在此对他们付出的辛勤劳动和智慧表示感谢！

由于编者水平有限，书中难免存在疏漏之处，敬请读者批评指正！

编　者

2022 年 4 月

目　录

第一章 导 论

第一节 技术技能型人才个性化育人模式创新与实践背景

实行工学结合、校企合作的技术技能人才培养模式，是高等职业教育发展的内在要求。也是高职院校不断增强其自身竞争力，适应社会、行业、企业发展的必然要求。

2012 年，《国家教育事业发展第十二个五年规划》提出，“实行多种形式的产教结合和校企合作”。2017 年，《国务院办公厅关于深化产教融合的若干意见》提出，“用 10 年左右时间，教育和产业统筹融合、良性互动的发展格局总体形成”。2018 年，《职业学校校企合作促进办法》指出，“产教融合、校企合作是职业教育办学的基本模式，是办好职业教育的关键所在，要在人才培养、就业创业、文化传承等方面开展校企合作”。2019 年，《国家职业教育改革实施方案》指出，“落实好立德树人根本任务，健全德技并修、工学结合的育人机制，完善评价机制，规范人才培养全过程”。并从工学结合、校企合作、实训基地、“双师型”教师队伍等多个方面，为促进产教融合、校企“双元”育人提出具体措施。一系列国家政策从战略层面明确了我国职业教育改革与发展的基本方向。实践也证明与产业深度融合，是实现高等职业教育高质量发展的必由之路。

以需求为导向，根植于国家政策和办学实践，通过专业结构优化、育人模式创新、课程体系重构、教师团队建设等，主动寻求和产业的联动发展，充分发挥高职院校和企业协同育人的优势，深化产教融合、校企合作，“加快推进职业教育培养模式由传统的以学校和课程为中心向工学结合、校企合作转变”。探索创新具有中国特色的职业教育育人模式，培养德技并重、符合经济社会发展要求的高素质技术技能人才，成为深化高等职业教育教学改革的时代主线。

一、培养个性化技术技能人才是适应区域社会经济和学生发展需要的必然要求

高等职业教育本质上是服务区域经济发展的教育。我国东西南北中各地区区位、资源、基础等发展条件不同，社会经济不平衡发展的现状和区域发展优先战略的不同，对各类人才的需求也不尽相同，这为高职专业差异化发展和高职个性化人才供给提供了的明确指向。高职院校要结合自身特点，根据行业及科技发展情况，因地制宜设置职业性、区域性鲜明的专业。① 职业性、区域性鲜明，突出本校专业差异化发展和人才培养特色，成为高等职业教育专业高质量内涵发展的显著标识。

首先，服务区域经济发展，需要从区域发展战略、行业转型升级和企业需求三个层面分析本校专业发展的区域性优势，从中凝练高辨识度的专业方向，突出自身技术技能人才培养特色。其次，需要根据区域行业、企业等实际发展需求，提出具有针对性、开创性的改革措施，形成因地制宜的工学结合、校企合作专业办学机制，创新、完善特色化的适合产业发展和区域经济发展的专业人才培养模式。再次，需要符合学生个性化发展的需要，继续深化课程和教学改革，“把提高质量作为重点。以服务为宗旨，以就业为导向，推进教育教学改革。”②

我国高职教育已进入高质量发展阶段，提高人才培养质量是当前高等职业教育高质量发展的核心命题。这一核心命题对社会、企业而言，关键

① 于舒．高质量发展背景下高职院校专业建设内涵的再审视［J］．职业技术教育，2019，40（35）：16-20

② 《国家中长期教育改革和发展规划纲要（2010—2020年）》

在于深层次解决好人才培养与当地经济社会需求背离的问题，提高人才供给适配度，更有效地为区域社会经济和企业高质量发展提供高效能的人才保障；这一核心命题对学生而言，在于深层次解决好人才培养与学生发展需要脱节的问题，更可能地满足学生个性发展，提升毕业生就业质量及终身职业发展能力。

回应现实需要，在高质量发展背景下，准确把握服务区域经济发展的专业定位，探求既服务当地经济社会发展的需求，又符合学生个性发展的需要，既体现高职教育特点，又突出自身技术技能人才培养特色，形成与国内相同专业差异化错位发展的格局，培养适应产业发展和市场需求的个性化技术技能人才，是提升高职人才培养质量，适应区域社会经济和学生发展需要的必然要求。

二、探索中国特色的技术技能人才育人模式是职业教育内涵发展的必然要求

历经国家示范性高等职业院校建设计划（2006—2010 年），高等职业教育进入后示范时期，开始转向内涵发展阶段，我国高等职业教育开始从“量”的发展全面转向“质”的提升。这时期我国高等职业教育面临着转型、升级，焦点问题是提升教育教学质量，这是职业教育内涵提升的根本所在。关键点在于如何适应社会经济发展的要求，不断深化工学结合、校企合作，不断丰富合作内容、拓宽合作领域，提升职业能力和综合素质培养质量，培养合格的高质量的“职业人”和“社会人”。

2012 年教育部发布《关于全面提高高等教育质量的若干意见》。2015 年教育部发布《高等职业教育创新发展行动计划（2015—2018 年）》和《关于全面提高高等职业教育质量的若干意见》。高等职业教育在历经快速发展以后进入内涵发展质量提升时期，全国各省区和高等职业院校纷纷启动了高等职业教育人才培养质量提升工程。2019 年《国家职业教育改革实施方案》出台，提出要“集中力量建设一批引领改革、支撑发展、中国特色、世界水平的高职学校和专业群”。对高等职业教育内涵提升有了更高的要求。

虽然经过一段快速发展，我国高等职业教育事业取得了较大的发展和

进步，高素质复合型技术技能人才培养目标进一步明确，产教融合、校企合作职业教育办学的基本模式进一步确立，不同于普通教育类型特征的职业教育人才观、教育观、专业观、教学观、评价观等也发生了极其重要的转变。但我国高等职业教育发展仍面临现代教育观念模糊、现代职业教育体系不健全、企业协同发展动力欠缺、教师实践教学能力不足、教学质量评价取向偏离、高职生职业竞争力不强等一系列问题与挑战。其中，欠缺高职院校和企业相互依存的动力机制，企业参与意识不强，学校“热”，企业“冷”，成为制约高等职业教育内涵发展提升质量最突出的问题。面对高等职业教育工学结合、校企合作中遇到的瓶颈和阻力，提出科学合理的解决途径，成为推动我国高等职业教育持续健康发展的必然诉求。[①] 高职人才培养模式和人才培养规格多样化发展等大量实践问题迫切需要解决。

高等职业教育人才培养模式是理论和实践结合，特色与多元的存在。主动加强与政府、行业、企业之间的联系，分析自身发展特色，根据区域社会经济发展和行业、企业实际发展需求，精准定位人才培养规格，建立符合我国实际的具有自身特色的“工”与“学”、“校”与“企”深度融合的育人途径，厘清校企双方权责，形成系统化和具体化的产教融合、校企合作教学机制，创新、完善具有中国特色个性特征的技术技能人才育人模式，是职业教育高质量内涵发展的必然要求。

这也是高等职业教育人才培养质量提升工程，对骨干专业和重点专业群建设，在专业和专业群与产业群及产业链的对接度、人才培养模式、课程体系构建、教学内容方法与手段改革、产学研结合、现代学徒制、订单式培养、学生能力培养、教学管理制度等方面，充分积累建设成果，形成原创性的模式和经验，发挥示范效应的基本要求。

① 王伟. 关于完善我国高等职业教育校企合作立法的思考［J］. 黑龙江高教研，2011(07)：99-101.

第二节 我国高等职业技术教育育人模式的演变历程

一、我国高等职业技术教育高端技术技能人才培养目标的演变历程①

高等职业教育人才培养模式首先涉及的就是“培养什么样的人”，即人才培养目标的问题，人才培养目标是高职人才培养模式构建的依据。②

2012 年《国家教育事业发展第十二个五年规划》提出，“高等职业教育重点培养产业转型升级和企业技术创新需要的发展型、复合型和创新型的技术技能人才”。2014 年《关于加快发展现代职业教育的决定》提出，“高职院校要培养服务区域发展的技术技能人才”。2015 年《高等职业教育创新发展行动计划（2015—2018 年）》指出，“着力培养既掌握熟练技术，又坚守职业精神的技术技能人才”。2019 年《国家职业教育改革实施方案》提出，“高等职业学校要培养服务区域发展的高素质技术技能人才”。随着新发展理念的不断落实和产业转型升级的不断推进，国家陆续出台了一系列重要文件，确立了高等职业高素质技术技能型人才培养目标，为现代职业教育体系建设和技术技能人才层次培养进行了顶层设计。

李慧凤等人在《高端技术技能型人才培养理论与实践研究》中，系统梳理了我国高等职业教育人才培养目标从突出“技术型”（20 世纪 80 年代—2003 年）到“技能型”（2003—2012 年）再到“技术技能型”“复合型、创新型技术技能型”（2012 年至今）的转变轨迹。技术技能型人才培养目标的提出，反映了我国对职业教育规律的认识在不断深化，也反映了职业教育人才培养目标在不断适应经济、社会和技术发展的过程中逐渐完善，纠正了职业教育就是单一性的技能教育片面化的认识。

---

① 高葵芬. 我国高职“高端技术技能人才”培养目标形成发展轨迹分析. 职教通讯，2013（4）.

② 王明伦. 面向知识经济的高职人才培养模式研究［J］. 职业技术教育，1999（03）：26-29.

从“高等职业教育必须准确把握定位和发展方向，自觉承担起服务经济发展方式转变和现代产业体系建设的时代责任，主动适应区域经济社会发展需要，培养数量充足、结构合理的高端技能型专门人才”①，“发挥专科高等职业学校引领作用，重点培养高端技术技能人才”，到“高等职业学校要培养服务区域发展的高素质技术技能人才”。均突出了高等职业教育人才培养的“高”层次，人才培养服务区域发展的特征要求也成为共识。

立足服务区域发展，体现高等职业教育人才培养“技术”与“技能”并重的内涵要求，把握高等职业教育人才培养的“高端”性，成为高职人才培养目标构建的基本要求。

二、我国高等职业技术教育人才培养模式的演变历程

2005 年，《国务院关于大力发展职业教育的决定》提出，“大力推行工学结合、校企合作的培养模式”。2006 年，《关于职业院校试行工学结合、半工半读的意见》提出，“加快推进职业教育培养模式由传统的以学校和课程为中心向工学结合、校企合作转变”。工学结合、校企合作的培养模式逐渐确立。随着工学结合、校企合作不断深化，高等职业教育形成了多样化的人才培养范式，出现了“顶岗实习”“工学交替”“订单式培养”等多种校企共同育人途径。

2017 年，全国教育工作会议中提出，“加快建立以学习者为中心的人才培养模式”。同年，《国务院办公厅关于深化产教融合的若干意见》提出，“用 10 年左右时间，教育和产业统筹融合、良性互动的发展格局总体形成”。这是对深化产教融合政策内涵的首次明确，将产教融合上升到了国家教育发展的战略层面。② 2019 年，《国家职业教育改革实施方案》指出，“落实好立德树人根本任务，健全德技并修、工学结合的育人机制，完善评价机制，规范人才培养全过程”。并从工学结合、校企合作、实训

---

① 《教育部关于推进高等职业教育改革创新引领职业教育科学发展的若干意见》（2011 年）.

② 万兵. 产教融合背景下高职校企合作的问题与路径［J］. 教育与职业，2019（15）：32-38.

基地、“双师型”教师队伍等多个方面，为促进产教融合、校企“双元”育人提出具体措施。深化产教融合、校企“双元”育人，推广现代学徒制和企业新型学徒制，建立符合我国实际的校企合作模式，成为新时代高等职业教育深化改革和创新发展的新动能。

从“工学结合”到“产教融合”，从“校企合作”到校企“双元育人”，从“着力培养既掌握熟练技术，又坚守职业精神的技术技能人才”。到“落实好立德树人根本任务，健全德技并修、工学结合的育人机制，完善评价机制，规范人才培养全过程”。形成具有中国特色的职业教育培养模式的新使命和新要求，为高等职业教育人才培养主体和人才培养质量赋予了新的内涵。

三、创新各具特色的职业教育培养模式成为新时代职业教育质量提升和内涵建设的重要举措

人才培养是高校的使命和根本任务。[①] 随着国家产业战略的转型升级和经济发展方式的转变，必然要求高职教育人才培养改革和创新。在高等职业教育大发展过程中，需要不断探索培养符合经济社会发展要求的高素质技术技能人才的时代命题。分析自身发展特色，根据区域行业、企业等实际发展需求，创新、完善高职人才培养模式，形成完整的工学结合、校企合作的教学机制，成为我国高等职业技术教育改革和发展的趋势。

根植于国家政策和高等职业教育的办学实践，以服务区域市场需求为导向，以提高人才培养质量为根本目标，主动寻求和产业、企业的联动发展，发挥企业重要主体作用，形成与区域经济和产业转型升级匹配程度高、特色鲜明、错位发展的高等职业教育专业发展新格局，既是新时代职业教育质量提升和内涵建设的重要举措，也是高职院校不断增强其自身竞争力，适应社会、行业、企业发展的必然要求。

由此，依据自身独特的办学优势与服务面向，深度融入区域重大战

---

① 钟秉林. 人才培养模式改革是高等学校内涵建设的核心［J］. 高等教育研究，2013，34（11）：71-76.

略，以学校优势或特色专业为核心，充分发挥行业带动优势、重点建设专业声誉优势和办学资源优势，构建“人才共育、过程共管、责任共担、成果共享”的校企“双主体”育人机制，以提升职业能力为本位，构建对接产业高端技术岗位的知识、技能、态度有效融合的课程体系，以学习者为中心，改革创新教学方法和手段，将职业道德和工匠精神融入专业教学全过程，促进学生知识、技能、职业素养协调发展，形成各具特色的职业教育个性化人才培养模式，成为新时代职业教育贯彻新发展理念，有效应对我国经济发展由高速增长转向高质量发展，实施创新驱动发展，推动供给侧结构性改革，科学应变、主动求变的关键一招。

第三节　技术技能人才个性化育人的内涵要求

一、精准定位，对接产业和区域高端技术技能人才需求

1. 知行合一，人才培养目标“技术”与“技能”并重

2012 年《国家教育事业发展第十二个五年规划》提出，“高等职业教育重点培养产业转型升级和企业技术创新需要的发展型、复合型和创新型的技术技能人才”。2014 年《关于加快发展现代职业教育的决定》提出，“高职院校要培养服务区域发展的技术技能人才”。2015 年《高等职业教育创新发展行动计划（2015—2018 年）》指出，“着力培养既掌握熟练技术，又坚守职业精神的技术技能人才”。2019 年《国家职业教育改革实施方案》提出，“高等职业教育要培养服务区域发展的高素质技术技能人才”。高等职业教育从突出“技能型”到培养“技术”与“技能”并重的高素质技术技能人才的目标逐渐清晰。

无论对技术与技能的关系持何种观点，技术与技能是随动、伴生直至互动的关系都是获得肯定的。技术技能人才不仅要求具备熟练使用技术产品（工具、机器、设备等）从事一线生产、服务和管理的能力，而且要求具备设计制造和创新技术产品提高生产、服务和管理质量与效益

的创新意识和能力，即具备支撑终身发展的基于技术发展的技能发展能力。因此，技术技能型人才除了掌握岗位技能外，还必须具备人文精神、科学精神和创新精神，要有一定理论基础，专业知识面要宽广，具有较强的综合应用各种知识解决实际问题的应变能力和组织能力。这就纠正了职业教育就是单一性技能教育的片面化认识。“技术”与“技能”并重，具备技术产品创新意识和能力，具备基于技术发展的可持续技能发展能力，发展型、复合型和创新型的高端技术技能人才成为现代高等职业教育人才培养目标。

2. 有机结合，人才培养目标体现“职业性”和“高教性”的层次特征

我国社会经济从高速增长转向到高质量发展阶段，质量和效益替代规模和增速成为首要问题。随着产业转型升级和经济发展方式的转变，中低端产业转向中高端产业，量变到质变是必然。2012 年《国务院关于建立现代职业教育体系服务经济发展方式转变的决定》提出，“发挥中等职业学校基础作用，重点培养技术技能人才；发挥专科高等职业学校引领作用，重点培养高端技术技能人才；发展本科职业教育，重点培养复合型、创新型技术技能人才”。2019 年《国家职业教育改革实施方案》提出，“高等职业学校要培养服务区域发展的高素质技术技能人才”。国家陆续出台了一系列重要文件，为现代职业教育体系建设和技术技能人才培养进行了顶层设计。

从“高等职业教育必须准确把握定位和发展方向，自觉承担起服务经济发展方式转变和现代产业体系建设的时代责任，主动适应区域经济社会发展需要，培养数量充足、结构合理的高端技能型专门人才”，到“高等职业学校要培养服务区域发展的高素质技术技能人才”。高等职业教育人才培养突出了“高端”“高素质”的新要求和新使命。因此在教学实践中，聚焦专业服务面向，围绕区域经济发展战略规划的重点产业和新兴产业，对接高端产业或产业高端技术链、创新链，重组知识技能体系，培养有效支撑产业转型升级的高端、高素质技术技能人才，即是把握高等职业教育时代责任的核心命题。

丁金昌在《关于高职教育体现“高教性”的研究与实践》中提出，“高教性”和“职业性”是我国高等职业教育的基本属性，要明确高职教

育发展目标，完善课程体系和教学模式，体现“高教性”的层次特征。高等职业教育既姓“职”，又姓“高”，既要拥有职业教育“职业性”的发展特点，又要符合高等教育“高教性”的发展规律，二者有机结合，面向生产、建设、管理、服务第一线的需要合理制定人才培养目标。因此，根据不同专业的知识技能体系，在教学实践中把握高等职业教育“高教性”的层次特征，成为我国高等职业教育从“量”的发展全面转向“质”的提升的起点逻辑。

二、和而不同，共性与个性并蓄的“特色化”课程体系

2014 年《关于加快发展现代职业教育的决定》提出，“形成对接紧密、特色鲜明、动态调整的职业教育课程体系”。2015 年《教育部关于深化职业教育教学改革全面提高人才培养质量的若干意见》提出，“公共基础课和专业课都要加强实践性教学，实践性教学课时原则上要占总课时数一半以上”。2017 年《国家教育事业发展“十三五”规划》提出，“对接最新行业、职业标准和岗位规范，优化专业课程结构，更新教学内容”。高等职业教育要适应社会、行业、企业和学生发展的需求，以培养目标的实际需要，建立符合各专业所需要、富有弹性的课程体系。

学者姜大源指出：“职业教育作为一种教育类型，其课程也必须有属于自己的类型特征。”[①] 以就业为导向，以工作逻辑取代知识逻辑，基于工作过程的课程观作为职业教育的基本特征之一被广泛认同。构建以培养职业能力为目标的课程体系，深化课程和教学改革也已经取得了广泛共识。但在教学实践中仍然存有许多问题，如专业课程改革研究较多但缺少实质性的突破，尤其是对学生个性发展需求关注较少，片面强调专业“共性”要求，课程体系缺乏特色。又如缺少对学生职业核心素养和可持续发展能力培养的具体指导，缺乏突出实践教学的课程实施路径。再如教学内容明显滞后行业前沿技术发展，缺乏健全的专业教学与行业技术同频共振发展机制。

---

① 姜大源．学科体系的解构与行动体系的重构．

课程体系是实现培养目标、提高人才培养素质的核心。[①] 这意味着，紧扣对接紧密、特色鲜明、动态调整、突出实践教学的要求，构建以培养职业能力为目标的课程体系，是深化职业教育教学改革全面提高人才培养质量的根本保障。这就需要遵循学生认识规律和能力发展规律，以职业岗位的“共性”要求，设置专业“共性”课程模块，以区域人才培养目标的特点和学生个性发展需要，设置专业“个性”课程模块。而“共性”课程模块和“个性”课程模块并非相互离散而是有着动态的、内在的联系，在教学实践中，需要以典型的真实工作任务来有机整合、重组，整体构建为突出培养学生核心职业素养和可持续发展能力、具有特色核心课程模块、共性与个性并蓄的“特色化”课程体系。

三、以人为本，面向人人的“个性化”教学体系

基于行动导向的教学观，创新教学模式和教学方式一直是高等职业教育研究关注的重点问题。史秋衡、郭建鹏在《我国大学生学情状态与影响机制的实证分析》中指出，要充分发挥学生主体的教学方式和教学组织对学习收获的积极作用，根据高职学生学习特点进行改革。[②]

第一，处于职业教育“教”与“学”过程中心的，不再是专业理论内容的传授，而更多的是经由职业实践——工作过程分析和归纳所确定的重要职业能力的培养。因此基于高职学生学习特点，开发与现代职业教育教学思想相适应的学习情境，是职业院校建设必须关注的问题。当教学观念——“软件”产生革命性改变时，职业学校的“硬件”——学习场所，包括教室、实验室和实习基地的建设，也要发生创新性的改变。深刻认识到校企合作的重要意义，与行业中坚企业建立坚实的合作关系，创建与真实职业情境直接相关的学习场所，重点是校外实习基地的建设，探求工学结合、校企合作多样化的学以致用的育人途径，就成为职业院校建设亟待

① 简祖平，李振陆：以能力为本位构建高职课程体系［J］. 教育与职业，2005（21）：12-14.

② 史秋衡，郭建鹏. 我国大学生学情状态与影响机制的实证分析［J］. 教育研究，2012，33（02）：109-121.

解决的问题。[①]

第二，适应时代发展的需要，以人为本，重视高职学生择业就业多样性选择的正当需求，满足高职学生较强的个性发展要求，为高职学生自我发展提供开放和包容的环境，直面生源多元化挑战，面向人人，不断丰富学分制改革内涵，构建具有多样性和多层次的“弹性”教学体系，为学生成才铺就多个赛道成为专业建设必须解决的问题。

第三，基于教学合一的理念，重视学生的主体参与，教育方法要依据现代化的技术不断更新，倡导启发式、项目式教学，让学生学会独立思考、自主学习，加强主观能动性。[②] 讲求教学内容生动化、教学手段多元化，使教与学“活起来”，内化成为学生实际行动的教学途径和教学手段，亟待创新。

综上所述，面向人人，突出职业能力培养，重视学生的主体参与，不断体现自身特色，关键在于构建与重要职业能力直接相关的学习情境，探索多种“个性化”教育方法和途径，深化任务式教学改革。

学习场所是实施行动导向教学改革的基础，“双师型”教师是行动导向教学活动的组织者。这就需要在教学实践中，不断探索工学结合、校企合作新机制，与行业中坚企业建立坚实的合作关系，创建与项目、案例、问题、任务“真实再现”的学习场所，并有针对性地加大企业行业兼职教师的比例，构建专兼结合、结构合理的“双师型”教师队伍，不断提高教师队伍教育教学能力和水平。

---

① 姜大源．学科体系的解构与行动体系的重构．

② 范唯，马树超：切实解决提升高等职业教育教学质量的关键问题［J］．中国高等教育，2006（24）：40-42．

第四节 山区高桥技术技能人才培养“贵州模式”的创新与实践

一、对接产业、工学结合、提升质量存在问题的实证分析

问题是时代的声音，也是改革的原动力。因此，必须将长期没有解决的深层次矛盾和问题以及新出现的一些矛盾和问题置于理论创新、实践创新的主题下进行审视，并对未来趋势做出前瞻性预判，准确识变。在此基础上，根据自身基础和内外发展条件，因时而动，科学应变、主动求变。

1. 人才供给与需求脱节，专业办学还不能有效为贵州高桥建造提供高品质的技术服务和高效能的人才保障

“县县通高速公路”促成了贵州经济高速发展的“黄金十年”，也新增了一万多座桥梁。桥梁作为控制性关键工程，成为山地交通建设的重中之重。贵州喀斯特复杂地质和高原不利气象条件下，独特的山区峡谷大跨高墩“贵州高桥”建造以及全生命周期能力的保持，贵州是世界级的建桥跨度、高度和难度的省份，对建桥者的职业素养和技术技能水平都提出了新要求。

在产业加快转型升级和行业技术快速迭代创新背景下，面对人才供给不断深刻变化等新问题、新要求，专业人才培养还存在供需脱节的问题。表现为面对贵州世界级高墩大跨桥梁建造巨大产能对紧缺高端技术技能人才的重大需求，没有对接产业高端职业岗位要求和工作内容，特别是没有及时应对新的职业岗位的出现，精准定位专业服务面向，优化专业人才培养目标，不能有效为贵州高桥建造提供高品质的技术服务和高效能的人才保障。

2. 专业办学同质化严重，人才培养规格和质量与服务区域行业企业需求还存在很大差距

随着国家实施精准扶贫精准脱贫、长江经济带、新一轮西部大开发等

区域发展战略，为贵州开启交通现代化建设注入了后发赶超、加快发展的强大动力。内陆开放型经济试验区对外开放、互联互通的大通道建设，特殊的内陆山区省情，优先发展的公路建设，进一步增大了对高素质技术技能型人才的需求。尤其是2008年，贵州省委、省政府做出“利用10年左右的时间，实现全省‘县县通高速公路’”的重大战略部署，贵州公路建设进入“高速公路时代”。贵州是全国唯一没有平原支撑的省份，素有“八山一水一分田”之说。全省92.5%的面积为山地和丘陵，重峦叠嶂、绵延纵横。其中，喀斯特地貌面积占全省61.9%，岩溶分布广泛；海拔从147米到2900米。典型的喀斯特高原山地地貌，造就了贵州交通鲜明的山地特色。高填深挖的路基、洞穿溶岩的隧道、大跨高墩的桥梁，其特有的建造难度和特殊的建造技术，也必然要求建造者具备特有的知识、技能和态度。

但是，与全国其他省区相同专业比较，专业人才培养规格仍然高度相似。表现为专业课程体系没有按照服务区域社会经济发展的差异性要求来构建，与服务区域行业企业高技术技能人才需求还存在偏差，专业办学同质化严重。

3. 教学模式与学生个性发展要求不匹配，教师团队教学能力与协同创新能力还不能满足学生个性化学习和发展的需求

随着高职教育的快速发展，技术技能型人才逐步得到社会各界的认可，社会、家庭、学生对“人人皆可成才”和“人人皆能尽展其才”的期望值越来越高。面对广大人民群众对优质教育的迫切需求日益提高，面对单一生源走向多元生源的变局，必须树立面向人人的多元人才观，因材施教，全面提升专业人才培养质量，为学生成才提供多种选择和渠道。

人才培养质量的提升，是面向人人的全面质量提升。根本在于从注重实用的职业技能培养转变到注重内化的职业能力培养，学生从胜任单一的职业岗位上升到胜任比较宽广的具有纵深的职业工作，具备可持续发展能力。这就对教师团队的教学能力与协同创新能力要求越来越高，迫切需要依据实际教学需要，把相关专业的教师进行组合，使不同专业特长、专业背景的教师优势互补，建立完善的校企双向交流和教师团队合作保障机制，破解教师团队双师素质难得提升这一影响人才培养质量的关键问题。

同时，随着在校学生规模日益扩大，高职招生来源也逐渐多样化，迫切需要根据学生的个性特长，创新与学生个性发展要求匹配的教学模式，构建以学生为中心的多元化教学观、评价观、学制观，实施以人为本、全面发展的教育模式，破解课堂类同、难以因材施教这一长期存在的教学难题，努力满足学生个性化学习和发展的需求，保证人人皆可成才，人人都能出彩。

二、服务区域发展，山区高桥技术技能人才培养定位的实证分析

在贵州，交通作为强省的战略支撑区域发展的先行领域，"十三五"规划以来，一直保持着超前快速发展的势态。贯彻新发展理念，优先实施"首批交通强国示范点"建设，构建现代交通体系，基本形成西南重要陆路交通枢纽，主要发展指标达到西部领先水平的总体目标，为加快交通基础设施建设注入了强大动力，为推动现代信息技术与交通运输业全面融合带来了重大机遇，为创新驱动基础设施数字智能化建造高端产业发展创造了宝贵契机。这也为在新的起点上，面向区域发展和产业转型升级需求，优化调整专业结构和精准定位专业人才培养目标指明了方向。

桥梁，作为交通基础设施建设的重点标志性工程，其建桥水平的每一次超越都代表着交通科技的进步，也是交通建设高层次人才培育的重点领域。尤其在全国唯一没有平原支撑的贵州，喀斯特高原独特的复杂地形地貌与水文地质条件，造就了世界级的建桥跨度、高度和难度，跨越高山峡谷的大跨高墩桥梁，成为打造贵州"高速公路平原"的控制性关键工程。世界高桥看中国，中国高桥看贵州。截至 2020 年，贵州已建成 2 万余座桥梁，世界级高桥前 100 名有近一半在贵州。从北盘江 556 米世界第一高桥，到平塘 332 米世界第一高混凝土桥塔，党的十八大以来，贵州一座座世界级桥梁"超级工程"惊艳世界的科学创新、超凡的工匠精神，真实地写照了贵州山地交通建设特点，生动地诠释了贵州交通对高端技术技能人才的特质要求。

与此同时，立体、智慧、绿色交通的转型升级，工程建设领域由机械化到数字化、智能化的必然趋势，正引发影响深远的行业变革。新型工厂

化的建造、绿色智能装配化的施工，网络化、数字化的运维管理，都将改变传统工作岗位内容，催生如数字建模员、无人机测绘员、数据员等新的职业岗位出现，对各类交通建设人才的职业素养和技术技能水平提出了更高要求。贵州世界级的建桥跨度、高度和难度，迫切需要掌握喀斯特山地特殊地形地质条件下土木工程信息模型（BIM 技术）、大型结构特别是高墩大跨桥梁装配式施工、无损智能检测、物联网监测、大数据智慧工地管理等关键前沿技术应用能力，德技并重，复合型的高端技术技能型人才。

在市场更加开放，人才竞争日益激烈背景下，适应贵州交通建设特点，紧扣山区高桥紧缺高端技术技能人才需求，聚焦专业服务面向，以高层次桥梁建造技术技能型人才培养为重点，以人才培养规格多样化、差别化适应行业、企业人才个性化需求为核心，为“贵州高桥”建造培养专业跨界更宽、职业素养更高、技术技能优势更明显的高端技术技能型人才，既是服务区域发展回应产业结构、生产方式重大变化的现实所需，更是以就业为导向推动高等职业教育供给侧结构性改革的动力源。

三、山区高桥技术技能人才培养“贵州模式”创新与实践

高等职业教育区别普通高等教育，培养什么类型和层次的人才、怎么培养人才，即人才培养规格与培养途径问题，是高等职业教育诸多问题中首先必须要回答的基本问题。因此，人才培养模式改革是高等学校内涵建设的核心。

从 2000 年前后开始大力兴办高职院校，到 2010 年的近 10 年时间，高等职业教育经历了从蓬勃兴起到快速发展的阶段。历经国家示范性高等职业院校建设计划（2006—2010），2010 年后高等职业教育进入“后示范”时期，开始转向内涵发展，2015—2018 年实施了三年创新发展行动计划，高等职业教育全面转向质量提升阶段。2019 年，随着中国特色高水平职业院校和高水平专业群建设的启动，高等职业教育进入提质培优的发展新阶段。面临在高等职业教育转型、升级进程中对教育教学质量的更高要求，精准定位人才培养目标，突出职业教育类型特征，依据各专业面向的行业企业生产和工作特点、高技能型人才的成长规律以及高职学生认知的特

点，科学设计人才培养规格，与时俱进，不断丰富合作内容、拓宽合作领域，深化工学结合、校企合作，不断探索适合我国发展的高职人才育人途径成为高职教育理论创新、实践创新的不懈追求。

1.“校企一体，任务驱动”人才培养模式的创新与实践

从2000年兴办高职教育开始，历经“教育部高职高专专业教学改革试点专业”建设（2002—2006）和“国家示范性高等职业院校建设计划”国家级示范专业创建工程（2006—2010），道路桥梁工程技术专业，坚持以市场需求为导向，通过创建校企合一的生产型教学平台，着力加强校企合作，深化“校中厂、厂中校”办学模式，“做中学、学中做”，创新实践了以真实生产任务驱动的“校企一体，任务驱动”人才培养模式。专业建设和人才培养取得了一系列丰硕成果。

（1）通过校企合一的生产型教学平台，以真实的道路勘测设计和试验检测生产任务为驱动，工学交替实施了本专业工程测绘、试验检测等核心技能的教学和实训。衔接20余家校企共建顶岗实训基地的道路施工组织、施工技术实习，实现了本专业所有核心技能的培养和职业岗位的无缝连接，基本建立了实践育人的体制机制保障，极大地提升了专业人才培养质量。毕业生“上手快、下得去、用得上、留得住”，受到社会、行业广泛认可，成为贵州省公路施工企业招工的首选对象。

（2）“校企一体，任务驱动”工学结合的人才培养模式的改革创新实践，实现了全面引入行业、企业生产标准，吸引了行业企业一线专家走进校园，创新了“专业共建，人才共育”校企合作办学机制，构建了符合行业发展和人才培养质量不断提升的专业办学内部质量保证体系，构建了基于行业新知识、新标准、新成果，专业人才培养规格及专业核心课程标准的动态调整机制。

（3）“校企一体，任务驱动”工学结合的人才培养模式的改革创新实践，为“双师型”教师培养创造了优良的环境，为建设一支贴近生产一线的专兼结合的教研团队，及时跟踪行业最新技术发展，使之快速反馈到专业教学中，为专业教学与行业技术发展同频共振提供了有力支撑。更极大地提升了专业教学团队的课程开发能力和专业教育教学改革创新能力。

（4）“校企一体，任务驱动”工学结合的人才培养模式的改革创新实

践，已初步形成了以产业支撑教师和学生培养，教师双师双职、学生亦生亦徒的专业办学格局，突显了知行合一的职教特色。而社会服务能力和科技创新能力的提升，不但能大幅度提高专业服务区域经济发展的贡献度和专业办学影响力，更有利于巩固壮大试验检测中心等产学实体，为进一步推动专业教学改革提供更加坚实的基础，形成以教助产、以产促教的良性循环。

（5）“校企一体，任务驱动”工学结合的人才培养模式的改革创新实践，充分利用了自身人才优势资源，以我为主，为我所用，通过真枪实弹的生产任务，不断丰富产教融合教学资源。并充分发挥校内外生产性实训基地的作用，实现真实化的教学情境、项目化的学习任务、职业化的能力训练和标准化的学习评价，充分体现了以应用为本的职业教学改革要求。

这一阶段，道路桥梁工程技术专业从引企入校到校企一体，以真实生产任务实践创新的“校企一体，任务驱动”人才培养模式，拓宽了“共建、共享、共赢”的校企合作新路径，畅通了课堂与生产直通的渠道，吸引了省内顶尖专家进项目进校园，培养了一批“双师型”青年骨干教师，促进了新型师生关系的建立。以教助产、以产促教，来自生产一线不断丰富的工程案例，深刻改变了传统的教学方式，真枪实弹的生产任务更有力提升了学生专业技能的培养。紧贴行业，教师双职双岗、学生亦生亦徒，教学与生产的有效对接，为及时掌握行业最新技术及发展趋势，准确定位专业发展方向，进一步优化人才培养方案，深化课程改革，全面提升专业人才培养质量提供了有力的保障。

2010年，道路桥梁工程技术专业通过“国家示范性高等职业院校建设计划”国家级示范专业验收。较好地解决了从中等职业教育升格开办高等职业教育所带来的人才培养规格问题和人才培养途径问题，基本树立了以产业支持学生和教师培养的发展理念，凝练形成了喀斯特山地交通人才培养特色。

2.“一桥一课一团队”山区高桥技术技能人才培养“贵州模式”的创新与实践

进入“后示范”时期，站在新的起点上，如何适应贵州区域交通建设特点，契合贵州交通大建设发展需要，主动对接“贵州高桥”建造高端产业，深度融合人才培养与产业发展，创新与产业深度融合的发展模式，满足贵州现代化交通建设转型升级对高素质技术技能人才的需求；如何围绕贵州现代化交通建设公路桥梁建造关键核心岗位的工作领域，应对关键职业岗位和工作内容的变化，重构人才知识和技能结构，系统设计课程体系和特色课程包，探索差别化职业教育发展路径；如何加强职业道德和职业素养教育，突出职业精神培养，重塑专业教学体系，实施更加深刻的教学改革，为学生多样化选择、全面发展与多路径成才、终身发展搭建“立交桥”；如何整合教师资源，使不同专业特长、专业背景的教师之间优势互补，并通过校企“互聘、互兼”双向交流机制和教师团队合作机制，结合自身优势与“贵州高桥”重点服务面向，有针对性地打造“双师型”队伍，提升教师团队的教学能力与协同创新能力；如何创新建立专业群协同发展机制，着力建设多个专业彼此联系、相互渗透、共享开放的教学资源，提升专业综合素质与能力，努力满足学生个性化学习和发展的需求；如何结合“互联网+”新形势需要，提升信息化水平，有效促进教学资源的广泛共享、促进学生自主学习。成为道路桥梁工程技术专业质量提升和内涵建设重大时代课题。

2010 年，在深入总结国家示范专业建设成效与经验基础上，基于《西部地区高等职业院校产学研相结合的教育发展模式研究》和《道路桥梁工程技术专业学生可持续发展能力培养研究》成果，对专业探索实践“差异化办学、特色化育人、个性化成长”理念达成共识。从“示范”时期通过引进马岭河大桥（贵州首座双塔双索面斜拉桥）、坝陵河大桥（世界山区首座千米级钢桁梁悬索桥）等典型桥梁建设案例进课堂，实现真实化项目化的学习，向依托企业在建的一个典型“贵州高桥”项目，通过为其定制培养人才，全面开展校企双元协同育人实践的转变。至 2015 年，分别与贵州桥梁、贵州公路、贵州路桥三大施工企业合作，择选赫章大桥（2013 年建成，亚洲梁桥最高墩，世界第二高墩）、香火岩大桥（2017 年建成，国内第二座双向 6 车道钢管拱桥）、杭瑞高速北盘江大桥（2016 年建成，斜拉桥，世界第一高桥）、抵母河大桥（2015 年建成，悬索桥，世界高桥排名 14 位），一桥一项目，一桥一切入点，探索以典型的“贵州高桥”建造对技术技能人才的要求优化专业人才规格，指导专业人才培养方案的修订，探索以典型的“贵州高桥”建造技术积累与创新重构专业课程体系，探索组建专兼结合结构化教学团队，实践梁桥、拱桥、斜拉桥、悬索桥不同桥型的模块化教学，持续推进人才培养规格共商、人才培养方案共研、人才双向交流、实训基地与教学资源共建、技术资料和创新成果共享的校企双元育人机制建设。

2015 年，以一座真实桥梁工程为载体连通校企供需两端、以桥梁施工一门课程为突破口突显人才培养特色、以一个专兼结合团队建设为保障探索个性化教育方法和途径，引领育人方式、课程建构、团队建设等专业教育教学改革的模式，总结为“一桥一课一团队”育人模式。

2016 年，本成果在质量提升工程路桥骨干专业和交通土建重点专业群建设中全面推广运用。至 2019 年 7 月，分别在路桥、养护专业 2016、2017、2018 级推行了“一桥一课一团队”育人方式。紧随“贵州高桥”建造转型升级的步伐，专业人才培养规格不断提高，教学资源不断丰富，教学团队不断壮大，专业集群效应不断突显。随着建桥人才的不断输出，“一桥一课一团队”山区高桥技术技能人才培养的“贵州模式”也得到了企业的广泛认同。

把握主动，赢得未来。2019 年，教改成果丰硕、专业特色鲜明的路桥专业群成为国家中特高专业群建设单位。对接山区公路高桥建设，打造贵州特色高桥专业群，构建路桥专业群高质量发展新格局，成为学院“十四五”规划重大发展战略。

四、山区高桥技术技能人才培养“贵州模式”取得的成效

1.“校企一体，任务驱动”人才培养模式内涵更加丰富

面对教育“供给侧”改革背景，“一桥一课一团队”育人方式，创新了产教融合、校企合作机制，校企双元、工学结合人才培养路径取得新进展，专业“校企一体，任务驱动”人才培养模式与时俱进，内涵更加丰富。

2. 专业办学特色更加鲜明

立足贵州山区桥梁建设技术积累及创新，以全新视野修订了专业人才培养规格，持续动态更新了 10 门专业基础和专业课程课程标准，基于贵州

桥梁建设实际的课程内容及教学情境设计持续更新，以贵州桥梁建设典型案例为主的教学资源更加丰富。服务贵州“大交通”，紧扣行业调整升级，衔接行业前沿新技术，“做特、做专、做精”，为贵州高桥培养高素质技术技能人才的专业办学特色更加鲜明。

3. 构建了能力提升弹性课程体系

基于学生个性化发展要求和职业生涯可持续发展的需要，开发职业能力提升模块，为学有余力、有特长、有潜质的学生打通上升通道。路桥专业选修课学分由 4 分（2016 年）提高到 20 分（2018 年），为学生根据个人兴趣和职业规划，灵活运用学分制拓展不同专业方向能力提供了条件。

4. 高水平产教融合实训基地建设有新突破

依托在建桥梁项目，校企联合开发工学结合随岗实践项目取得新进展。校外生产性实训基地从主要接收顶岗实习到全面支持专业教学转变，增加了技术成果转化为教学资源、教师下企业研修、学生随岗实践等功能。校外生产性实训基地向高水平产教融合实训基地转变，增添了创新性、研究性、综合性实验实训项目，校企协同育人功能更加突出。

第五节　山区高桥技术技能人才培养“贵州模式”实践与理论创新成果

创造性提出“差异化办学，个性化育人”办高水平高职教育的理念。差异化办学，就是要聚焦产业高端，精准对接区域人才重大需求，创新高职教育与产业融合发展的运行模式，实现专业差异化特色化高质量发展。个性化育人，就是要全面贯彻党的教育方针，让每个学生充分发展个性特长和潜能全面发展，人人都能出彩。

一、个性化育人理念创新

提出“面向行业主战场，面向企业重大需求，面向科技前沿创新”，充分发展每个学生个性特长的“分阶分层”育人理念。学校立足贵州区域交通发展实际，坚持突出交通地域特点要求，以培养贵州山区高墩大跨桥梁建造关键领域高素质人才为靶向，构建充分发展每个学生个性特长的“岗课赛证”融通的“三类课堂”，实行学分奖励、兑换和增值评价，建立素质、知识、技能、情感“多元”评价机制，为学生成才铺就了多个赛道，为促进学生整体素质和个性发展提供了正确导向。回答了在日新月异的技术迭代创新背景下，如何推动专业差异化高质量发展，体现人才培养特色，创新“人无我有、人有我优、技高一筹”人才产品，增强高职人才与社会需求的“适配度”，解决了高职教育中长期存在的专业发展与人才培养同质化问题。

二、个性化课程体系创新

长期以来，高职人才培养多基于职业岗位（群）共性要求构建课程体系和教学内容，教学中容易忽视企业和学生个性发展需求，导致人才培养目标偏失和学生主动学习缺失问题。本成果立足区域发展和企业重大需求，衔接“贵州高桥”建造产业链、创新链，重塑专业知识技能体系，以“一桥一课”理念，构建分阶分层弹性课程体系，解决了长期困扰教学实践的三个问题，一是教学中个性目标缺失；二是教学中个性目标不具体；三是缺少教学个性目标评价方法的问题。

三、个性化育人模式创新

一桥一团队，一课一团队，一团队一课，推进共性与个性融通的“多课堂融通，多元化评价”育人模式创新。回答了“教什么”“怎么教”“谁来教”问题，纠正了教学中关注学生个体差异及个性要求不足，容易引发学生学习动力衰退、兴趣递减的现象。高度吻合“三全育人”新理念，符合技术技能人才成长规律。对学校，实现了专业高质量特色发展，对企业，实现了企业标准、企业需求“定制培养”，对学生，不但可以“量身打造”，更可激发潜能，打通上升空间。通过实施技术技能人才、能工巧匠、大国工匠“千百十”三个层次人才培养，为学生成才铺就了多个赛道，为拔尖人才打通上升通道，真正实现因材施教、人人都能出彩。

第二章　技术技能人才培养理论与延伸研讨

人才培养是高校的使命和根本任务。① 但在高等职业教育大发展过程中，需要不断探索培养符合经济社会发展要求的高素质技术技能人才的时代命题，对现行的高等职业教育政策和既存的职业教育理论研究进行分析梳理，可以了解高等职业教育发展的脉络，全面深入认识并明晰我国职业教育由规模扩张转向内涵发展阶段的内涵要求，树立正确的教育观念，指导高职人才培养的实践，并在实践探索中不断促进教育理论的创新。

第一节　人才培养目标

人才培养目标在顾明远先生主编的《教育大词典》中释义，人才培养目标也称教育目标，指各级各类学校、各专业的具体培养要求。② 它是在国家教育方针和教育目标指导下，每个学校、每个专业依据国家政治、经济、文化、科研、国防等需要，制定的预期人才培养标准，一定程度上反映了所培养的人才在类型、层次、职业岗位和具体规格等方面的要求。人才培养目标是高等职业教育根本问题之一，也是研究其他要

---

① 钟秉林. 人才培养模式改革是高等学校内涵建设的核心［J］. 高等教育研究，2013，34（11）：71-76［2］.

② 顾明远. 教育大辞典（第 1 卷）［M］. 上海：上海教育出版社，1990：60.

素的基础和前提。

一、高等职业教育技术技能人才培养目标的研究

2012年《国家教育事业发展第十二个五年规划》提出："高等职业教育重点培养产业转型升级和企业技术创新需要的发展型、复合型和创新型的技术技能人才。"2014年《关于加快发展现代职业教育的决定》提出，高职院校要培养服务区域发展的技术技能人才。2015年《高等职业教育创新发展行动计划（2015—2018年)》指出，"着力培养既掌握熟练技术，又坚守职业精神的技术技能人才"。2019年《国家职业教育改革实施方案》提出，"高等职业学校要培养服务区域发展的高素质技术技能人才"。进入新时代，国家陆续出台了一系列重要文件，确立了高等职业教育高素质技术技能型人才培养目标，这是服务产业转型升级的时代要求，新时代赋予高职教育的新使命。

高素质技术技能型人才培养成为共识。准确认识和把握高素质技术技能型人才的基本特征和内涵要求，是实现人才培养目标的前提。高等职业教育具有高等教育和职业教育的双重属性，其培养目标和教育内容有别于普通教育，职业属性和行业属性是高等职业教育的重要标志。[①] 丁金昌在《关于高职教育体现"高教性"的研究与实践》中提出，"高教性"和"职业性"是我国高等职业教育的基本属性，要明确高职教育发展目标，完善课程体系和教学模式，体现"高教性"的层次特征。高等职业教育既姓"职"，又姓"高"，既要拥有职业教育"职业性"的发展特点，又要符合高等教育"高教性"的发展规律，二者有机结合，面向生产、建设、管理、服务第一线的需要合理制定人才培养目标。这为区别普通高等教育，突出职业教育的类型特点，培养适应经济社会发展需要的高素质技术型、技能型应用人才的高等职业教育的发展目标提供了认识基础，为技术技能人才与学术人才、工程人才之间的差别是类型的而不是等级的提供了新的视角观念。

① 姜大源．现代职业教育体系构建的理性追问［J］．教育研究，2011，32（11）：70-75.

二、人才培养现状及问题

2010年，《国家中长期教育改革和发展规划纲要（2010—2020年）》提出，职业教育要重点提高质量，“以服务为宗旨，以就业为导向，推进教育教学改革”。2012年，《国家教育事业发展第十二个五年规划》提出，“高等职业教育重点培养产业转型升级和企业技术创新需要的发展型、复合型和创新型的技术技能人才”。随着国家产业战略的转型升级和经济发展方式的转变，必然对高职教育人才培养质量提出更高要求。而随着我国高等职业教育规模的急剧扩张，人才培养规格无法适应社会、行业和市场需求，人才培养未能体现职业教育特色，实践能力有限等人才培养质量问题也日益凸显，成为学界普遍关注的问题。

人才培养质量提升是一个系统工程，涉及多个方面。人才培养目标适应产业转型升级和企业技术创新的需要，是提升人才培养质量不可回避的命题。在产业加快转型升级和行业技术快速迭代创新背景下，需要及时对接职业岗位和工作内容的变化，优化专业人才培养目标和人才培养规格。人才培养质量提升还体现在课程体系构建、教学内容更新、教学方法改革等多方面。高职院校应积极与行业、企业合作，依据职业岗位（群）和技术领域的任职要求，根据职业资格标准和行业规范开发与设计课程，打通高等职业教育与就业的通道；以能力为本位，工学结合，强调实践教学。课程体系的构建、教学内容、课程标准等都要强调培养岗位职业能力。①

三、延伸研讨

1. 人才培养目标要体现本校人才培养的特色

高职院校人才培养目标的实现，在于提高人才培养质量。提高人才培养质量是高等职业教育高质量发展的核心，关键在于提升专业建设质量。②

---

① 陈荷，李永刚．高等职业教育“123543”人才培养范式的研究与实践［J］．教育与职业，2011（06）：24-26.

② 于舒．高质量发展背景下高职院校专业建设内涵的再审视［J］．职业技术教育，2019，40（35）：16-20.

虽然我国高职教育已进入高质量发展阶段，但专业建设上仍面临一些挑战，高职院校专业设置与当地产业结构的适配度依旧不高，同质化现象较为严重，缺乏特色，缺乏创新，难以形成骨干或优势专业。① 2015 年，《高等职业教育创新发展行动计划（2015—2018 年）》将“提升专业建设”作为首要任务和举措，提出“加强专科高等职业院校的专业建设，凝练专业方向、改善实训条件、深化教学改革，整体提升专业发展水平”。2019 年，《教育部财政部关于实施中国特色高水平高职学校和专业建设计划的意见》，全面启动“双高计划”，打造高水平专业群成为重点建设任务。为建设高水平专业，需要优化师资力量、优化课程体系、深化产教融合等，紧跟产业，聚焦重点专业，突出特色，强化优势专业（群）引领作用。②

人才培养目标是教育目的具体化，各个学校有自己的办学特色，因而人才培养目标的制定不仅要依据一定的社会经济发展状况与政治文化背景，更需要考虑每一类学校的办学特色，人才培养目标既要符合高等教育层次上的要求，又要体现本校人才培养的特色。③ 促进职业教育与产业人才需求更为精准对接与融合使人才培养更为深入地体现职业教育特色，紧跟产业，凝练专业方向，突出特色，人才培养规格多样化发展等大量实践问题就迫切需要解决。

2. 要培养技术技能人才，正确认识技术技能是基础

2012 年《国务院关于建立现代职业教育体系服务经济发展方式转变的决定》提出：“发挥中等职业学校基础作用，重点培养技术技能人才；发挥专科高等职业学校引领作用，重点培养高端技术技能人才；发展本科职业教育，重点培养复合型、创新型技术技能人才。”我国高等职业教育人才培养目标实现了从“高技能人才”到“高端技术技能人才”的转变，反映了我国对高等职业教育规律的认识在不断深化，也反映了高等职业教育的培养目标在不断适应经济、社会和技术发展的过程中逐渐完善。

---

① 赵晓妮．高职院校专业建设的现实之囿与治理之道——基于产业转型升级视角［J］．教育探索，2016（10）：34-39.

② 杨云．高职教育专业群建设研究［J］．教育与职业，2016（21）：53-56.

③ 吴长汉天津职业技术师范大学硕士学位论文《我国应用技术型高校人才培养目标研究》2017. 12.

高职院校人才培养目标的实现，需要依据国家的教育目的和各级各类学校的性质、任务，对所培养的专业人才在素质、知识、能力三方面界定专业人才培养的具体要求，培养目标必须从抽象走向具体。而素质、知识、能力具体目标的建构，必须正确把握技术与技能的内在联系，克服职业教育就是单一性技能教育的片面化认识。"技术"与"技能"并重，拓宽专业知识面，着力培育应用知识解决实际问题和职业变迁发展能力，建设一支知识型、技能型、创新型劳动者大军，为促进经济社会发展和提高国家竞争力提供优质人才资源支撑，是新时代赋予高职教育的新使命。

第二节　人才培养主体

高职院校和企业是技术技能人才培养的两个主体。工学结合、校企合作是连接高职院校企业双方合作，实现区域发展与高等职业教育对接的纽带，是办好职业教育的关键所在。实践也证明我国高等职业教育与产业融合，是发展的必由之路。

2005 年，《国务院关于大力发展职业教育的决定》明确提出，"大力推行工学结合、校企合作的培养模式"。我国逐渐确立工学结合、校企合作的职业教育办学基本模式。在探索工学结合、校企合作人才培养模式中，高职院校能够深刻认识到校企合作的重要意义，对校企合作的认可度和接受度较高，但企业参与意识不强，表现为学校"热"，企业"冷"。面对高等职业教育工学结合、校企合作中遇到的瓶颈和阻力，提出科学合理的解决途径，成为推动我国高等职业教育持续健康发展的必然诉求。[①]主动加强与政府、行业、企业之间的联系，通过多种途径深化校企合作，充分发挥企业主体育人的作用，提升高职院校与企业协同发展的能力，不断探索多样化的产教融合校企双元育人途径，成为高等职业教育技术技能人才培养主体的研究主线。

---

① 王伟. 关于完善我国高等职业教育校企合作立法的思考［J］. 黑龙江高教研究，2011（07）：99-101.

一、高等职业教育技术技能人才培养主体的研究

自20世纪中后期开始，我国高职院校产教融合发展进入快车道，特别是进入2000年以后，在国家相继颁布的政策引导下，高职院校内涵式发展特征越发明显。因此，高职学校中产教融合在当前中国社会经济蓬勃发展中所担当的重要角色日益关键，尤其是在2021年10月中办、国办印发的《有关推进现代职务教育工作高质量快速发展的若干意见》，更是明确提出要健全产教融合办学体系，创新校企协同办学体制。已经有了以产教融合为办学新体制的提出。

虽然国内已经颁布了关于促进产教融合发展的政策法规，但目前职业院校相关发展水平仍在低位徘徊。产教融合发展亟待破解的难题之一便是：如何创新深度融合方式，以及提升高职院校产教融合“产业链、创新链、人才链、教育链”高效对接水平。为尝试解决上述问题，本成果团队基于山区峡谷桥梁技术技能人才培养双元共治共育，以“一桥为纽带”，开展了系列研究与实践。

高职院校多元治理主体共同行为是基于相应的目标进行深度融合的社会性行为，此举需要高职院校多元治理主体对目标实现所要面临的机遇与经验进行理性思考，这其中涵盖高职院校多元治理主体各自自身条件、各自拥有资源的差异以及各自不同的利益需求等。不管高职院校多元治理主体做出何种选择，都应基于社会经济发展趋势与自身利益需求的理性考量。由于当下我国高职院校多元治理主体参与高职院校产教融合并没有固定的模式，再加上宏观层面的产教“貌合神离”问题的存在，为实现高职院校多元治理主体公共利益最大化，构建共同愿景将有助于推进多元共治视域下我国高职院校产教融合发展进程，共同体理论在此方面有很好的应用性。①

（一）国外研究现状

关于产教融合的内涵研究，国外对于产教融合内涵的研究大抵从以下

---

① 孙云志．多元共治视域下我国高职院校产教融合发展研究．南京师范大学．2021-03-20.

几个方面进行。美国教育家赫尔曼施奈德（1906）最早明确提出合作教育思想，其后，美国国家合作教育委员会将合作教育定义为，一种将学生的课堂学习与其学术或职业目标相关领域的有益工作经验学习结合起来的结构式教育策略。英国弗里曼教授（1987）提出“大学-产业-政府”关系的“三重螺旋（体）”概念。指出职业教育产教融合是一种教育活动与社会生产活动密切结合的人才培养模式，特征是双向参与、工学结合、服务社会。关于产教融合人才培养模式的研究，由于其政治、经济、文化教育观念的多样性，各国大都形成以本国国情为依据的各具特色的一套较为成熟的人才培养模式，可归纳为以德国的“双元制”、日本的“产学官”为代表的企业主导模式、以美国的“契约合作”、英国的“学位学徒制”为典型的校企并重模式及澳大利亚的“新学徒制”为代表的学校主导模式。①

（二）国内研究现状

关于产教融合的概念，国内学者们主要从产教融合的本质、特征、内容等方面对产教融合的概念进行了研究。陈年有等（2014）从产教关系辨、产教融合考两方面论述了产教融合的概念，认为产教融合就是职业教育与产业的深度合作，是职业院校为提高其人才培养质量而与行业企业开展的深度合作。王丹中（2014）从高职教育产学研结合的相关概念入手，在基点、形态、本质三个维度对产教融合的概念进行了深入的探讨，认为产教融合的基点是其着落区域、形态应当随需而生、本质是再社会化。刘斌等（2017）认为职业教育的本质是职业性、技术性和终身性，并以此为逻辑起点全面阐释了产教融合的概念，包括职业层面的职业能力、职业资格和职业形态；技术性层面的技术应用和技术研发；以及贯穿终身的职业培训。邱晖等（2018）认为产教融合既是一种政、产、学、研四位一体的融合模式，也是一种由多个主体参与的能够应对国际市场变化的社会组织形式，多元化主体合作共赢、多层次动态演化、不同要素资源的优化组合和协同创新是其主要特征。②

---

① 郭苗苗．职业教育产教融合生态系统构建研究．华中师范大学．2021-06-30.

② 刘晶晶．基于协同理论的高职教育产教融合机制及优化策略研究．华中师范大学．2019-05-01.

（三）校企双元共生共治共育必要性

校企合作、产教融合重要性不言而喻。我国高职院校产教融合发展的最重要关系特征便是“共生”。所谓共生是指“不同类型的个体从自身利益的角度出发所建立的持久的合作关系联盟”，其核心是互惠主义，这与高职院校产教深度融合发展中多元治理主体所追求的跨界伙伴的荣辱与共发展目标不谋而合。在此过程中，贵州交通职业技术学院作为校企合作共生主体，是发展环境的塑造者，与企业一起拥有“产、学、研、用、创”内生动力。但拥有五要素并非意味着高职院校与企业多元治理主体实现深度融合，在当下社会与经济环境下，校企双方在结构匹配度、功能融合度等方面还有待提升，造成高职院校多元治理主体尚未形成真正的融合。

随着世界经济社会信息化建设步伐不断推进，信息化建设也渗透了人类社会经济发展的方方面面，对人类经济社会进步形成了重大而深刻的影响。交通建设成为社会主义民族经济的重要基石行业，通过发展并推进互联网信息化建设，是促进交通运输现代化的必然选择。通过利用互联网信息化手段对交通设施加以技术改造，全面提升交通尤其是路桥建设与管养的信息一体化，从而促进交通行业实施服务产品提升与结构优化。交通新技术发展与变革发展是促进校企共生基本趋势。伴随着社会智能化和信息技术的高速发展，新产业和新科技不断涌现，高职院校与行业企业面临着越发复杂外界环境，校企远期发展遭遇很大的挑战，互联互通融合共生成为趋势。

二、人才培养主体现状及问题

（一）共生共治共育模式一：校企共建技术研究平台模式

基于贵州十四五规划的区域发展战略，服务贵州交通强国示范试点建设，产教融合的深入程度，以为区域经济社会的服务能力大小为考核标准，以机制体制改革为核心，以“产、学、研、用、创”有机结合为实施途径，以提升人才培养质量为根本，以应用技术研究为支撑，一桥为纽带，校企共建技术技能为研究平台。以校企共生中产研用创为抓手，着力开展智能桥梁无损检测研发、新产品孵化与生产及关键技术问题研究，力争取得应用技术研究成果，造就一批高素质的师资人才队伍，加快加大对学生桥梁养护检测专业实操技能训练，培养一批专业技能拔尖人才。建设具有鲜明特色的桥梁智能无损检测与应用技术研究平台，将研究平台建设成为土木工程智能无损检测应用技术高技能人才的培养基地、科技创新的依托基地、新技术的孵化转换基地。

与企业原来的研究所和研究中心不同的是，校企共建技术研究平台不仅关注研究成果，而且更加关心成果的转化和经济效益，注重内外结合、产学研用创联合以及跨部门组织课题组。

校企共建的科技研发平台模式，从实质上可以说是一个产学研共建模式，是一个可持续发展的校企合作模式，也属于中国高职教育校企合作的最高级阶段模式。高职学院与知名企业合作科技研发中心，能够为中小企业提供创新智力资源，满足企业的长远发展需要。因此说这种合作是长期的、可持续发展的。

在普通高等学校内设立工程（技术）研发中心，首先是由国家进行的。1984 年，美国国家科学研究基金会（NFS）提出建立 25 个“工程研究中心”（ERC）的规划，于 1985 年启动并执行。工程研究中心计划开始于 1993 年，但截止到目前，总数达到 294 个。按依托单位划分，其中企业 105 个，占 36.59%；高校 70 个，占 24.39%；科研院所 112 个，占 39.02%。在中国，校企合作技术研发中心的合作模式在一般高校中已相当常见，但在高职学校中尚处在起步阶段。

（二）共生共治共育模式二：同一行业主管部门主导下的双师团队共建模式

同一行业政府主管部门直接领导下的双师团队合作管理模式，是指一种在同一行业政府主管部门领导内行、企业、学校之间共同联合管理的合作模式，政府主管部门发挥对下属单位公司的发展战略、人员、财务、股权和制度等的直接管理权力，并建立规章制度，以指导下属公司在学校内部开展双师双向交流。可以说，该模式是一个十分富有行业内高职院校特点的校企合作模式，可以有效缓解当前行业内高职院校的人才队伍“双师素质”较弱、“双师结构”不尽合理的状况。

在此模式下，主管部门的主要职责是搭建校企合作平台、发挥一定的行政管理权力，将院校发展纳入本地区行业发展规划统筹考虑，制定相关制度和政策，以年度目标任务的形式将校企合作指标下达给所属单位和职业院校，督促所属单位与所属院校开展广泛合作。所属单位和院校根据主管部门下达的目标任务和自身的发展需要开展合作。

三、延伸研讨

1. 校企共建技术研究平台模式

2010年起，依托在建“贵州高桥”项目，与贵州交建集团、贵州高速集团、交勘股份、中国交建南方公司、浙江交工集团等在黔龙头施工企业建立深度合作关系。让企业深度介入人才培养过程，合作开展现代学徒制、订单班等工学结合人才培养。本教学团队利用贵州省兴黔富民行动计划黔匠工坊建设这一形式，与四川升拓开展省级工坊试验研究中心。这些模式都将更加增加高职教育在社会经济发展中的重要价值，并转变人们对高职教育的传统观念认知，让高职教育的“高”地位名副其实。

2. 同一行业主管部门主导下的双师团队共建模式

本团队与贵州桥梁集团、贵州公路集团、贵州路桥集团等大型企业均属贵州交通厅下属单位，在贵州交通厅统一协调支持下。打造国家级职业教育教师教学创新团队。以桥梁工程智能建养运为载体，立足学院“道路桥梁工程技术”专业群建设。聚焦新时代“四有”标准；聚焦“云、物、大、智、移”“数字中国”与喀斯特地貌下“高墩大跨、长大隧道、超高层检测技术”结合关键前沿数字化技术应用能力培养。经过“四期、八维”分层培养，团队成员成为具有以“数字中国”为引领教学“双师型”、服务“技术专家型”、科研“技能型”、传承“育人型”的综合能力，实现“名师引导、名师榜样、骨干基础、双师素养、专兼融合、协作创新”为目标，省内领先，国内一流，具备数字化教学能力与数字化技术应用能力高素质结构化师资队伍。

第三节　课程体系

课程体系是人才培养方案的核心内容，其本身的科学性和合理性直接决定人才培养质量。国外在职业人才培养过程中，逐渐形成了一些各具特点的职业教育课程与教学模式，如德国的“双元制”、澳大利亚的TAFE、加拿大的CBE、美国的MES等。我国的职业教育课程与教学模式在借鉴国外经验的基础上，立足国情不断进行创新实践，众多专家学者也对职业教育课程改革进行了深入的研究。

一、高等职业教育课程体系的研究

课程体系是实现培养目标的载体，是保障和提高教育质量的关键。[①]学者姜大源指出：长期以来，职业教育课程始终未能跳出学科体系的藩篱。由专业学科构成的以结构逻辑为中心的学科体系是培养科学型人才的一条主要途径，而由实践情境构成的以过程逻辑为中心的行动体系是培养职业型人才的一条主要途径。职业教育的课程改革成功与否的决定性因素有两个：一个是课程内容的选择，一个是课程内容的序化。就业导向的职业教育课程，应该以从业中实际应用的经验和策略的习得为主、以适度够用的概念和原理的理解为辅，即以过程性知识为主、陈述性知识为辅。具体的课程内容选择应遵循三个原则，即科学性原则、情境性原则和人本性原则，对职业教育来说，要以情境性原则为主、以科学性原则为辅。课程内容选取后，职业教育课程开发的关键步骤，是对所选择知识内容实施序化的过程，也就是一个重建内容结构的过程。按照工作过程来序化知识，即以工作过程为参照系，将陈述性知识与过程性知识整合、理论知识与实践知识整合。“工作过程导向的课程”的开发过程，实际上是一个伴随学

① 邓泽民．我国职业教育课程研究40年综述［J］．职教论坛，2019（8）：49-55．

科体系的解构而凸显行动体系的重构的过程。①

众多专家学者都指出，应当把职业和能力的发展作为课程构建的目标。赵志群指出，职业教育的课程设计绝不仅仅是反映企业岗位需要，还要遵循学习规律、人的职业成长和职业生涯发展规律，职业教育课程的任务就是使学生获得从完成简单任务到完成复杂任务的能力。② 徐国庆认为，要彻底放下传统的“基础”这个沉重包袱，从机械论的基础观转向生物学的基础观，用“生长”的观点来看待能力发展。③

从近年来国家出台的一系列政策中，可以看出当前我国对于职业教育课程体系构建的要求。国务院印发的《国家职业教育改革实施方案》要求课程内容与职业标准对接、教学过程与生产过程对接，借鉴“双元制”等模式，总结现代学徒制和企业新型学徒制试点经验，校企共同研究制定人才培养方案，及时将新技术、新工艺、新规范纳入教学标准和教学内容，强化学生实习实训，探索教师分工协作进行模块化教学。教育部印发的《全国职业院校教师教学创新团队建设方案》要求构建对接职业标准的课程体系，服务“1”与“X”的有机衔接，校企共同研究制订人才培养方案，按照职业岗位（群）的能力要求，制订完善课程标准，基于职业工作过程重构课程体系，及时将新技术、新工艺、新规范纳入课程标准和教学内容，将职业技能等级标准等有关内容融入专业课程教学，促进职业技能等级证书与学历证书相互融通。中共中央办公厅、国务院办公厅印发的《关于推动现代职业教育高质量发展的意见》要求改进教学内容与教材，完善“岗课赛证”综合育人机制，按照生产实际和岗位需求设计开发课程，开发模块化、系统化的实训课程体系，提升学生实践能力。

二、高等职业教育课程体系现状与问题

路桥专业群是我院重点建设的两大专业群之一。为切实提高路桥专业

---

① 姜大源．学科体系的解构与行动体系的重构——职业教育课程内容序化的教育学解读［J］．中国职业技术教育，2006（7）：4.

② 赵志群．职业教育工学结合一体化课程开发指南［M］．北京：清华大学出版社，2009：29-30.

③ 徐国庆．职业教育课程、教学与教师［M］．上海：上海教育出版社，2016：104.

群人才培养质量，我们对贵州公路工程集团有限公司、贵州公路建设养护集团有限公司、贵州桥梁建设集团有限责任公司等二十多家企事业单位进行了专项调研，收集到了大量资料以及行业企业专家意见。该调研报告做出了如下分析：

1. 课程体系设置需及时响应行业转型升级导致专业知识技能体系的变化

中共中央、国务院印发的《交通强国建设纲要》已成为交通行业共同的行动纲领，贵州省作为全国唯一没有平原支撑的省份荣幸入选第一批交通强国建设试点，将力争用1–2年时间取得试点任务的阶段性成果，用3–5年时间取得相对完善的系统性成果，打造先行先试典型样板。2018年省政府成立了贵州推进交通强国建设工作领导小组，省长谌贻琴同志担任组长，办公室就设在省交通运输厅，省委、省政府高位推动，为试点建设提供坚强的组织保障。为贯彻落实纲要，我省将在建设国家西南陆路交通枢纽、四好农村路支撑乡村振兴战略、智慧交通引领高质量发展、交旅融合引领全域旅游发展、现代化治理引领行业转型升级等方面，努力形成一系列示范工程、一揽子技术方案、一整套制度体系、一体化服务网络，全面提高交通运输发展的质量和效益，推进我省交通发展步入新时代。

为构建现代化综合交通体系，为交通强国建设提供支撑，当下正是交通企业转型发展的重要战略机遇期。调研的企业均提到了转型升级和提质增效，如省公路局围绕新时代高速公路建设、普通国省干线升级提质、农村“组组通”决战攻坚、“四好农村路”提速创建，开启了新时代贵州省公路发展新征程，下一步将着力推进公路资产管理为核心的全寿命周期公路建管养运理念创新和实践创新，构建全省干线公路管理养护新模式，加快普通国省干线公路服务设施建设改造，强化“公路+”模式，推进业态融合发展，持续提升公路交通整体效益，推进科技再引领，引导普通国省干线公路改扩建项目从数量型向质量数量型转变，打造品质智慧绿色公路升级版等，贵州公路建设养护集团有限公司也对公路建设养护的信息化建设作了规划。

企业的转型升级对岗位技术技能提出新的更高的要求，随着工程建造数字化工具装备越来越普及，基于网络与大数据技术的智慧工地建造模式正逐步淘汰传统的建造模式。人工机械作业正逐步向数字化集成的精密装备自动作业转变，传统的测量、施工、检测、监理、安全、养护等技术技能岗位面临新一轮科技革命，新的职业岗位如数字建模员、无人机测绘员、数据员等已然出现。专业知识技能体系需要重构，课程体系需要随之进行调整。

2. 突出区域特色，聚焦高桥建造产业高端构建路桥专业群课程体系

贵州“八山一水一分田”的特殊地理环境，成为贵州经济社会发展的最大瓶颈，但也为山区峡谷特殊结构的世界级桥梁落户贵州提供了广阔空间。从 1959 年建成当时国内最大跨径的石拱桥——花溪松柏山大桥开始，到 1995 年建成当时亚洲最大的预应力混凝土桁式组合拱桥——江界河大桥，再到镇宁至胜境关高速公路坝陵河大桥、平塘至罗甸高速公路平塘大桥和大小井大桥……一座座或世界第一、或亚洲榜首、或国内领先的大桥，如雨后春笋般相继建成，仅“十三五”时期，贵州建成世界级桥梁 18 座。2020 年年底，世界高桥前 100 名中有 50 座、前 10 名中有 5 座在贵州，实现从“地无三里平”到天堑变通途“高速公路平原”的沧桑巨变。在贵州雄踞崇山峻岭中的 2 万多座桥梁，创造了数十个“世界第一”，打造了数量多、类型全、技术复杂、难度极大的“中国桥梁省”，赢得了“世界桥梁看中国，中国桥梁看贵州”的美誉。

贵州在山区桥梁建造技术方面已处于国际领先水平。杭瑞高速北盘江大桥首次采用“主梁纵移悬拼新工艺”，并作为“世界最高桥梁”载入吉尼斯世界纪录；大小井特大桥作为世界山区第一大跨径的上承式钢管混凝土拱桥，采用“斜拉扣挂智能化信息化系统”实现节段快速高效安装；平塘特大桥采用“叠合梁斜拉桥整节段上行式安装工法”属国内首创，净高 332 米主桥塔是世界最高钢筋混凝土桥塔……据统计，贵州有三座桥梁获得古斯塔夫·林德撒尔奖——桥梁界“诺贝尔”奖，有四座桥梁获得中国建设工程鲁班奖，还有三座桥梁获得中国土木工程詹天佑奖。

在调研过程中，众多专家强调专业群人才培养一定要有区域特色，贵州省路桥专业群人才培养就要突出山区桥梁建造技术能力。对于我们“面向贵州山区交通桥梁建造主战场、面向龙头企业高素质技术技能人才重大需求、面向山区峡谷高桥前沿科技创新”的路桥专业群办学思路均非常赞

同，建议专业群充分利用好贵州丰富的桥梁资源，打造出路桥专业群的特色，聚焦高桥建造产业高端，在课程体系设置上突出山区桥梁建造技术能力的培养。

3. 课程设置要强化职业能力的培养，课程内容应及时跟进行业发展

通过调研分析，企业对我院路桥专业群毕业生的能力评价中，最高的是实践动手能力（见图 2-1），这得益于我院产教融合、工学结合的育人长效机制，特别是现代学徒制和订单班培养的有效开展。

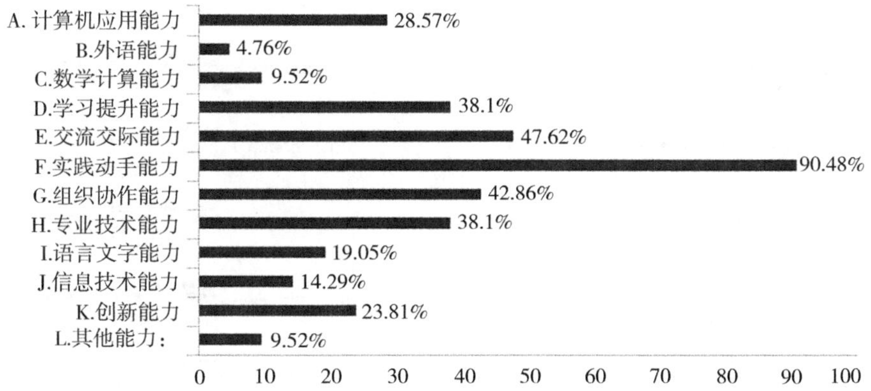

图 2-1　企业对我院毕业生能力评价

在调研中，部分企业认为之前的一些职业教育，在职业能力的培养方面做得不够。具体表现在：有的毕业生没有熟练掌握工程中的一些常用技术、设备等；在真实工作环境中一些毕业生表现出来的技术能力会大打折扣；在处理工程中出现的问题时一些毕业生不知所措；教学与生产出现脱节，很多新技术、新设备在学校从未接触过……调研对象都表示行业的发展日新月异，在课程设置和教学内容上，职业院校一定要紧跟行业发展需求，强化职业能力的培养（调研对象认为毕业生应具备的能力程度见图 2-2）。

专家强调，由于我省作为第一批交通强国建设试点，由于工程建设领域由机械化到数字化、智能化的转型发展已是必然趋势，所以行业技术的快速发展对于学院提出了更高要求，否则容易出现教学与生产脱节的问

题。比如现在传统施工操作技工等技术含量低的岗位比例迅速下降，信息化智能化等技术含量高的岗位比例明显上升，这些信息都明确释放了产业变化的信号。路桥专业群一定要继续加强校企合作，深化产教融合，校企共同设置课程体系和教学内容，让一线生产人员参与到教学中，把真实的生产案例融入路桥专业群的教学中，确保与行业需求和前沿技术同频共振。

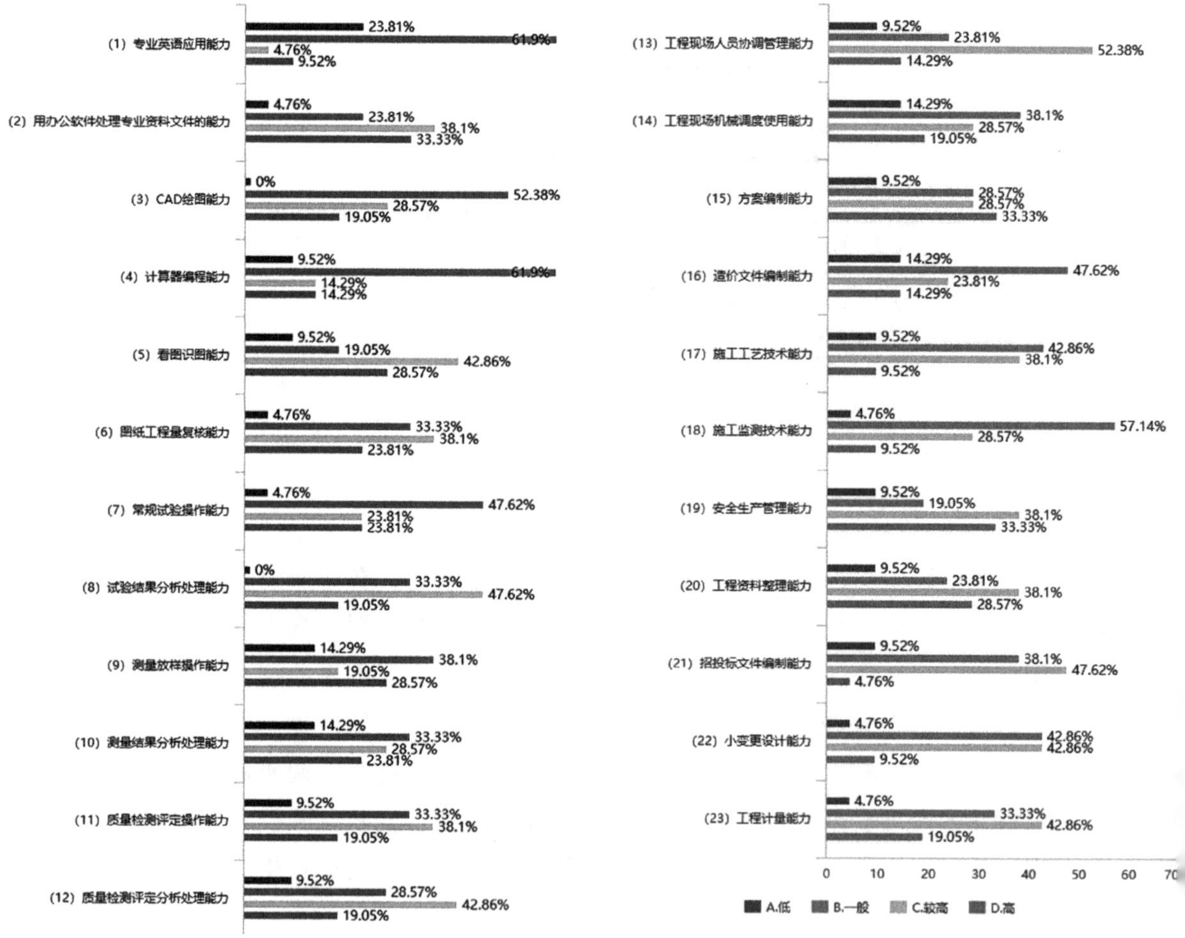

图 2-2　企业认为毕业生应具备的能力

4. 调研报告最后给出以下对策建议

（1）调整专业培养目标

专业群应聚焦机械化建造向数字化、智能化建造转型升级需要，瞄准基础设施数字智能化高端产业，衔接“设计-生产-建造-运维服务”产业链，重点面向山区大跨高墩桥梁智能建造、管理、养护等产业高端，以及计算机网络技术在行业中的应用。精准对接贵州喀斯特山地公路、桥梁、隧道施工、工程质量与病害检测、公路健康监测与病害修复等重点领域中高端技术技能人才需求，培养德智体美劳全面发展，掌握喀斯特山地特殊地形地质条件下“土木工程信息模型（BIM 技术）、大型结构装配施工、无损智能检测、物联网监测、大数据智慧工地管理”等关键前沿技术应用能力，德技并重、复合型的交通建设高素质技术技能型人才。

（2）课程体系建设

瞄准技术链、创新链，按照“工程对象相同、课程体系相通、技术领域相融、共享基础平台、共享教学资源”的原则，构建专业群分阶分层的模块化课程体系，构建岗群轮动、能力交融的专业群一体化实训体系。落实立德树人根本任务，将社会主义核心价值观教育贯穿技术技能人才培养全过程。坚持工学结合、知行合一，加强学生认知能力、合作能力、创新能力和职业能力培养。加强劳动教育，以劳树德、以劳增智、以劳强体、以劳育美。培育和传承工匠精神，引导学生养成严谨专注、敬业专业、精益求精和追求卓越的品质。

（3）教学标准研制

将新技术、新工艺、新规范等产业先进元素纳入教学标准和教学内容，编制各课程的教学大纲，以明确各课程应当教什么，怎样教，教到什么程度，为规范学生学习行为，需要重新编制各课程标准，明确学生学什么，怎么学，学到什么程度。结合课程大纲和课程标准两方面内涵，研究各课程（学习领域）的教学标准，从典型工作任务中提炼典型学习任务，以构成课程学习内容，作为教学组织的指导性文件。

（4）教学组织设计

普及项目教学、案例教学、情境教学、模块化教学等教学方式，广泛运用启发式、探究式、讨论式、参与式等教学方法，推广翻转课堂、混合式教学、理实一体教学等新型教学模式，推动课堂教学革命。加强课堂教学管理，规范教学秩序，打造优质课堂。组建高水平、结构化教师教学创新团队，探索教师分工协作的模块化教学模式。完善信息化教学平台，全面推广线上线下混合教学。

（5）教学资源建设

促进书证融通，将职业技能等级标准有关内容及要求有机融入专业课程教学。健全教材选用制度，选用体现新技术、新工艺、新规范等的高质量教材，引入典型生产案例。校政企行深度合作，以贵州喀斯特山地公路建设技术积累及创新，聚焦前沿技术，开发个性化特色教学资源。还可运用 VR、AR、MR、CAVE 等虚拟仿真技术，根据需求补充一批展示先进工艺技术的，可视、立体、动态、交互的学习资源。

（6）评价方法改革

严格落实培养目标和培养规格要求，加大过程考核、实践技能考核成绩在课程总成绩中的比重。严格考试纪律，健全多元化考核评价体系，完善学生学习过程监测、评价与反馈机制，引导学生自我管理、主动学习，提高学习效率。强化实习、实训、毕业设计（论文）等实践性教学环节的全过程管理与考核评价。

（7）反向设计，课程设置合理且注重实践环节

高校根据培养目标和培养标准逆向设计课程体系。每门课程都能有效促进培养目标的实现，在课程体系中找到相应的课程就能保证和实现每一个目标。整体上课程进行设置一个更加科学合理、课程管理体系建设更加需要完善，基本摒弃了以往重理的课程倾向，在课程内容选择上加大了实践活动课程及其他专业教育课程的比重，且普遍关注新工业革命文化背景下一体化的产业倾向，广泛开设人文社科类、现代企业信息网络技术类及跨学科通识课程，培养的工程人才普遍工程理论基础深厚、实践教学能力突出。此外，高校定期修订课程，及时更新课程体系，确保课程体系适应社会发展实际。

（8）调整课程内容

由于传统教学模式的局限性，专业结构和课程存在一些缺陷，不能形成适合当前人才市场发展需要的现代教学体系，不能与我国产业结构的优

化和完善相配。其中的问题和不足主要集中体现在管理专业划分过细、专业人员流动限制太死。课程缺乏科学性和综合性，理论知识的学习不能与实践操作相结合，学生在工程实践活动中不能获得知识的巩固和能力的提高，学习兴趣大大降低．还有课程内容范围过于狭窄，没有涉及必要的法律知识、管理科学等自然人文社会科学知识，学生难以建立跨学科的综合知识体系，难以发展成为现代复合型建筑人才。

（9）拓宽课程内容

伴随互联网信息技术在高校思想教育管理体系中的全面发展推广与快速普及，众多高职院校逐渐形成了以互联网金融平台为媒介、线下线上相结合的全新教学工作模式，整合多种教育环境资源可以建立起了涵盖丰富的现代化教学理论体系。高职院校在设置工科专业具体课程内容时，要重点确定学生的实际能力水平，确保课程难度适中，与学生的学习需求和学习能力保持一致。要突出课程的多维内容和课程结构的灵活性，必须创新、科学、实用，注重提高学生的知识水平和素质能力。

（10）增设综合性课程

为了能够适应当前中国社会经济发展文化建设的需要，近年来，高职院校开始加大对复合型综合性建设管理人才的培养工作力度，不仅传授专业相关理论基础知识和业务本领技能，还在专业教师教学中渗透人文科学思想，建立起具有综合性、立体感的课程结构分析体系。高职院校要增强核心竞争力，就必须改进办学理念，优化管理模式，为提高教学效率打下坚实的基础。具体措施如下：一是建立全面的课程内容体系，为学生提供多元化的学习内容，引导学生整合多学科发展优势，增强创新发展能力，成为全面发展建设型人才；二是将工程专业理论知识学习与企业实践活动相结合，引导学生积极参与大学生创业等实践学习活动，鼓励其在具体实践过程中积累能力和经验，获得综合发展实力，将所学知识应用于解决实际问题；三是建立融合文理知识体系、涵盖广泛丰富领域的综合课程体系，促进学生既具有高超的工程素质，又具有较强的文化和人文素质，成功实现高职教育现代人才培养目标。所以，高职院校教师应当更加注重企业做好综合性课程设置，合理安排自己工作，不仅可以注重满足路桥工程设计专业的学习环境要求，还要融入人文自然、社会经济科学等知识培训内容，促使学生在牢固掌握相关专业文化知识技能的同时，通过不断努力提高自身的综合素质修养，获得多种知识积累，视野开阔、志向远大，最后得到发展，努力成为这个专业领域内的尖端建设人才。

三、课程体系构建的延伸研讨

学者姜大源指出："工作过程导向的课程"的开发过程，实际上是一个伴随学科体系的解构而凸显行动体系的重构的过程。"在具体实践中，我们对成果导向 OBE 的理念进行了研究与运用，形成了依据职业情境对知识实施行动性重构，进而实现新的体系——行动体系的课程体系构建思路，通过反向教学结构设计最终完成课程体系的重构。

1. 成果导向的反向教学结构设计

成果导向是基于学习产出的教育模式（Outcomes-based Education，缩写为 OBE），它的三大核心理念是以学生为中心，反向设计和持续改进。实质上是一种学习能力本位主义教育，聚焦于学生受教育后获得自己什么工作能力和能够做什么的培养管理模式。所有的教育活动、教育过程和课程设计都必须围绕实现预期的学习结果。

反向教学结构设计是相对于传统的正向的教学结构设计。正向教学设计是课程导向的，教学活动设计从构建课程管理体系方面入手，教学设计的教学大纲按教材的章、节顺序对讲授内容、时间发展做出合理安排。而反向教学结构设计是以成果为导向，其主要思维逻辑是：从需求调查（内部需求、外部需求）——岗位职业能力要求——典型工作任务和工作过程——培养目标——毕业要求——毕业要求指标——专业课程体系——专业课程计划——主要课程内容——保证条件（教师、实践培训、资金和制度条件）——出发，通过评价反馈，不断完善原有的课程体系和教学活动。

传统的培训目标通常是在学院和教师的参与下设定的。但是基于研究成果导向 OBE 的理念认为，培养专业人才最大的特点应该是：人才市场需求要满足企业社会生活需求。因此，人才培养目标的制定必须以世界、国家和社会对人才的需求以及学校、教师和学生的需求为前提。人才培养目标应充分参考毕业生、企业、学校、教师和学生的意见。成果导向 OBE 的人才培养学习目标主要是通过培养提高学生的通用能力和专业发展能力。一般能力并不是特定职业所特有的，而是任何工作都必须掌握的技能。以我校路桥工程专业为例，在充分调查企业、师生的基础上，根据课程特点制定了我校路桥工程专业的课程教学目标和实验教学目标，主要培养学生七项能力：自我管理、自我发展能力、合作沟通能力、分配和解决问题的能力、沟通与接触能力、科技能力、设计创新能力、数字应用能力。通用技术能力的培养是课程设计实施的关键核心，不是采取单独开课的方式，而是贯穿于所有课程的教学实践活动中，从而做到有计划、有步骤地培养提高学生自主学习和交流能力，实现社会认知目标、情感目标、技能培训目标的全面发展。

2. 课程体系构建原则

课程体系是指课程安排的结构，任何一个专业的课程体系构建及课程配置均要遵循一定的原则。成果导向课程体系的构建应遵循以下原则：

（1）反向设计原则，这是构建结果导向教育课程体系的首要原则。

学生在大学毕业时应掌握的知识、专业技术技能、素养发展能力即毕业设计要求的实现和达成，需要进行具体的课程来承接和支撑，毕业论文要求学生通过不断细化、分解成指标点后落实到教育课程，即每门课程都对应某个毕业工作要求并支持其达成。在逆向设计的概念中，毕业要求是由培养目标决定的。同时，根据逆向设计思路，培养目标由社会经济发展、产业、产业发展等人才需求决定，专业课程体系建设必须符合社会经济发展的需要，符合产业和产业发展的需要。即课程管理体系的构建要以社会主义经济不断发展过程中需要及产业发展对人才需求为根本，以培养目标和毕业设计要求为依据。

（2）根据岗位核心能力确定核心课程。

考虑到课程体系的构建是基于行业和行业发展对人才的需求，根据行业和行业内专业对口人员的工作特点设计课程体系，以岗位工作流程为主线设置课程内容和结构。具体来讲，就是聚焦岗位核心技术能力，将工作发展过程分解成多个前后关联的工作建设项目。分析这些工作项目的任务，提炼总结完成任务所需的专业知识、技能和素养，并与课程相关联，即可设置专业核心课程。确定了核心技术课程后，再围绕企业核心课程可以确定主干课程。

（3）各类课程的比例需合理有效配置，所有课程需确保支持学生毕业要求的实现与达成。

各类课程在课程体系中所占比例不宜过高或过低，是实现课程体系平衡的最佳途径。平衡是指各类课程在系统中合理分配到一定的科学比例，不同类型课程的数量是有限的，以保证毕业要求的有效实现。构建课程体系的主要目的是实现和达到培养目标和毕业要求，因此毕业要求所涵盖的所有内容都需要相应的课程来支撑和承担，每门课程都可以在培养目标和毕业要求中找到匹配和相应的内容，并支撑其实现。为了使这种模式匹配，对应学生更加科学有效、精准，要将毕业设计要求进行细化、分解成多个指标点，每个指标点都配置对应的课程来支持和承接，根据相关课程与指标点之间的对应关系，可以通过形成课程与毕业论文要求的关联度矩阵。通过这个矩阵，我们可以清楚地查看课程体系中是否有缺失或重复的课程，分析矩阵中课程之间的关系，掌握每门课程对完成和实现毕业要求的贡献程度。

3. 课程体系的构建方法

课程配置的具体实施过程仍遵循逆向设计思路。首先，分析、考量、调查研究社会及教育技术发展过程中需要、产业经济发展及职场需求、学校学生发展战略定位及目标等综合影响因素，依据所得出的分析成果及调查结论，明确企业人才培养目标。其次，根据人才培养目标，明确学生毕业要求。再次，对毕业要求进行了详细分析，将毕业要求划分为具体的、详细的、可操作的、可衡量的能力指标点。最后给所有能力指标点配套相应的课程支持。根据企业对应行业管理工作人员岗位核心技术能力分析确定核心课程，再配套确定主干课程，同时厘清课程发展之间的关系、结构、层次，合理设置各类型课程的比例，最终完成教学课程标准体系的全面配置。

我们在研究了成果导向 OBE 的理念和理论后，将这一理念和理论与我校路桥专业群建设相结合，尝试了 OBE 理念在路桥专业建设中的实践和应用，重点构建了我校路桥专业以成果为导向的课程体系。该课程体系的建设方法遵循前文所述，即以反向教学结构设计思想为中心原则，首先，分析、调查、调查路桥产业发展与人才需求、路桥施工岗位技能和素养要求，根据分析、研究成果确定人才培养目标。其次，由人才可以培养学习目标明晰学生通过毕业设计要求，然后将毕业要求我们进行细化、分解，得到一个具体、详细、可操作、可测评的毕业要求指标点。针对这些具体而详细的指标点，设计并配置了与之相对应的课程，支持并实施了课程要求，明确了课程之间的关系和层次，最终构建了课程体系。

第四节　“双师型”教师队伍建设

注重学校和企业的合作，不断提高教师队伍教育教学能力和水平，将学校理论学习和企业生产实践有机结合，加强学生的职业能力培养，充分发挥学校和企业的双重育人作用，推进教师、教材、教法改革，形成完整的工学结合、校企合作教学机制，构建专兼结合、结构合理的高水平“双师型”师资团队是根本保障。

一、高等职业教育“双师型”教师队伍建设的研究

1.“双师型”教师队伍建设相关政策

1995 年，在国家教育文件《关于开展建设示范性职业大学工作的通知》中，首次提出了“双师型”教师概念。1997 年，在《关于高等职业学校设置问题的几点意见》文件中，明确了高职学校设置需要具备的条件之一就是“双师型”教师。1998 年，《面向二十一世纪深化职业教育教学改革的原则意见》指出，要重视教学骨干、专业带头人和“双师型”教师的培养。1999 年，《关于深化教育改革全面推进素质教育的决定》中提出，加快建设兼有教师资格和其他专业技术职务 的“双师型”教师队伍。2000 年，《教育部关于加强高职高专教育人才培养工作的意见》中提出，“双师型”教师队伍建设是提高高职高专教育教学质量的关键。2002 年，《教育部办公厅关于加强高等职业（高专）院校师资队伍建设的意见》中提出：

各高职（高专）院校一方面要通过支持教师参与产学研结合、专业实践能力培训等措施，提高现有教师队伍的“双师型”素质；另一方面要重视从企事业单位引进既有工作实践经验，又有较扎实理论基础的高级技术人员和管理人员充实教师队伍。2004 年，《教育部关于以就业为导向深化高等职业教育改革的若干意见》中提出，各地教育行政部门要根据高等职业教育的特点，在职称评定、教师聘任等方面单独制定适合“双师型”教师发展的评聘制度，为“双师型”教师队伍建设提供政策支持。2006 年，《教育部、财政部关于实施国家示范性高等职业院校建设计划加快高等职业教育改革与发展的意见》中提出，制定“双师型”教师培养和专兼结合专业教师队伍建设的支持政策与办法，促进高水平“双师型”素质与“双师型”结构教师队伍建设。2010 年，《国家中长期教育改革和发展规划纲要（2010—2020 年）》中指出，依托相关高等学校和大中型企业，共建“双师型”教师培养培训基地。2012 年，《国务院关于加强教师队伍建设的意见》中指出，职业学校教师队伍建设要以“双师型”教师为重点，完善“双师型”教师培养培训体系，健全技能型人才到职业学校从教制度。2016 年，《教育部财政部关于实施职业院校教师素质提高计划（2017—2020 年）的意见》中提出，重点提升教师的理实一体教学能力、专业实践技能、信息技术应用能力等“双师型”素质。2019 年，《国家职业教育改革实施方案》要求多措并举打造“双师型”教师队伍。同年，教育部、发改委、财政部、人社部四部门印发《深化新时代职业教育“双师型”教师队伍建设改革实施方案》。2020 年，《职业教育提质培优行动计划（2020—2023 年）》中提出，到 2023 年，专业教师中“双师型”教师占比超过 50%。

经粗略统计，从 1995 年至 2020 年，国家印发了 30 多份文件涉及职业教育教师培养方面，可以说明国家对于职业教育“双师型”教师队伍建设的重视。

2.“双师型”教师队伍建设相关研究

英国学者戈登科克（Gordon Kirk）指出：“教育的质量取决于教师的质量，所有试图改进教育质量或使学校工作更具活力的努力，都必须完全立足于教师能力的提高。”而职业教育的特点，决定了“双师型”教师队伍建设是提高职业教育教学质量的关键。由此，教育部文件要求大力提升职业院校“双师型”教师队伍建设水平，为实现我国职业教育现代化、培养大批高素质技术技能人才提供有力的师资保障。

众多学者对“双师型”教师队伍建设进行了大量研究。学者杨成明将高职院校“双师型”教师专业发展的逻辑进程划分为过渡适应、形成、融合、发展突破四个阶段。认为高职院校教师专业发展的实质是促使教师由“单师型”不断向“双师型”迈进，最终实现“既是双师，又超越双师”的目标，即在具备“双元性”专业素质的前提下，实现企业生产过程的实践逻辑与高职院校人才培养过程的育人逻辑有机结合，从而打造出双元素质一体化融合的专业型高职院校教师。①

其中，很多学者强调了加强校企合作、深化产教融合是“双师型”教师队伍建设的最佳途径。学者王定勇、陈开梅认为，高校很难直接培养出优秀的“双师型”教师。实践和经验无法面对面传授，参与生产过程是获得专业技术技能唯一的途径。只有来自企业岗位的人员才可能掌握最适用最真实的技术技能，也只有脱胎于企业生产一线的教师才可能成为一名优秀的“双师型”教师。② 学者魏明方、杨勇提出，“双师型”教师培养主要通过职业能力（包括教学能力、实践能力、科研能力和服务能力）来提升实现，应基于工作过程的校企合作共同开发培养模式，以职业背景为依托，以项目为载体，培养教师的教育教学能力和实践能力，提高科学研究和社会服务的能力。③

我们学校之前已经跟一些企业搭建起了校企合作的桥梁，有了产教融合的基本条件和基础平台，深入挖掘学校和企业之间的合作方式和合作领域，有利于“双师型”教师的培养，更符合“双高计划”建设发展的需要。对于校内的专任教师来说，目前在教育教学方面有专门的培训，能够通过教育教学工作获得教学经验，能够通过参加各类教学能力比赛得到锻

---

① 杨成明．高职院校“双师型”教师的内涵、专业发展与培养路径探究［J］．教师教育学报，2021（2）：40-48.

② 王定勇、陈开梅．智能制造背景下“双师型”教师的内涵和培养途径［J］．职业.

③ 魏明方、杨勇．基于 ADDIE 模型的高职院校“双师型”教师培养机制研究［J］．职业教育.

炼，同时学校还在教学技能方面配备了导师进行指导和考核，教师的教学技能提升显而易见。而教师对于行业前沿技术的掌握，以及实践操作能力方面的提升需要依靠企业实践，虽然可以安排教师下企业实践锻炼，但很多时候未能真正深度参与生产，也缺乏企业对教师的实质性考核，不利于教师前沿技术知识、实践操作能力的显著提升。

首先，我们需要进一步加强校企合作，真正在产教融合中让教师得到锻炼和提升。高职教师在企业开展实践时，企业可为每一名教师安排一位企业导师，指导教师的操作实践，教师需通过企业导师的考核后才算完成企业实践目标，否则可以延长实践期限，直至达到考核要求。其次，学校可聘请企业技能大师到学校带领教师组建技术技能团队，共同承担企业技术难题，共同思考提出解决方案并实施，以此丰富教师的实践经验，同时也进一步打通了学校和企业之间的人才流动渠道。教师在企业完成实践后有利于了解行业发展前景，在实现专业课程设置和 产业需求对接、课程内容和职业标准对接、教学过程与生产过程对接上更加具有针对性，在提高人才培养质量上具有实际提升意义。深度的校企合作耦合了“双师型”教师的发展渠道，也耦合了学校“双高计划”的发展路径。

另外，一些学者强调了“团队”对于“双师型”教师队伍建设的重要性。学者李伟、刘晓华、郭兴华指出团队发展是一种先进的组织形态，实践表明，团队发展模式与个人发展模式、竞争发展模式相比较，更容易提高个人的工作效率，更有利于促进团队成员形成积极的人际关系、良好的心理健康水平，更有利于个人和团队长远的发展。① 学者陆俊杰、郑林提出，基于团队螺旋提升的“双师型”师资队伍建设，就是在面向个体成长的师资队伍建设路径基础上，充分发挥团队建设的作用，充分发挥企业转职教师和原有理论课教师在团队中的各自优势和团队协作的整体优势，使不同来源的教师在交互成长中螺旋提升。基于团队螺旋提升的“双师型”师资队伍建设，应该为团队情境中的整体提升提供相应的组织保证和体制机制保证，这不仅涉及理念的创新和跟进，更涉及实

① 李伟、刘晓华、郭兴华. 高职院校教师“双师型”核心能力提升策略研究［J］. 才智，2020（20）.

践中的具体操作方式，必须在合作机制、评价体系等方面进行实实在在的创新和探索。①

过去，系部在师资队伍建设中也为专任教师们提供了各种培训、学习和锻炼，取得的效果主要取决于教师的主观能动性，这是一种基于个人成长逻辑的“双师型”师资队伍建设。在实施“一桥一课一团队”之前，系部在专业课程教学中也聘请了一些企业兼职教师。在教学实施中，企业兼职教师往往从事实训教学的指导、技能大赛指导等；而原有的理论课教师大多依然从事与之前差异并不太大的基础理论教学。从这个层面上来看，基于个人成长逻辑的“双师型”师资队伍建设，可能在更多意义上是实现了新成员的补充，即在原有师资队伍群体当中增加一定数量的工作人员，是一种“物理反应”。而构建“一桥一课一团队”的双元教师团队，让不同来源的教师之间通过协作而产生“化学反应”，充分展现不同来源教师的能力优势，取得 1+1>2 的成果，则是一种基于团队成长逻辑的“双师型”师资队伍建设。创建高水平结构化教师教学创新团队，也是《国家职业教育改革实施方案》中“双师型”师资队伍建设的重点。

还有学者对未来“双师型”教师队伍建设进行了分析。学者李梦卿、李鑫认为，“十四五”时期我国职业教育“双师型”教师队伍建设的未来趋势与走向有三点。一是立足职业技术师范专业认证制度，创新优化“双师型”教师培养引用新渠道；二是深化产教融合、校企合作，打造“双师型”教师队伍建设新模式；三是加强“双师型”教师专业化发展，形成“双师型”教师队伍建设的中国范式。②

二、“双师型”教师队伍建设现状与问题

1.“双师型”教师队伍建设任务重

《深化新时代职业教育“双师型”教师队伍建设改革实施方案》明确要求到 2022 年，职业院校“双师型”教师占专业课教师的比例超过一半。

① 陆俊杰、郑林. 基于团队螺旋提升的“双师型”师资队伍建设探究［J］. 职教通讯，2021.

② 李梦卿、李鑫. 我国职业教育“双师型”教师队伍建设：盘点“十三五”，谋划“十四五”［J］. 2021.

2019 年，由教育部教师工作司公布的有关“双师型”教师队伍建设情况的数据可知，当前高职院校“双师型”教师人数总计 19. 14 万，占高职院校专业课教师总人数的 39. 7%。同时，伴随着高职院校“百万扩招”政策的逐步实施，有更多应届高中毕业生、中等职业学校毕业生、退役军人、待就业人员、外来务工人员等就读高职院校。2019 年，我国实际完成的扩招人数达到 116 万，2018 年高职院校生师比为 17. 89∶1，而这一指标在 2019 年上升为 19. 24∶1。按照高等学校国家标准生师比 18∶1 来计算，当前高职院校教师数量以及“双师型”教师数量均存在较大缺口。在 2020 年和 2021 年高职院校“百万扩招”政策持续实施的过程中，高职院校“双师型”教师总量不足的问题将越发明显。

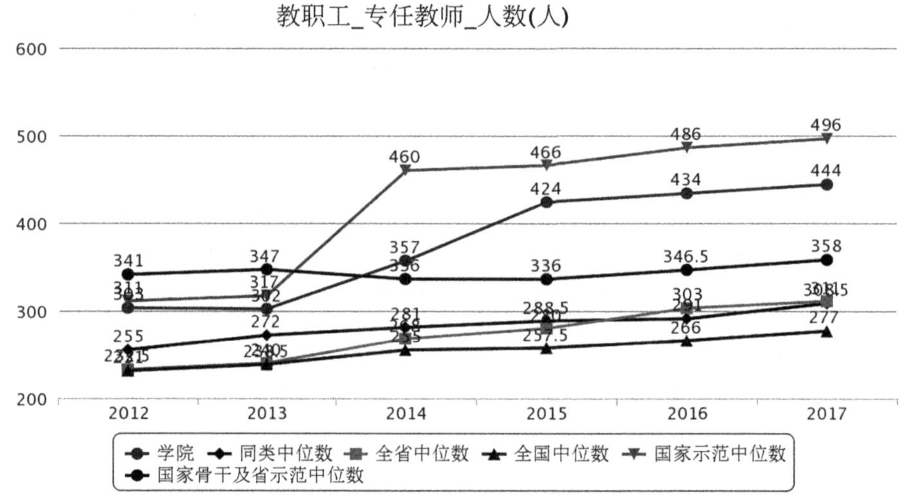

图 2-3　贵州交通职业技术学院教师数据平台抽样数据

再看我院的具体情况。根据我院的质量年度报告，2016 年生师比 17. 89∶1，2017 年生师比 17. 48∶1……直到 2020 年生师比 17. 97∶1，生师比基本保持稳定。而专任教师数量在 2018 年之前变化不大，2015 年全校共有专任教师 424 人，2016 年 434 人，2017 年 444 人，而 2020 年全校专任教师总数则达到了 557 人，在近三年有了较大幅度增长。学院的教师队伍随着办学规模扩大而扩大，数量增长了，质量也要跟着提升，相应的要满足新时代职业教育“双师型”教师队伍建设的要求，要落实《国家职业教育改革实施方案》中“职业院校、应用型本科高校教师每年至少 1 个月在企业或实训基地实训”的要求，要将众多普通教师、新进教师培养成为“双师型”教师，我们面临着巨大的挑战。

2. 教师队伍来源单一

高职教育的教师群体大多来自大学科班毕业的应届毕业生，例如我院在 2011—2015 年期间，新增的专任教师大部分是研究生以上学历的应届毕业生，有企业工作经历的仅为少数。当他们步入职业教育的课堂后，发现自己在本科所学专业与职业院校所需讲授的课程有不小的出入时，他们会对自己所学习的专业缺乏认同归属感，影响他们对于专业发展的理解和认知；同时来自大学的专任教师由于缺乏实践经验，虽然理论知识体系很完备，但实践操作能力欠佳，较少接触行业企业的发展现状，导致他们对行业发展方向把握不够，缺乏专业与行业发展的系统性思考，缺乏先进的专业教学理念和融合行业经验的教学内容，导致其课堂教学内容不够充实，从而对自己的专业和职业产生怀疑，进而导致职业倦怠感的产生，不能有效地激发工作的主动性和自觉性。任何人从事任何职业在进入平台期后，对自身职业的认可度和专业的认可度是支持其继续提升发展的重要指标。虽然在高职教育进入快速发展期后，高职院校教师的社会认可度得到了一定提升，但在教师自身的认知观念和专业能力上仍然存在一些问题。从“校门”到“校门”的教师在授课中，时常会暴露出“我讲的学生听不懂”“那个试验我也不熟练”等问题，影响了教师的信心，也制约了教师的成长。

3. 教育教学能力不足

过去，我院的专任教师大部分是由应届毕业生直接成为教师，在专业素养上暴露了一些不足。很多教师经过多年的理论学习和研究已经帮助他们构建了一个理论知识体系，然而由于缺乏企业实践经历，所以缺乏一些专业素养。在理论课和实践课的教育教学中，难以将最新的、最符合企业实际生产的内容讲授、演示给学生观摩，在面对实践课程的教学和学生实践能力的指导上，由于经验的缺乏和操作的生疏显得有一些力不从心，他们对于行业的新技术、新技能不了解，不能够在专项实训和综合实训上给予足够有效的操作示范，同时也缺乏相关行业足够深入的从业经历和执业资格的认定。另一方面，从企业来的教师不论是专职教师还是兼职教师，他们对企业行业的认知及发展方向有清晰的认知，专业实训能力更加熟练。但在教育素养上他们中的很多人都有欠缺，由于企业工作环境和人际关系交流的影响，从企业来的教师很难快速适应学校的工作环境和人际交往要求，总体上有一些水土不服，在理论知识的教学上缺乏互动性，缺乏对教育规律的认知，缺乏教育心理学的应用，甚至部分教师在语言表达和课堂的组织管理能力上达不到教学要求。

4.“双师型”教师成长制度体系不完善

高职院校普遍存在教师校企双向流通机制不完善的问题。例如教师下企业实践，经常存在参与企业技术开发、研发成果转化等工作中被边缘化，缺乏个性化方案与针对性实践岗位，教师的企业实践在学校工作量考核机制中缺乏合理的定义等问题。另一方面，学校对于来自企业的高技能人才，缺少在教师资格认定、编制设置、薪酬分配、专业支持、职称聘评等方面形成具有分层、分类特点的多样化教师聘用和管理机制。不论是直接从学校毕业的教师，还是从企业转职来的教师，如果没有很好的制度设计，都会在教学过程中逐渐与生产服务一线脱离。当一名教师不再主动地密切关注生产服务一线的技术进步和行业发展趋势，其原有的经验会逐渐转化为一种制约。因为随着科学技术的进步，行业企业正在发生着翻天覆地的变化，这部分教师在过去掌握的实践流程和工作经验可能无法与已经变化了的生产服务实践相匹配。当这种不匹配距离更大时，原有的经验不仅不能成为适应新情况的一种技能，还极有可能成为接受新事物、新技术的一种限制。

5.“双师型”教师成长路径存在不足

“双师型”教师队伍建设要符合教学成长的规律性，如同一个技术工种从业者要想成为这个岗位上的专家，需要有5—10年的发展经验、工作经验一样，在教师工作岗位上要实现更好的、顺畅的发展，也需要5—10年的成长。目前国内高职院校的“双师型”教师队伍建设，主要是基于教师个人的成长。以我院路桥专业教师培养为例，在“十二五”期间，系部组织了大量的教师培训，包括专业技术培训、师德师风培训、下企业实践等，也鼓励教师积极获取“双师”资格，但是效果不是非常显著。因为这类教师培训很难针对教师个人形成一套完整的成长体系，针对性、系统性和长效性较差，在没有组织培训的大量时间主要还是依靠教师个人的努力。同时，集中组织的各类学习难以与所有教师的个人成长规划相契合，有时会出现“参加的培训对我没什么用，想学的内容没有安排”等问题，学习完成以后也没有什么机会进行实践锻炼，所以取得的效果会大打折扣。如果缺少组织和机制保障，教师想要实现个人自我提升就会缺少路径，会面临缺少企业实践平台、缺少实践项目等问题，所以难以及时跟进行业技术的快速发展。

三、“双师型”教师队伍建设延伸研讨

教师队伍是发展职业教育的第一资源，是支撑新时代国家职业教育改革的关键力量。《国家职业教育改革实施方案》要求多措并举打造“双师型”教师队伍。《深化新时代职业教育“双师型”教师队伍建设改革实施方案》明确指出，与新时代国家职业教育改革的新要求相比，职业教育教师队伍还存在着数量不足、来源单一、校企双向流动不畅、结构性矛盾突出、管理体制机制不灵活、专业化水平偏低的问题，尤其是同时具备理论教学和实践教学能力的“双师型”教师和教学团队短缺，已成为职业教育改革发展的瓶颈。

在前文中，也对职业教育“双师型”教师队伍建设存在的现状问题进行了分析。面对这些问题，我们需要进行以下思考：如何整合教师资源，使不同专业特长、专业背景的教师之间优势互补，并通过校企“互聘、互兼”双向交流机制和教师团队合作机制，结合自身优势与“贵州高桥”重点服务面向，有针对性地打造“双师型”队伍，提升教师团队的教学能力与协同创新能力。

第五节　实训条件建设

贵州是全国唯一没有平原的省份，2007 年贵州的高速公路通车里程不

足1000公里，久困山峦的贵州，决心开凿发展通途。贵州大地，不是山就是沟，贵州的交通建设，离不开桥梁的建造，贵州交通的快速发展，对贵州桥梁建设提出了更高的要求。高技能“高桥”建造岗位人才供不应求。伴随着“贵州高桥建造技术”的迭代创新，原有的单一岗位人才培养方式已经无法更好地满足人才岗位需求，急需根据市场需求，增强岗位变迁能力，推动面向新“岗位链”的工程实训融合与创新。

一、高等职业教育实训体系构建的研究

工程实训体系可以围绕某个行业或者专业的实际需求，采取分布式或者集中式的方式面向工程制造各关键技术环节，通过教学过程中科学的组织将教师的科研与学生的三实（实验、实习、实训）紧密结合，并通过科研支撑引领并促进教学，提高学生分析问题、解决实际问题的能力，从而培养出行业急需的应用型人才。戴青云等（2016）在《面向中国制造2025的工程实训体系构建与实践》中指出，教育特别是高等教育需要更加突出科学研究、社会需求和技术进步的支撑和引领作用；[①] 于溥春（2020）在《区域资源共享实心基地建设途径的研究》中提出，要创新“三位一体”实训基地运行模式，依托企业资源和实践基地的资源，实现高等职业院校和企业行业相互交流，实训与生产同步，创收与育人共赢的三位同体实训基地运营模式，学校和地方企业不应该是两个完全分离的机构，而是能够形成完整的技术链条，体现双重功能的一个实体；[②] 李海东等（2020）在《“课程+技能+基地”三位一体“2211”实践教学体系构建》中提到，要依据“双主体、双核心、双证书、双育人”四双合一人才培养模式，构建特色鲜明的“2211”实践教学体系，结合专业实际，完善提升教学体系；[③] 蔡清雅（2020）指出，在实训体系构建时要融入“互联网+”思维，采取

---

① 戴青云，邓文新，刘庆，张进．面向中国制造2025的工程实训体系构建与实践［J］．高教探索，2016（1）．

② 于溥春．区域资源共享型实训基地建设途径的研究［J］．创新创业理论研究与实践，2020（23）．

③ 李海东，刘玉东．“课程＋技能＋基地”三位一体的“2211”实践教学体系构建［J］．重庆电力高等专科学校学报，2020（25）．

线上线下相结合的实践教学方式，丰富实训教学形式，提高学生的学习兴趣；① 庄剑峰（2020）指出，深化产教融合是促进人才培养供给侧和产业发展需求侧结构全方位融合，对新形势下促进教育链、人才链与产业链、创新链有机衔接，对全面提高教育质量、培养大批高素质技术技能人才具有重要意义；② 黄兆军（2021）指出，高等职业教育最大的特点就是要培养具备知识和技能并重的就业型人才，体现在教学上就是通过各种各样的实训设备来模拟实际的工业生产过程和现场，对学生进行技能训练。③ 随着新兴产业的发展，如人工智能、智能制造、机器人、云计算等，这些专业领域的教学若使用传统的工科专业实训设备，则远远不能满足人才培养的需求，为了更好地适应新时代背景下新兴产业的发展需求，实训环节就更加重要。

二、实训体系的现状及问题分析

1. 实训体系单一，无法满足学生岗位变迁需求

首先，从世界范围看，人才培养注重的是学生的学习能力、创新能力、实践能力的培养，但是现有的工程类实训体系普遍存在资源碎片化、知识碎片化现象，学生虽然接触的实践训练不少，但是整个专业的实训体系比较单一化，没有针对行业岗位链组织实训。大家都做了，做的都一样，学生创新、创造不强。其次，传统的实训都是以设备为中心，在实训体系的设计上，实训内容和行业需求存在分离，使得培养出来的学生实践能力与岗位需求存在差距，因此当前的实训体系缺乏面向行业需求，对接企业岗位链的面向人人的实训体系。

2. 实训教师水平不高

专业的实训教师既要求有丰富的理论教学水平，又要有适应岗位需求较强的实践能力。但是目前高职院校大部分专职实训教师都是从各高等院

① 蔡清雅．“互联网+”背景下高职院校实训基地建设研究［J］．淮南职业技术学院学报，2020（20）．

② 庄剑峰．产教融合校企共建轨道交通实训基地的实践探索［J］．中国培训，2020（01）．

③ 黄兆军．高职院校新工科专业教学实训设备的配置途径探索［J］．职业教育研究，2021（01）．

校录用的毕业生，很多教师都是出了大学进大学，自己没有丰富的企业实践经历，虽然理论知识丰富，但是缺乏企业一线生产流程、实践操作能力。还有部分教师下企业锻炼存在走过场、流于形式的现象。虽然也聘请了一部分企业教师，但是因为工作时间不稳定，无法合理把握教学进度。

3. 实训效果不佳

高职教育注重实训教学，但是仍然会存在一些不足，大部分实训教学模式比较单一，制定的实训方案没有实时根据行业需求和岗位发展动态进行更新。传统的校企合作就是企业为实习学生提供实训基地，满足学生顶岗实习需求，没有深度合作，缺乏与行业发展相适应的产业转型的新实训体系，未能充分面向市场，结合企业实际需求考虑人才培养问题，实训设备重复购置，但是又未能充分利用，实训设备实际利用效率低，实训效果不尽如人意。

三、“就业导向”实训体系构建探究

1. 面向人人，因材施教

针对不同学生的认知水平、学习能力、个性特点，将实训环节设置为必修环节和选修环节。必修环节包括在校内开展基本技能培训，培养学生专业感性认知和基本操作能力。选修包括在校企合作共建实训基地开展专业技能训练，培养学生专业素养和实践能力，实训项目基地的选择可以根据学生自身特点，参与高桥建造、高桥养护、高桥测量等岗位能力和就业能力训练，学生自己选择不同的实训基地，参与适合自己的实践培训。校内实训进行基础性、专业性模拟训练，校外实训基地进行角色转化和准员工训练，进行综合真岗跟班实训，实现实训阶梯式层层递进，增强学生专业素养、社会适应能力，践行面向人人，因材施教。

2. 多元共建，凸显特色

高职教育致力于服务地方经济，在促进产业结构调整和推动地方发展等方面都起到了重要作用。多元方案就是要让学校、企业、政府相互联系起来，互动发展教学模式，各自围绕各自的利益主体，共同目标，各司其职。引入的企业、行业、社区等要明确各办学主体的权责利关系和各类规章制度，建立“基地共享、资源共用、实训共管、责任共担、成果共享”的合作机制。作为学校方，在实训基地的建设过程中，要充分考虑企业需求，联合企业和政府相关部门共同制定实训体系。充分整合资源，共同承担起培养技术技能型人才的重任。

在师资上，要重视师资队伍发展，企业和政府向学校提供兼职教师，共同加强实训师资建设。对于企业兼职实训教师，采用自主培养和主动引进相结合方式。丰富校企合作内涵，加强教师到企业学习锻炼的监督和管理，鼓励专职教师利用假期下企业锻炼，把企业学到的先进技术和理念带入实训教学中来，发挥专业优势，积极参与企业一线建设。同时，也要加大对企业兼职教师的引进计划，创新人才引进方式，提供师资队伍建设，进一步深化校企合作，实现企业和学校“互惠共赢”。

3. 深度融合，构建“就业导向实训体系”

围绕产业中高端岗位所需的技术技能要求，重点是新兴岗位对职业变迁能力的迫切需求，对实训模式进行重构和实践，为行业提供岗位相匹配的高素质技术技能应用型人才。随着区域经济的不断发展，地方企业需要不断壮大和发展自己，这需要有大量的技术技能人才支持，而人才来源的主要途径是依靠各类学校的培养。高职院校作为专门培养适应企业需要的技能型人才的机构，目前在职业学校的课程改革和学生就业方面都出现了难得的机遇和挑战，校企合作、多路径搭建工学结合平台、改革人才培养模式、校企共建实训基地，是职业教育改革的重要方向，也是职业教育发展的根本举措，充分利用企业的资源为校所用，同时为适应企业迅速发展的需求，构建新型人才培养机制，锻造一支爱岗敬业、技术精湛、贴合区域经济发展需求的高素质员工队伍，让专业建设和行业需求相匹配，实现学校和企业的双赢。校企深度合作是中国特色高水平专业群建设的需要。校企深度合作，产教研融合深化教学体系改革，建设一支贴近生产一线的高水平的教师队伍，实现道路与桥梁专业山区峡谷高桥教学与行业技术发展同频共振，保持专业群办学特色和优势，提升专业群科研、社会服务能力，提升学生创新创业能力和就业竞争力的迫切需要。校企深度融合，拓宽传统的实验实训模式，探索产教融合、科教结合、资源整合，共同制定培养目标，让教学、产业资源实现共享、优化，不再碎片化。围绕行业需求，打破传统一对一培养模式，对接“岗位链”，全面培养复合型技术技能人才。鼓励企业教师全程参与学校人才培养的全过程，强化人才与产业行业的紧密联系，不断根据市场需求更新教学内容和实训模式，构建人才链紧密对接岗位链的“双链实训体系”。针对贵州高桥建设人才岗位需求，贵州交通职业技术学院创新开展以一桥一项目，一桥一切入点，全面推进了校企双元协同育人的实训体系，以桥梁建设为载体为企业定制培养专门人才的方式，丰富了通过生产型教学平台，以真实生产任务驱动的“校企一体、任务驱动”人才培养模式，完善人才培养规格校企共商、人才培养方案共同制定、校企人才双向交流、实践基地与教学资源共建、技术资料和创新成果共享机制。

第六节　评价体系构建

一、高等职业教育评价体系构建研究

1. 人本主义教育理论

20世纪五六十年代，人本主义教育理论诞生于美国，人本主义教育理论以“完整的人”为核心，进而主张教学应介入学习者的情感、认知等各方面的成长，强调每个人都有自己内在的独特性，为了最大限度的使受教育者的潜能得以开发，就需要教育者重视学生学习的主观能动性，以“学生为中心”，让学生充分发挥自己的潜能，促进学生全面发展。①

2. 建构主义教学理论

建构主义也称为结构主义，是认知心理派中的一个分支。建构主义认为知识必须是具备结构的，任何知识领域的零散、片面的知识是无意义的。因此，在教学的过程中要注重学生对知识结构的整合，即基本原理和基本理念的掌握。在教学中，要主要传授基本概念、基本法则，培养学生

① 董钊杨．罗杰斯人本主义学习理论与护理教育［J］．科教导刊，2011（06）．

主动学习和独立思考从而获得知识。①

3. 范例教学理论

范例教学理论兴盛于20世纪五六十年代，范例式教学主要体现四个统一，即“教与训育统一”“问题解决学习与系统学习的统一”“主体与客体的统一”“掌握知识与培养能力的统一”。范例教学理论突出强调学生的问题意识，强调考核学生的综合能力，在教学中范例教学理论强调各门学科的基础性、范例性，最大限度地调动学生学习主动性和积极性，并对学生学业成果进行公平考核，主张公开化公平性标准，采用评价和指导相结合的原则，学生通过自评和互评，清楚知道自己的学习目标是什么，自己离目标还有哪些差距，从评价中诊断教与学双方问题，反馈信息，及时补救，从而帮助被评价者明确今后努力的方向。②

二、高等职业教育评价体系现状及问题分析

目前，在我国大多数高职院校中，以考试成绩代替学业评价的现象仍然比较普遍，在教学实践中以考试标准的学习成绩代表学生的学业成就，远远达不到对学生学业评价的严谨性、科学性和权威性。具体来说，传统的学业评价体系主要有以下问题。

1. 考核主体缺乏企业和社会参与

职业院校课程考核的内容是学生是否达到课程体系的要求，包括知识掌握、技能掌握和素质掌握，而这些能力的掌握最终要满足用人单位的需求。用人单位是培养对象最后的需求者，如果缺乏企业和社会参与的评价体系，就无法满足社会和市场的需求，导致评价内容难以契合岗位需求，自己影响学生职业能力水平提高，更难体现“以成果为导向”的办学理念，评价结果难以真正促进学生学业全面发展。

2. 考核内容侧重于理论知识掌握

目前很多院校知识本位的思想仍旧根深蒂固，加上客观知识的考核更便于考核评定，所以现在很多考核体系多以知识考核为主，重视知识的检

---

① 何克抗．建构主义——革新传统教学的理论基础［J］．科学课，2003（12）．

② 高翔，张伟平．新课改背景下范例教学理论再审视［J］．现代教育科学，2008（03）．

验，却缺乏岗位能力的考核。考核内容多为老师在课堂上传授的理论知识，并以教师、教材、课堂为命题主题。知识的考核固然重要，但是学生岗位技术能力以及德、智、体、美、劳素质的全面发展，在学生日后的工作中显得更为重要。岗位技能不仅包括专业基本知识，还包括操作能力、专业知识应用能力和职业素质等。传统的考试显然已经无法体现考核学生技术技能水平的功能，难以准确评价学生真实的素质。

3. 考核方式过于单一

标准的考试仍采用闭卷笔试的形式，侧重考核学生对传授知识的掌握，这种标准考试的考核方式虽然提高了考试的公平公正性，但是这类考核方式过于单一，只是限于对知识的检验，忽视了学生分析问题、解决问题能力的评价，不利于学生创造性思维的发展。考试只能是共性的，与面向人人培养个性化人才的理念相背，单一的考核方式很难考核学生其他综合素质，诸如创造能力、团队合作精神、情感体验等，因此缺乏多样的考核方式，很难全面、真实地考核学生知识、技能与能力。

4. 考核缺乏持续改进

多年来，国内高职院校学生学业成就评价受到传统教育理念的影响，主要采用传统的中期考核、期末考核评出成绩的方式，这种考核方式在某一学期结束后开展，是一种阶段性的终结考核，缺乏对学生学业成就的跟踪、持续、诊断、反馈、改进，最终导致育人体系无法及时更新改进。

三、成果导向评价体系探究

成果导向教育在 1981 年由 Spady 率先提出来，经过此后十几年的发展，至今被认为是追求卓越教育的正确方向。成果导向强调以学生为中心、反向设计、人人皆能成才。成果导向教育指出教学设计和教学实施的目标是学生通过教育过程最后所取得的学习成果，我们想让学生取得的学习成果是什么？我们为什么要让学生取得这些学习成果？我们如何帮助学生取得这些学习成果？我们如何知道学生已经取得了这些学习成果？我们如何保障学生取得这些学习成果？成果导向的评价体系强调个性化评价，根据学生个体差异，指定个性化评价等级，并适时进行评定。①

1. 转变教育教学理念和评价理念

以学生为教育基础，以学生为教育主体，以学生为发展中心，是当前高职院校的思想和发展方向，要充分认识学生的个性化发展需要，重视思想政治教育，使学生感受到受人尊重和重视的幸福，积极参与理论学习和实践训练活动。高职院校如果长期坚持这种教育模式，将会取得理想的教育教学效果，形成健全完善的以学生为本的培养理念体系，促进高职院校综合发展实力不断增强。虽然目前我国也曾提倡以学生为本的教育发展理念，但是我们很多高职院校对学生的关注程度不够。教师忙于教学以外的项目，以至于没有时间照顾他们的学生。也因为学校对教师的评价基本上都集中在科研等个人表现上，这导致教师更注重自己的科研项目和论文的发表，没有时间关注与教学有关的问题，甚至长时间不与学生交流。由于这些问题，教师对学生的整个社会学习活动过程缺乏关注与重视，导致最终考核评价研究结果有失客观性和公允性，对学生的成长和能力发展极为不利。因此，高职院校的管理者和广大的专业教师必须把促进学生的全面发展作为一个重要的教学目标，对学生的学习生活给予整体的重视和支持。

2. 预设明确的学生学习成果

学生学习成绩的预设具有积极的意义和作用，是有效学习评价的形成基础和评价结果的方向。基于 OBE 的学习研究成果指的是学生经过系统理论知识学习后，在思维态度、知识技能等方面获得企业实际工作成效。它必须有明确的特点，并能为有效的评估活动提供依据。还应清楚地了解他们需要达到的学习成果，以便他们能够明确自己的努力方向和提高目标的能力，并且，这些描述要符合国家课程和专业的特点，要强调以学生为中心，要呈现学生的发展研究方向和途径。通过学习工作成果预设，必须根据社会实践活动需要制定并且在实践检验中得到不断改进与完善，不能出现脱离生产管理实际情况需要的理论空谈式学习技术成果预设行为。要制定出科学合理的学习成果评估机制，获得客观真实的学习成效反馈数据信

① 申天恩，斯蒂文·洛克．论成果导向的教育理念［J］．高校教育管理，2016（05）．

息，促使学生能够明确自己的学习方向，获得更多关注支持，从而得到提高综合素质能力的提升。

3. 多元教学评价

每种评估工具和方法都有各自的优缺点。基于 OBE 的评价方法是一种更加科学、全面的多元化评价方法。目前，国内高职院校主要从专业、课程学习状况和综合素质等方面对学生的学习进行评价。评价管理方式往往通过比较单一，但是我们大学社会生活是丰富多彩的，除了专业知识学习能力以外，学生还可以有效进行很多其他组织形式的学习，比如大学生创新创业竞赛、大学生辩论赛等学习实践活动，对于这种不同类型的学习理论成果，评估的主要工作方式为综合素质测评，评估工具主要是测评评分表。应加强和改进以结果为导向的 OBE 评价模式，构建多元化的评价方法体系。（1）应增加间接评估。我国许多高职院校在评价学生学习成绩时采用笔试模式，缺乏全面性和完整性，导致部分评价数据信息被省略，因此有必要引入企业评价、学生评价、动态跟踪评价等内容，以有效补充考试评价结果；要想对学生的最终通过学习研究成果进行一个客观全面的评估，就必须坚持定性定量相结合的评估原则，将定量评估主要内容以及结合发展学生的学习方式表现、实训成效、探究企业创新思维能力及成长环境变化情况等进行综合性评估；（2）应该增加非正式评估。非正式评估可以随时随地打破时间和空间的限制，教师在课堂教学和实践中可以直接获得相关的观察和评价信息。高职院校应重视学生的自我评价和批判性评价，在教师和同学的批判性评价中督促学生自我审视、自我完善、自我提升，从而获得全面提升；（3）应该添加校外评估。校外评估管理活动对于提高学生的成长、提升企业的信誉具有积极的促进作用，能够借助多种评估工具研究方法，针对不同学习理论成果预设目标，对学生的专业技术知识水平及实践操作能力做出准确有效的评估。在 OBE 人才培养模式下，多种学习成果评价主体可以促进学生能力培养和素质提升，不仅专业教师、高校领导等教职员工具有这一功能，企业人员和社会机构也可以发挥积极的评价效果。高职院校要结合这些评价科目的优势，制定出科学、全面、合理、高效的评价标准体系，在充分考虑和综合各种评价意见的基础上，对学生进行客观、准确、合理的评价，确保学生对学习成绩评价的全面性和公正性。另外，各评价主体需要对整个社会评价研究过程进行全程动态监督，及时发现其中的问题并予以纠正，指导教师帮助高职院校顺利开展学生学习评估工作，促使整个评估工作效率不断提升。

4. 综合多维教学评价

综合多维教学评价是一种符合现代教育理念和人才培养要求的综合评价模式，它注重对学生学习过程的动态跟踪和评价，并结合学生的知识和能力水平、实际操作技能、创新发展能力及其素质和能力等方面进行综合评价，具体过程如下：一是对学生进行网上学习的动态评价。教师通过在线教学平台向学生提供微课视频等教学软件，明确具体的学习要求和能力培养目标，然后根据学生的在线学习情况（视频观看时间、作业提交及准确性、小组讨论、在线互动等）进行综合评价；二是做好课堂学习评价，综合评价教师的备课教学、作业批改和课后总结反思活动，还要结合学生的学习态度、参与程度、知识掌握能力和课堂学习效果，得出最终的评价结果；三是完善期末考试评价流程，以学生平时的评价结果作为评价学习成绩的基本依据，不断增加学生对知识学习的关注度。

5. 多样性教学评价

基于研究成果导向的教学质量评价，着重提出了一种教学效果评价管理方式的多样性，呈现的方式有自我发展评价、学生互评、教师评价、小组评价、专家评价、网络教育教学视频主讲人评价、企业可以指导我们教师评价等，将多样化的教学能力评价工作方式有效结合，能够改变中国传统的单一化测评结果，从而得到一个全面综合性的测评结果。高校教师可以精心组织相应的学习成绩汇报活动，结合学生线上学习成果和线下课堂表现开展综合测评活动，将学生的学习交流和实操成果进行整体呈现。引导学生相互评价，分组评价，教师指导帮助这一过程，最后总结评价结果，为学生上报评价活动画上满意的句号。高校教师将上述综合评价结果提供给由行业专家和企业人员组成的评价团队成员，并在对所有评价主体进行讨论后，给出学生的最终评价结果。这一评价过程充分体现了预定性评价与定性评价的完美结合，促进了高职院校人才培养更加科学化、具有针对性。

6. 坚持持续改进

成果导向的评价遵循 PDSA 循环模式，该方法可以分为四个阶段，分别是计划（PLAN）、执行（DO）、研究（STUDY）和行动（ACTION）。这四个阶段的循环，使教学过程中的问题充分暴露出来，然后及时改进，不断提高整个教学的效率。依据 PSDA 循环的几个发展阶段，可将持续进行改进的过程分为以下几个重要步骤：

一是根据预定的实践目标安排学习和改进的过程，通过调查、讨论、学习和实践，安排任务、人员和实践内容；二是有效识别引起问题的内外部环境因素，识别技术问题的具体特征；三是认真分析和找出问题的根源，找出相应的解决办法，充分把握实践活动的发展要素，安排学生的实践任务，利用设备和资源，设计实践活动的结构，防止出现各种实践问题。找到原因后，有必要针对出现的问题制定修复方案；四是初步方案不能保证问题的解决；五是将试点结果与预期目标进行比较，看看它们是否产生了积极的结果。如果校正结果有用，就推广使用。如果结果无效，制定新的纠正计划，直到找到有效的计划；六是在循环改进机制的运行保障方面，必须建立科学高效的动态监督体系，确保教学评估的准确性和科学性。

第三章　个性化人才培养方案实证研究

——以“一桥一课一团队”山区峡谷桥梁技术技能人才培养“贵州模式”为例

在对现有路桥工程发展现状、人才需求状况调研的基础上，重点分析了山区峡谷桥梁技术技能人才培养的市场可行性、专业可行性及职业岗位可行性，归纳总结了“一桥一课一团队”山区峡谷桥梁技术技能人才培养贵州模式的实践历程，最后给出了人才培养方案。

第一节　山区峡谷桥梁技术技能人才培养可行性分析

一、市场可行性分析

（一）贵州山区桥梁建设发展现状及人才需求状况

贵州地处祖国西南腹地，是西南陆路交通枢纽。地势由西向东倾斜，境内重峦叠嶂，沟壑纵横，属于典型的喀斯特地貌。特殊的地貌，决定了交通建设在贵州经济社会发展中的重要地位，而桥梁作为交通建设的咽喉工程，为跨越阻隔交通连接的深沟峡谷，势必需要在贵州交通建设过程中修建大量桥梁。从秦通驿道开始，勤劳的贵州人民不畏艰险、艰苦奋斗，在贵州大地上建起了一座座造型各异、新颖别致的桥梁。20 世纪 90 年代初，贵州独创桁式组合拱桥，1995 年建成世界最大跨径桁式组合拱桥江界河大桥；1998 年首次采用钢桁梁悬索结构，建成南盘江大桥。2000 年后，桥梁建设施工工艺不断创新和突破，特别是实施“高速公路建设三年会战”以后，贵州桥梁建设突飞猛进，以坝陵河大桥为标志，率先在山区峡谷建成千米级跨径桥梁；随后相继建成世界首创空腹式连续刚构——跨径 290 米水盘高速北盘江大桥；世界第一高桥——主跨 702 米杭瑞高速北盘江大桥；世界最大跨度上承式钢管混凝土拱桥——主跨 450 米大小井特大桥；世界最高塔斜拉桥——塔高 332 米平塘特大桥……一座座或世界第一、或亚洲榜首、或国内领先的大桥，如雨后春笋班相继建成，仅“十三五”时期，贵州就建成世界级桥梁 18 座。至 2020 年，贵州已建成桥梁 3 万余座，世界高桥前 100 名中有 45 座、前 10 名中有 5 座在贵州，实现了“地无三里平”到“桥梁博物馆”的历史性转变。进入新时期，随着“交通强国”战略的实施，新一轮峡谷桥梁建设全面开启，更高科技含量、更大跨度的峡谷桥梁将再次刷新桥梁建设记录。同时，大量在役桥梁，急需先进的检测、监测、养护等技术为其安全运营保驾护航。

大量的桥梁建设需要大量的路桥专业人才。相关数据表明，2010 年全国道路桥梁工程建设从业人员已达到 300 万人，专门人才达到 10 万人，专门人才密度达到 30%；2015 年从业人员稳定在 300 万人，专门人才增加到 120 万人，专门人才密度达到 40%。2006 年到 2010 年年均专门人才需新增 6. 5 万人。其中，高职毕业生所占比例为 30%。且我国交通行业近年来一直保持高速发展，故据此预测，全社会每年可培养道路桥梁工程技术专业专门人才近 60000 名，人才培养缺口近 7000 名。而修建技术难度更大的山区峡谷桥梁需要精通先进的山区桥梁建造技术并能跨界融合信息技术，这样“一专多能”高端复合型技术技能型人才就更加紧缺，供给明显不足。以上均表明，路桥专业就业市场一直极具潜力，人才供给，特别是山区峡谷桥梁建造复合型技术技能人才供给明显不足。

（二）贵州山区桥梁建造企业对人才的需求方向

本着职业教育“以就业为导向”，服务行业、企业发展的目的，贵州交通职业技术学院道路与桥梁工程系就贵州建桥企业对人才的需求方向开展了企业调研活动，具体调研企业名单如下表所示。

表 3-1　调研企业名称及性质

编号	单位名称	单位性质
1	贵州省交通规划勘察设计研究院股份有限公司	国有企业
2	贵州高速公路集团有限公司	国有企业
3	贵州省交通建设咨询监理有限公司	国有企业
4	贵州省质安交通工程监控检测中心有限责任公司	民营企业
5	贵州宏信创达工程检测咨询有限公司	民营企业
6	中铁二局一公司	国有企业
7	贵州路桥集团有限公司	国有企业
8	贵州桥梁建设集团有限责任公司	国有企业
9	贵州省公路建设养护集团有限公司	国有企业
10	贵州交通建设集团有限公司	国有企业
11	贵州省公路工程集团有限公司	国有企业

通过调研得知，目前很多参与调研企业致力于改革创新、多元发展，将信息化、智能化融入山区桥梁建设的施工、管理等过程中。例如，创新施工组织设计、方案与工法，在保障安全前提下，有效提高质量，加快速度，节约成本；将人工智能技术应用于检测、安全监控等领域，以实现更高的效率效能；在施工现场推广运用 GIS、BIM 等新技术及智能系统，指导现场规范性管理；在山区桥梁检测、生产管理中融入大数据、云计算等新技术，实现快速、准确的养护生产管理，使传统养护迭代为智慧养护新业态，等等。通过调研，总结山区桥梁建造企业对人才的需求方向主要有以下几方面：

（1）素质要求更全面

根据企业反馈，很多毕业生在素质方面最大的问题是欠缺对企业的忠诚度，人员流动性大，原因主要在于欠缺环境适应能力以及吃苦耐劳精神。结合企业意见，总结人才素质要求主要包括：①工作踏实，对公司忠诚，服从组织安排，并能按照要求完成相关工作任务；②能够适应加班，接受弹性工时制度；③具有包容的品质，与他人相处融洽，团队意识强，且对团队有奉献精神。

（2）知识要求更扎实

根据企业反馈，高职毕业生在知识要求方面存在的最大问题是对基础知识的掌握普遍薄弱，原因主要在于学生学习能力、方法等有待提升。结合企业意见及路桥行业融合信息化的发展方向，总结人才知识要求主要包括：①专业基础知识扎实，能熟练操作仪器设备、软件操作处理，对工程项目施工技术工作能较快上手；②学习行业标准、规范等相关知识，能够为未来工作奠定良好基础；③熟练掌握山区桥梁建造新技术、新工艺、新装备、新材料；④除注重本专业外，还应加强其他领域的知识学习，以复合型人才标准提升综合能力，便于在实际生产工作中能较好地处置和应对各种急难问题。

（3）能力要求更综合

根据企业反馈，由于山区桥梁工程建造方面数字化工具装备越来越普及，基于网络与大数据技术的智慧工地建造模式正逐步淘汰传统的建造模式，工作复杂程度加深，对于学生能力提出更高要求，“一专多能”的复合型人才紧缺。结合企业意见，总结人才能力要求主要包括：①具有良好的环境适应能力，能够快速融入工作，完成从学生到企业员工的角色转换；②有较强的沟通协调能力以及解决问题的能力，能在项目工作中独当一面；③具有良好的动手能力、编制施工组织方案能力，且能稳定在施工一线工作，在不同的施工环境下均能较快开展工作；④具有较强的学习能力，适应行业发展的知识更新和掌握新技术的能力，具有终身学习理念。

二、专业可行性分析

道路桥梁工程专业作为贵州交通职业技术学院的龙头专业，具有实力雄厚的办学条件、丰富的人才培养经验及丰硕的教育教学成果。特别是作为核心专业，精准对接贵州山区峡谷桥梁建造行业高端技术技能人才需求，同地隧、养护、检测专业跨界与网络技术专业融合组成的交通基础设施数字化智能建造专业群——路桥专业群，充分显示喀斯特山地交通人才培养特色，并于2019年成功入选“中国特色高水平专业建设计划”。

（一）师资队伍力量雄厚

路桥专业现有2名教师获评省级职教名师，2名教师获省“千层次”创新人才，2名教师获省级表彰。联合主持国家级教学资源库项目1个，建成省级精品在线开放课程1门，院级在线课程13门。教师教学能力大赛获奖院级7人次、省级2人次，指导学生技能大赛获奖65项。取得省级教学成果奖、教育科研成果奖3项。在“十三五”期间，特别是进入“中特高”建设期，系部大力实施结构化教师教学创新团队创建工程：①引进行业企业领军人才，执行专业“双带头”制，重点加强专业带头人领军能力；②加强培训交流，整体提升教学团队“双师”素质；③对接1+X证书制度试点和职业教育教学改革需求，着力培育具有“1+X证书”培训能力的教师团队；④组建课程思政示范团队，引领思政课程改革；⑤健全优绩优酬动态调整机制，激励与制约相结合，不断提高教师师德素养，促进教师职业发展。

（二）校企合作密切深入

路桥专业与近20家企业保持长期合作关系，形成与“现代学徒制”“企业订单班”相适应的校企合作办学、教学管理、教学评价等贵州交通勘察设计研究院有限公司文件1套。推进招生招工一体化，培育产教融合型企业5个。在“十三五”期间，完成与贵州交通建设集团有限公司、贵州高速公路集团有限公司、交通规划勘察设计研究院股份有限公司等主要在黔龙头领先企业，建立更加紧密的全面合作关系，推进现代学徒制、企业订单班双主体办学，共建大师工作室、企业工作室2个，合作开发教材13门。校企合作体制机制更加灵活，产教融合育人机制更加健全，多元共生的专业生态更加优良。

（三）实训资源丰富齐全

“交通土建开放实训基地”是贵州省质量提升工程立项建设项目，于

2019年6月以优秀等次通过教育厅验收。基地服务于学院中国特色高水平建设专业群——道路与桥梁工程技术专业群，是学院与省龙头企业贵州高速公路集团有限公司、贵州省交通勘察设计研究院股份有限公司等共建项目。生均实训设备值达到1.5万元以上，生均实训场地面积达4平方米以上。基地资源共享程度高，辐射引领强，能有效支撑专业群教学、技能培训、师资培养、BIM“1+X”证书试点、技术研发与服务、产业孵化等。基地获国家《高等职业教育创新发展行动计划》“生产性实训基地”“双师型教师培养培训基地”双基地认定，达省内一流、国内领先水平。“十三五”期间新增校内生产性实训基地两个，以充分满足学生实训要求。

（四）人才培养成效显著

截至目前，路桥专业已有逾万名毕业生遍布祖国大江南北。贵州交通基层一线技术人员75%是路桥专业毕业生，为交通行业发展奉献青春，吴飞、马平等杰出校友获“詹天佑奖”。在“十三五”期间，学生技能大赛获国家级奖4项、省部级奖61项，参赛数、获奖数、获奖级别屡创新高，专升本人数达453余人，占毕业生总数的10.8%，学生综合素质和职业技能明显提升。人才培养总量稳步增长，就业率和用人单位满意度稳定在97%以上，就业对口率90%以上，毕业生受到用人单位的普遍好评，人才培养质量进一步提升。

三、职业岗位可行性分析

普通路桥专业毕业生从事职业主要分布在施工企业、管理部门、检测企业及设计单位等行业相关企业，主要从事工作岗位有：工程施工、材料试验、质量检测、工程测量、工程造价、资料管理等。随着山区桥梁建造技术的不断更新和升级，山区桥梁建造新材料研发、新技术融合与创新应用等，均对从业人员的职业素质与新技术运用能力都提出了全新的或者更高的要求。通过企业调研，山区高桥建造职业岗位与职业能力如表3-2所示。

表 3–2　山区高桥建造职业岗位与职业能力

序号	职业岗位	职业能力
1	路桥施工岗位	识读山区高桥设计文件，向操作班组正确进行技术交底
2		使用测量仪器进行山区高桥施工放样
3		进行山区高桥施工组织设计，计算人工、机械、材料用量
4		编制山区高桥施工网络图和调整施工进度计划，根据施工规范指导施工作业
5		根据工程质量验收标准和竣工验收程序，编制山区高桥竣工验收文件
6		掌握山区高桥施工新技术、新工艺、新材料
7	试验检测岗位	掌握山区高桥建造原材料试验检测技能
8		采集试样，按规范要求的规格和数量制备材料
9		掌握山区高桥新材料、复合材料等试验方法，按照试验操作规程，操作相关仪器设备
10		判别可疑数据，掌握数理统计的特征与分布值的计算，熟知各项试验精度要求
11		使用计算机常用软件与试验检测专业软件出具完整的试验检测报告
12		对仪器设备进行日常保养，及时发现仪器异常状况，并能对一般或常规仪器进行检验与校正
13	工程测量岗位	独立进行山区高桥工程测量的组织和实施
14		使用各种测量仪器进行山区高桥施工放样工作
15		计算山区高桥的施工测量放样数据
16		根据施工计划实施并指导施工测量作业
17		能使用计算器及相应计算机软件进行山区高桥施工测量数据的计算与整理工作
18		根据山区高桥施工测量质量验收标准，完成工程验收测量工作，提供与竣工验收文件相关的数据文件
19		掌握无人机航测技术、安全监控测量、北斗导航定位、遥感技术和地理信息系统等测绘新知识、新技术

续表

序号	职业岗位	职业能力
20	工程造价岗位	完成山区高桥建造主要工程量复核和项目划分工作，编制工程量清单
21		确定各分项工程所需人工、材料、机械消耗数
22		确定人工、材料、机械的预算价格
23		掌握投标报价文件的编制方法，用造价工具软件编制预算和报价文件
24		根据山区高桥建造工程项目实施情况确定工程变更单价和索赔费用，办理工程结算
25		掌握 BIM 技术，并应用于工程造价

第二节　“一桥一课一团队”山区峡谷桥梁技术技能人才培养贵州模式实践历程

为适应贵州区域交通发展，应对职业岗位进阶变化，更准确对接行业企业、建设更具特色专业、更优质服务师生全面发展，路桥专业在进行了大量行业企业调研并对市场、职业岗位等可行性充分研究的基础上，对专业人才培养规格进行了重新定位，以培养山区峡谷桥梁建造技术技能人才为目标，以《桥梁施工技术》课程改革为抓手，推动专业课程体系及教学改革，着力培养一批桥梁建设产业急需的高素质技术技能人才，为“贵州高桥”建造提供技术技能人才支持。

随着“贵州高桥”建造技术不断创新，专业人才培养规格不断提高，教学资源不断丰富，教学团队不断壮大，专业集群效应不断突显，建桥人才不断输出。“一桥一课一团队”山区高桥技术技能人才培养的“贵州模式”也被广泛认同。

一、探索阶段（2007—2010）

2010 年，在国家示范专业建设中，全系上下对“面向贵州桥梁建造主战场，面向企业高素质人才重大需求，面向山区峡谷高桥前沿技术”，突出喀斯特山地交通人才特色的育人理念达成共识。《桥梁施工技术》课程团队通过引进马岭河大桥（贵州首座双塔双索面斜拉桥）、江界河大桥（世界跨径最大的桁式组合拱桥，该类桥梁为贵州桥梁在国内首创的结构形式）、坝陵河大桥（世界山区首座千米级钢桁梁悬索桥）和六广河大桥（贵州最大跨径刚构桥）等典型桥梁建设案例，将贵州山区桥梁建设中的很多特点、难点和亮点引进了课堂，解决了教学内容明显滞后于行业技术发展水平问题，初步构建了及时跟踪行业最新技术发展，使之快速反馈到专业教学中和企业一线专家进校园的机制。

二、形成阶段（2011—2015）

进入后示范时期，在深入思考如何充分利用贵州丰富、独特的桥梁资源开展教学，如何实现专业教学与行业技术发展同频共振，如何让人才培养更加符合真实工作需求，如何满足企业对山区桥梁建造人才的需求基础上，系部加强与贵州桥梁、公路、路桥三大施工企业校企合作，择选赫章大桥（2013 年建成，亚洲梁桥最高墩，世界第二高墩）、香火岩大桥（2017 年建成，国内第二座双向 6 车道钢管拱桥）、杭瑞高速北盘江大桥（2016 年建成，斜拉桥，世界第一高桥）、抵母河大桥（2015 年建成，悬索桥，世界高桥排名 14 位），一桥一项目，一桥一切入点，全面推进了校企双元协同育人的教学改革。以桥梁建设为载体，为企业定制培养专门人才的方式，丰富了通过生产型教学平台，以真实生产任务驱动的“校企一体、任务驱动”人才培养模式，进一步完善了人才培养规格校企共商、人才培养方案共同制定、校企人才双向交流、实践基地与教学资源共建、技术资料和创新成果共享机制，真正实现了“职业能力与生产标准合一、教学内容与生产任务合一、教师身份与企业员工合一、学校课堂与施工现场合一、教学评价与任务质量合一”的“五合一”。

通过以一座真实桥梁工程为载体、以桥梁施工一门课程为突破口、以一个专兼结合团队建设为保障，引领育人方式、课程建构、团队建设等专业教育教学改革的模式，总结为“一桥一课一团队”育人模式。

三、应用阶段（2016—2019）

2016 年，本成果在质量提升工程路桥骨干专业和交通土建重点专业群建设中全面推广运用。

紧扣“贵州高桥”产业重大需求，项目组优选水盘高速北盘江大桥（世界上首创的空腹式连续钢构）、大小井特大桥（世界第一跨度上承式钢管拱桥）、平塘特大桥（斜拉桥，世界第一高桥塔）、开州湖大桥（山区千米级悬索桥），以桥梁为纽带，整合桥梁参建专家、技术人员与专业教师，将《桥梁施工技术》分梁、拱、斜拉、悬索 4 个团队，新组建《桥梁工程试验与检测》团队，系统归纳贵州高桥建造技术技能积累与创新，全面重构了桥梁建造课程模块。以“一桥一课一团队”为切入点，深化产教融合、校企合作，全面推进路桥骨干专业和交通土建重点专业群课程体系、教学团队、教学方式、学业评价等教学改革。

至 2019 年 7 月，分别在路桥、养护专业 2016、2017、2018 级推行了“一桥一课一团队”育人方式。专业建设成果丰硕，获省级骨干专业、重点专业群和国家级骨干专业、“双师型”教师培养培训基地、生产性实训基地认定。出版特色教材 13 门，课程模块中“工程岩土”获国家优秀教材一等奖，“桥梁检测技术”获国家级课程思政示范课程和教学名师团队，路桥系获 2020 年贵州省教育厅“三全育人”综合改革试点系部。人才培养质量获社会高度认可，专业办学成就突显，毕业生活跃在贵州每一座大桥建设工地上，成绩斐然，涌现出一大批能工巧匠和大国工匠，先后获得“古斯塔夫斯”金奖（世界桥梁界的诺贝尔奖）2 座，土木工程最高荣誉“詹天佑奖”3 座，“中国建设工程鲁班奖”2 座，“李春奖”5 座。在校生技术技能水平和创新创业能力明显提高，学生获省级、国家级创新创业大赛和技能大赛 77 项。有力支撑了路桥骨干专业和交通土建重点专业群专业动态调整机制建设、人才培养模式改革、课程建设、实践教学条件建设、教学团队建设、对外交流与合作各项建设任务和目标的完成。走出了一条“面向贵州山区交通桥梁建造主战场，面向企业高素质技术技能人才重大需求，面向山区峡谷高桥前沿科技创新”，有别于其他省区的高职教育专业差异化创新发展之路。

2019 年，教改成果丰硕、专业特色鲜明的路桥专业群成为国家中特高专业群建设单位。对接山区公路高桥建设，打造贵州特色高桥专业群，构建路桥专业群高质量发展新格局，成为学院“十四五”重大发展战略。

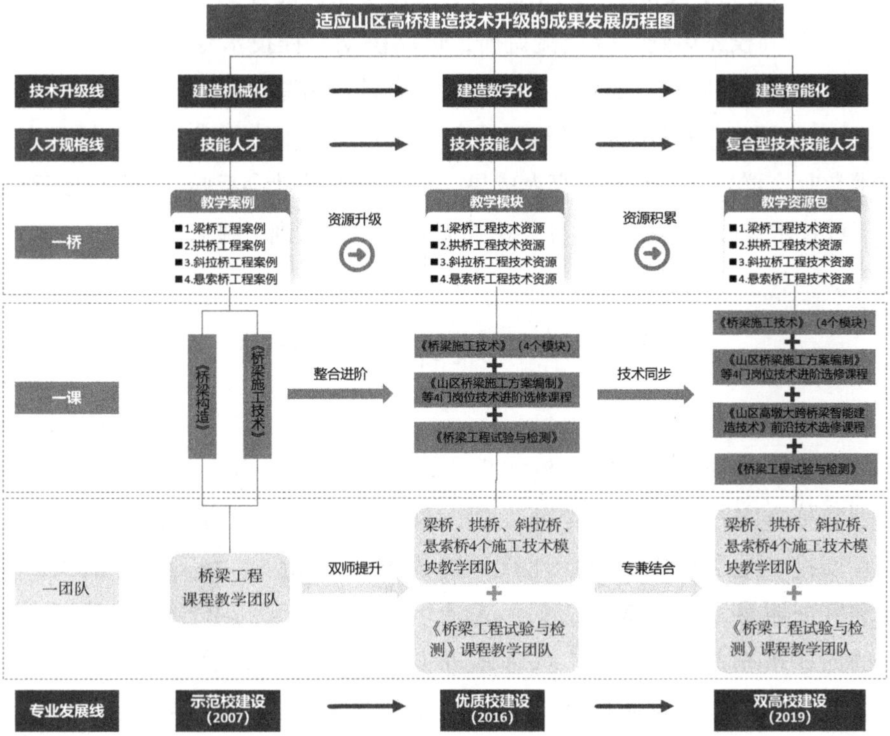

图 3-1　适应山区高桥建造技术升级的成果发展历程图

四、成果推广阶段（2019 年至今）

近三年，学校领导多次受邀在高职校长联席会、中国职业教育西部双高研讨会、中国东盟国际交流合作办学等高端论坛上，针对“贵州高桥”特色育人经验作专题介绍。

2019 年 11 月，在全国高职高专校长联席年会深化教育改革论坛上，学院党委书记张静教授以“对接山区公路高桥建设，打造贵州特色高桥专业群”为题，分享了学院道路桥梁工程技术专业群的建设思路与教学改革成果，得到与会专家、院校长和嘉宾们的高度肯定，给予她“桥书记”的赞誉。

《麦可思研究》（2020 年 1 月刊）发表“如何打造有特色的高水平专业群？这所双高校的经验值得一看”文章，充分肯定了学院道路桥梁工程技术专业群的建设思路、发展目标与举措。

2019 年，“中国特色高水平高职学校和专业建设计划”建设启动后，全国约 30 所高校先后到学院交流调研，道路桥梁工程技术专业（群）特色办学经验受到国内同行广泛赞誉。中央电视台教育频道、《中国交通报》《贵州日报》、中国教育在线、天眼新闻等主流媒体纷纷报道学院及道路桥梁工程技术专业（群）办学经验和育人成果，引起强烈的社会反响。学院及道路桥梁工程技术专业（群）办学社会影响力和美誉度得到了显著提升。

第三节　人才培养方案

人才培养方案是高等学校实现人才培养目标和质量规格要求的总体计划实施方案，是对学生全面发展，素质、知识、能力全面培养过程的统筹安排，是学校组织和管理教学过程的规范文件，是实施专业人才培养和开展质量评价的基本依据。人才培养模式的实行必须要依赖制定对应的人才培养方案来完成。人才培养方案不仅包括教学计划，还包括课程结构、各类课程设置比例与递进关系和师资队伍、教学设施、教学资源和质量保障等因素。人才培养方案除了计划性，更注重促进学生个性发展，调动学生自主学习的积极性，更重视质量保障体系建设、学习效果产出与评价、可持续改进与发展等方面，充分体现“三全育人”的思路与措施。

一、职业面向

表 3–3　职业面向一览表

所属专业大类（代码）	交通运输大类（60）
所属专业类（代码）	道路运输类（6002）
主要职业类别（代码）	道路与桥梁工程技术人员（2–02–18–09）

续表

主要岗位类别（或技术领域）	道路与桥梁建设工程技术领域
职业资格证书或技能等级证书举例	筑路工、桥隧工、BIM 证书

二、主要职业岗位、典型工作任务、核心能力及支撑课程

表 3-4 职业岗位、主要工作任务、职业核心能力、主要支撑课程分析表

序号	主要职业岗位	主要工作任务	职业核心能力	主要支撑课程
1	技术员	路基路面施工 山区桥梁施工	施工技术能力	《路基路面施工技术》 《桥梁施工技术》
2	测量员	测量放样	测量放样能力	《工程测量》
3	试验员	材料试验	材料实验能力	《筑路材料与试验检测》
4	检测员	工程检测	检测技术能力	《公路工程检测技术》 《桥梁工程试验与检测》

三、培养目标与规格

（一）培养目标

精准对接贵州喀斯特山地公路、桥梁、隧道施工、工程质量与病害检测、公路健康监测与病害修复等重点领域中高端技术技能人才需求，培养德智体美劳全面发展，掌握喀斯特山地特殊地形地质条件下“土木工程信息模型（BIM 技术）、大型结构特别是高墩大跨桥梁装配式施工、无损智能检测、物联网监测、大数据智慧工地管理”等关键前沿技术应用能力，德技并重，复合型的交通建设技术技能型人才。

（二）培养规格

1. 素质要求

（1）坚决拥护中国共产党的领导和我国社会主义制度，在习近平新时代中国特色社会主义思想指引下，践行社会主义核心价值观，具有深厚的

爱国情感和中华民族自豪感。

（2）崇尚宪法、遵纪守法、崇德向善、诚实守信、尊重生命、热爱劳动，履行道德准则和行为规范，具有社会责任感和社会参与意识。

（3）具备质量、环保、安全等意识，具有精益求精、求真务实、拼搏创新等工匠精神。

（4）勇于奋斗、乐观向上，具有自我管理能力、职业生涯规划的意识，有较强的集体意识和团队合作精神。

（5）具有健康的体魄、心理和健全的人格，掌握基本运动知识和 1-2 项运动技能，养成良好的健身与卫生习惯，以及良好的行为习惯。

（6）具有一定的审美和人文素养，能够形成 1-2 项艺术特长或爱好。

（7）具有吃苦耐劳的精神，具备扶贫互助、服务社会的理念。

2. 知识要求

（1）掌握必备的思想政治理论、科学文化基础知识和中华优秀传统文化知识。

（2）熟悉与本专业相关的法律法规、环境保护、安全消防，以及一定的体育、军事、创新创业等知识。

（3）掌握必要的高等数学知识，熟悉基本的数学分析计算方法。

（4）掌握必需的计算机应用知识，熟悉操作系统、办公软件和 CAD 制图软件的使用操作。

（5）了解基本的英语、公共关系、艺术美学和应用文写作等人文知识，熟悉正确表达、交际和书写方式。

（6）掌握本专业所需的基本理论知识，掌握工程制图、力学、岩土、测量和路桥建筑材料的基本知识。

（7）掌握道路桥梁工程技术的基础知识，掌握公路、桥梁工程的施工、检测、管理等专业理论知识等。

（8）具备一定的道路桥梁工程技术专业新技术、新设备、新材料、新工艺等方面知识，具有一定的信息化、智能化基础知识。

（9）掌握本专业相关的规章、技术规范等方面的知识。

3. 能力要求

（1）具有探究学习、终身学习、分析问题和解决问题的能力。

（2）具有良好的语言、文字表达能力和沟通交流、团队协作能力，具有一定的英语应用能力和计算机操作能力/

（3）具有本专业必需的信息查询处理能力和信息技术应用能力，具有良好的适应、承受能力和自我调整能力。

（4）具有运用国家现行施工规范、规程、标准组织工程施工的能力，能够识读施工图、核算工程量，能够完成施工放样、工程内业资料填写工作，能够参与编制施工组织设计、工程计量和施工组织等工作。

（5）具有施工放样的实践操作能力，具有测量数据计算和处理能力。

（6）具有一定的路桥工程试验与检测能力，能够完成路桥建筑材料试验及质量检验，能够依据技术状况评定标准组织完成技术状况的评定工作。

（7）具有编制公路、桥梁工程施工预算及竣工结算的初步能力，能够参与编制施工组织设计、施工图预算文件、编制报价文件和编制投标文件等工作。

（8）掌握路桥工程施工中流程、技术、工艺相关的基本操作技术，具有各分项工程施工与管理的能力，达到技术员的技术要求。

（9）掌握山区高墩大跨桥梁建造关键技术，具备山区高墩大跨桥梁施工能力。

（10）动手实践能力强，具备专业软件使用、施工组织设计、编制技术文件等能力。

（11）具备适应行业发展的知识更新和掌握新技术的能力。

四、课程设置及要求

（一）公共基础课程

公共基础必修课程主要开设思想道德修养与法律基础、贵州省情、形势与政策、体育与健康、毛泽东思想和中国特色社会主义理论体系概论、就业指导与企业文化、大学生心理健康教育、军事理论、劳动教育、中华优秀传统文化、人工智能基础与应用等 22 门课程，总计 38 学分，628 学时。

表 3–5 公共基础（必修）课程一览表

课程名称	课程代码	学分	学时	课程目标	主要内容	教学要求
思想道德修养与法律基础	JC11001	3	48	培养大学生形成良好的思想政治素质和职业道德素质，掌握一定的法律知识和法律意识，提高社会参与能力，培养求真务实的态度和勇于创新的精神。	从当代大学生面临和关心的实际问题出发，讲授思想政治教育方面内容，如理想信念、爱国主义、世界观、人生观、价值观以及法律常识等。	把理论教学、实践教学和网络教学有机地结合起来，以正确价值观为导向，将学科知识与生活实际、服务专业相结合，强化实践环节，倡导探究性学习方式。
毛泽东思想和中国特色社会主义理论体系概论	JC11008	4	68	系统地掌握毛泽东思想和中国特色社会主义理论体系的基本原理，坚定社会主义理想信念，学会用辩证唯物主义方法分析解决实际问题，培养科学地认识和分析复杂的社会现象的能力。	重点掌握马克思主义中国化的两次历史飞跃和两大理论成果，以及各大理论成果产生的时代背景、实践基础、科学内涵、精神实质和历史地位。	以“学生”为中心，“实践”为核心，“教师”为引导。教学效果评价采取形成性评价与终结性评价相结合的方式，通过理论与实践相结合，重点评价学生的职业能力。
贵州省情	JC11002	1	16	全面了解贵州，认识贵州的本质特征，把握贵州经济社会的发展规律，激发大学生热爱贵州、开发贵州、建设贵州的热情，为实现富民兴黔的宏伟目标作出新的贡献。	重点了解贵州省自然、地理、政治、经济、文化、社会等方面的历史、现状和发展规律，掌握认识贵州省情的基本概念、基本理论和基本方法。	建立专题式的教学内容新体系，以专题化进行教学情景设计，突出学生主体地位，综合运用现代化信息手段。

续表

课程名称	课程代码	学分	学时	课程目标	主要内容	教学要求
形势与政策① 形势与政策②	JC11003、JC11004	1	16	了解我国社会经济发展形势和党的路线方针政策，培养学生树立科学的世界观人生观和价值观。	讲解我国社会经济发展形势和党的路线方针政策等。主要内容有：基本理论、基本形势与政策、当前形势与政策以及当下的热点问题等。	将理论与实践相结合，丰富教学形式，把立德树人融入教学环节中。
大学英语① 大学英语②	JC11009 JC11010	4	72	培养学生综合运用英语语言的能力，特别是口头交际能力；增强自主学习能力和综合文化素养，以适应未来事业发展和社会交流的需要。	培养学生掌握扎实的英语语言知识和实际使用语言的技能，特别是使用英语情景教学处理生活日常活动的能力，使学生能够在学习、工作的真实场景中看得懂、说得出、写得出一些常用的文档，特别是能结合专业和岗位得体地进行日常会话和交流。	以职业需求为导向，融行业需求与英语学习为一体，以现代教育技术和信息技术为支撑，集多种教学模式和教学手段为一体，实施开放式、交互型、立体化的教学体系。

续表

课程名称	课程代码	学分	学时	课程目标	主要内容	教学要求
体育与健康①、体育与健②	JC11005、JC11006	4	72	充分提高学生参与运动的积极性，激发学生参与教学的热情；让学生获得和应用运动基础知识，掌握和运用运动技能，懂得运动损伤的预防与简单的处理方法；全面提升学生的身体素质，提高预防疾病的意识和能力，改善身体健康状况；根据学生未来职业岗位需求的特点，储备职业体能，学习与职业相关的健康保健知识，提高职业适应能力，加强防范职业病的意识。	有机地整合了体育与健康两门教育学科中相关的内容、方法、原理，是一门以身体练习为主要手段，以学习体育运动知识、技术和方法为主要内容，以发展学生体能和促进学生身心健康，培养终身体育意识和社会适应能力为主要目标的综合类必修课程。	第一学期以基础理论与《国家学生体质健康标准》为基准，重点发展基础体育，开展新兴体育运动项目教学；第二学期结合未来工作岗位类型，重点提升职业体能，适应未来职业岗位的体能需求，同时，激发学生的运动兴趣，为选修教学做好铺垫。
体育与健康③	JC11007	2	36	满足学生个性发展需要，实现体育教学向课外延伸，接轨大众体育活动的单项体育项目教学，即学生根据自已的兴趣、爱好与潜能，选择性的在某个单项上更加系统、全面的接受体育理论与运动技能的提高，实现终身体育行为，以丰富学生的课余生活，促进身心协调发展。	依据现有师资与场地条件开设：篮球（分层）、足球（分层）、气排球、羽毛球、乒乓球、田径、武术、跆拳道、健美操、体育游戏、体育舞蹈、花样跳绳等。	打破原有自然班级架构，以选修项目组建班级教学；对有一定群众基础的大众项目设置分层教学；其他项目按照传统模式组织教学。重点培养兴趣与项目技能。

续表

课程名称	课程代码	学分	学时	课程目标	主要内容	教学要求
人工智能基础与应用	JC11011	2	32	通过本课程的学习，使学生了解平台支持基于图像识别、语音识别、文字识别等多种人工智能应用算法，促进学生的计算思维、编程能力培养并能够从生产生活实际场景中应用人工智能思维发现问题、解决问题。	人工智能研究的发展，人工智能基本概念、方法和技术，包括问题求解的方法和知识表示，包括基于知识的系统、自动规划和配置以及机器学习，人工智能技术的主要应用，	教师在课堂上应对人工智能的基本概念、知识及知识表示、知识获取、知识运用等进行必要的讲授，并详细讲授每章的重点、难点内容；讲授中应注意理论联系实际，加深学生对有关概念的理解。
军事理论	JC11012	1	16	以国防教育为主线，使大学生掌握基本军事理论，达到增强国防观念和国家安全意识，强化爱国主义、集体主义观念，加强组织纪律性，促进大学生综合素质的提高，为培养高素质社会主义事业的建设者和保卫者服务。	中国国防、军事思想、战略环境、军事高科技信息化战争等相关内容。	由具有相关知识的专任教师担任主讲，充分利用学校现在的网络平台，合理组织教学，保证完成上述各项课程任务，达到教学目的。
劳动教育① 劳动教育②	JC11013 JC11014	2	32	培养学生掌握一定的劳动知识和技能，树立崇尚劳动、尊重劳动的思想，培养劳动习惯和工匠精神。	劳动的意义和重要性、劳模精神、工匠精神等。	以专题讲座+实践劳动的方式开展，注重结合专业特点开展活动。

续表

课程名称	课程代码	学分	学时	课程目标	主要内容	教学要求
中华优秀传统文化	JC11015	1	16	通过学习本课程，帮助学生深入了解中国博大精深的传统文化，领略传统文化的魅力，解读传统文化的精髓，从中获得人生的启迪，提升学生的民族自尊心、自信心、自豪感，引领学生形成高尚的道德情操、正确的价值取向。	中国传统哲学、文学、宗教、建筑等文化精髓和相关的理论基础知识。	以培养学生必备的传统文化素养为核心，以提高学生综合职业能力为主旨，以各专业人才培养方案为依托，围绕“人文精神”和“职业能力”的培养目标，引导学生不断提高自己的社会能力，成为有职业素养、职业能力和可持续发展的技术技能型人才。
办公软件高级应用	JC11016	2	32	通过学习本课程可以帮助学生掌握办公自动化的基本概念以及办公集成软件的高级应用技术；掌握 Office2010 的 Word、Excel、ppt 三大模块的操作方法和高级应用技巧。掌握全国计算机等级考试（办公软件高级应用）相关知识。	讲解 Word 基本操作，主要包括编辑文档格式，Word 图形和表格处理，Word 文档排版，Word 长文档设置，制作批量处理文档；Excel 基本操作，编辑表格数据，Excel 数据计算与管理，Excel 图表	本门课程教学内容要与全国计算机等级考试内容紧密结合，讲师在讲授过程中要帮助学生掌握考试内容，提高学生全国计算机等级考试通过率。

续表

课程名称	课程代码	学分	学时	课程目标	主要内容	教学要求
					分析；PowerPoint基本操作，插入各种幻灯片对象，设置幻灯片版式和动画，放映与输出幻灯片等知识。	
贵州交通	JC11017	1	16	通过学习培养学生贵州交通人的职业自豪感和质量安全观，树立做合格交通人的理想信念。	以贵州交通博物馆、贵州交通红色教育基地、学生素质发展中心、校园安全教育基地、山区道路运输安全警示教育基地、贵州交通山地教育馆、校史馆、美术馆等“交通场馆文化”，打造隐性课程，推动校园文化建设，培育职业素养、增强职业能力。	组织专题讲座，同时大一、大二、大三学生分别进入相应场馆接受教育。

续表

课程名称	课程代码	学分	学时	课程目标	主要内容	教学要求
生态文明建设	JC11018	1	16	使学生树立绿水青山就是金山银山的绿色发展观，认识良好生态环境是最普惠民生福祉的基本民生观，培养学生深刻理解尊重自然、顺应自然和保护自然理念，培养学生树立正确的生态观与发展观，成为学习和传播习近平新时代中国特色社会主义思想的优质载体。使学生能从自身做起，从身边小事做起，做到尊重与善待自然，关心个人并关心人类，人人都做生态文明的建设者。	从人类文明发展、生态文明建设的现状、环境管理、环境资源、环境治理，生态工业文明、清洁能源利用、生态文明建设等不同角度，结合典型案例分析，精心设计八大内容版块和相关知识点，科学教学，突出实效，力求充分发挥课程对生态文明建设战略及绿色发展理念升华的推动作用。	教师在授课过程中紧紧围绕“生态文明及生态文化之我见”“怎样做生态文明人”等内容，适当安排专题讨论等互动交流活动，放大课堂教学效果；利用生态学国家精品资源共享课网络教学平台，提供相关数字化教学资源及网络答疑等服务，方便学生拓展性学习。
职业发展与就业指导	JC11019	2	32	培养学生树立正确的择业就业观，了解企业文化内涵，具有自主择业意识和就业应聘基本能力，培养追求卓越的工匠精神。	正确的择业就业观，就业应聘注意事项及企业文化等。	将国家发展和个人发展相结合，将理论与实践相结合，增强就业指导性，把立德树人融入教学环节中。

续表

课程名称	课程代码	学分	学时	课程目标	主要内容	教学要求
大学生心理健康教育	JC11020	2	32	了解心理健康基本知识，培养正确面对和处理学习和生活中各种不良问题能力，培养积极乐观的健康心态和正确的人生观、价值观。	心理健康基本知识，心理调节方法等。	将理论与实践相结合，开设部分讲座，及时发现并解决学生心理问题，把立德树人融入教学环节中。
高等数学①	JC11023	3	48	培养学生逻辑思维能力和基本运算技能，具备运用数学方法分析和解决工程实际问题的基本能力，具有路桥工程测设、工程结构受力计算和实验检测数据处理能力。	函数、导数、微积分及应用、常微分方程、数理统计原理及应用等。	将理论与实践相结合，增强工程数学应用，把立德树人融入教学环节中。
高等数学②	JC11024	2	32	培养学生逻辑思维能力和基本运算技能，具备运用数学方法分析和解决工程实际问题的基本能力，具有路桥工程测设、工程结构受力计算和实验检测数据处理能力。	函数、导数、微积分及应用、常微分方程、数理统计原理及应用等。	将理论与实践相结合，增强工程数学应用，把立德树人融入教学环节中。

公共基础选修模块开设党史国史、文化修养、高新科技、创新创业等人文素养、科学素养方面的选修课程，大部分课程为名师大师的线上优质课程。学生可在 1–5 学期内自由选择，至少需修满 7 学分，总学时至少 112 学时。课程由教务处统一遴选安排，具体课程名单和选课要求以每学期公布的选课手册为准。

（二）专业（技能）课程

专业群共享课程主要开设《计算机网络基础》《智慧公路概论》等4门课程，共计208学时，13学分。

表3-6　专业群共享课程一览表

课程名称	课程代码	学分	学时	课程目标	主要内容	教学要求
计算机网络基础	XX12026	3	48	培养学生掌握一定的计算机及网络基础知识，了解计算机网络和数据通信领域的基础知识、原理和技术，培养信息素养和创新思维。	计算机网络概论、数据通信基础、网络体系结构、局域网技术、网络互联和广域网、网络互联协议TCP/IP、Internet及应用、网络管理与安全。	将理论与实践相结合，将计算机网络技术与路桥专业相结合，增强实用性，把立德树人融入教学环节。
智慧公路概论	LQ12004	3	48	掌握公路工程基础知识，建立智慧化运用思维，培养信息素养和创新思维。	公路工程基本知识，公路工程在建、管、养产业链中智慧化的基本概念和应用。	将理论与实践相结合，培养创新精神，把立德树人融入教学环节。
工程制图与计算机绘图	LQ12005	4	64	培养学生空间思维能力，掌握工程图纸绘制的原理、标准和方法，具有正确识读和利用计算机绘制工程图的能力，培养精益求精的工匠精神。	工程制图标准、画法几何原理、工程图纸绘制步骤与方法、工程识图、CAD绘图等。	将理论与实践相结合，增强CAD制图技能训练，把立德树人融入教学环节。
大数据与土木工程信息化	LQ12006	3	48	培养学生掌握一定的网络基础知识，了解基本技术原理，具备一定的物联网应用能力。	网络的发展背景，物联网与社会信息化发展的关系，物联网的应用与作用。	将理论与实践相结合，培养创新精神，把立德树人融入教学环节。

为了使学生具备相对完整的道路桥梁技术领域的基本知识、基本技能和职业素质等，主要开设《应用力学》《工程岩土》等 5 门课程，共计 304 学时，19 学分。

表 3–7 专业基础课程一览表

课程名称	课程代码	学分	学时	课程目标	主要内容	教学要求
应用力学	LQ12011	4	64	掌握工程结构受力特性和计算方法，具有运用力学知识分析和计算工程结构杆件的强度、刚度和稳定性等能力，培养科学严谨的学习态度。	静力学、动力学的基本理论和方法；材料力学的基本假设和处理问题的基本方法；工程结构应力分析和计算；工程结构杆件的强度、刚度和稳定性的概念及计算方法等。	将力学理论与工程实践结合教学，把立德树人融入教学环节。
工程岩土	LQ12012	4	64	掌握工程地质岩土基础知识和常见岩土物理和力学性能试验方法，具备工程地质野外勘察调查、识读和编制一般工程地质图表的基本能力，具有处治一般不良地质以及地质病害的能力，培养吃苦耐劳的精神。	地质学基本原理、常见矿物和岩石的种类、化学结构、物理和力学性质及鉴定方法；一般地质构造、地貌及浅层地下水对工程建设的影响、不良地质现象和工程处理方法；工程地质勘察方法等。	将理论与实践相结合，强化工程地质相关实训教学，把立德树人融入教学环节。

续表

课程名称	课程代码	学分	学时	课程目标	主要内容	教学要求
筑路材料与试验检测	LQ12013	4	64	掌握各种筑路材料的特性及试验方法，具有正确检测评定和选用筑路原材料的能力，基本具有配合比设计能力，培养工匠精神。	材料的基本性能及适用范围，配合比设计，集料级配的基本原理，新型材料的性能及应用等。	将理论与实践相结合，强化材料试验实训教学，把立德树人融入教学环节。
工程测量	LQ12014	4	64	掌握工程勘测、施工测量的基本知识和测量方法，具备工程测量、放样计算及分析能力，培养团结协作能力和工匠精神。	各种测量仪器的构造、使用和维护技术，测量误差分析的基本知识，小区域控制测量及局部地区地形图测绘的方法和原理，平、纵、横测量及施工放样基本知识和方法。	将理论与实践相结合，强化测量实训及过程考核，培养学生吃苦耐劳的精神。
结构设计原理	LQ12015	3	48	掌握圬工结构和混凝土结构的物理力学性能，具有一般圬工结构、钢筋混凝土结构和预应力钢筋混凝土结构强度、变形和稳定性验算能力，培养安全意识、质量意识。	圬工结构和混凝土结构的物理力学性能；圬工砌体强度、稳定性验算；钢筋混凝土和预应力混凝土结构配筋计算和强度、变形、裂缝计算等。	将理论与实践相结合，增强实用性，把立德树人融入教学环节。

专业核心课程是根据路桥施工技术人员核心岗位的工作任务与要求开设的课程，主要是使学生具备所从事的岗位必备的应用知识、专项能力和综合能力，满足学生就业谋生的需求，着眼于培养学生就业岗位能力。主要开设《路基路面施工技术》《桥梁施工技术》《公路勘测设计》《隧道工程》等9门课程，共计496学时，31学分。

表 3-8　专业核心课程一览表

课程名称	课程代码	学分	学时	课程目标	主要内容	教学要求
公路勘测设计	LQ12021	4	64	掌握公路工程基本概念，熟悉平、纵、横的基本技术要求和勘测方法，掌握路基路面基本构造和设计原理，具备识读和编制工程设计图表的基本能力，具备公路工程项目勘测设计的初步能力，培养信息化素养和环保意识。	公路等级划分、平面设计、纵面设计、横断面设计、简单结构物设计等，并通过课程设计，使学生能系统地掌握公路设计的方法、原理。	将理论与实践相结合，开展公路设计实训项目教学，把立德树人融入教学环节。
隧道工程	LQ12022	4	64	熟悉一般隧道的结构构造，了解隧道的照明及通风要求，掌握隧道围岩分级和各级围岩衬砌支护的施工工艺要求和施工方法，具备合理选择施工方法和进行工艺质量控制的初步能力。	隧道的分类以及构造特点；隧道照明及通风；隧道围岩分级与围岩压力；隧道衬砌支护的设计与施工。	将理论与实践相结合，把立德树人融入教学环节，突出贵州隧道建造的特点、难点开展教学。
路基路面施工技术	LQ12023	4	64	掌握路基路面施工各分项目分部工程的施工测量、施工工艺、施工注意事项、施工安全、施工环境保护等，掌握施工的新工艺、新技术等，培养质量意识和安全意识。	路基施工准备工作、路基土石方开挖施工工艺、路基填筑施工工艺、排水施工工艺、路基防护与加固施工工艺、特殊路基的处理及竣工验收、新技术新工艺等。	将理论与实践相结合，把立德树人融入教学环节，以贵州省典型公路工程开展项目教学。

续表

课程名称	课程代码	学分	学时	课程目标	主要内容	教学要求
桥梁施工技术	LQ12024	4	64	掌握桥梁构造基础知识，掌握山区梁桥、拱桥、斜拉桥、悬索桥四类桥梁上、下部结构的施工工艺，掌握施工的新工艺、新技术等，培养团结协作精神。	桥梁的基本构造，梁桥、拱桥、斜拉桥、悬索桥四类桥梁施工方法、技术工艺等，贵州大跨桥梁施工的新工艺、新工法、新技术等。	“一桥一课一团队”实施教学，突出山区高桥施工能力培养，把立德树人融入教学环节。
桥梁工程试验与检测	LQ12025	3	48	掌握桥梁检测的相关理论知识，具备桥梁工程检测的基本技能，熟悉相关试验检测流程，能鉴别病害并对桥梁技术状况进行评定，培养团结协作和吃苦耐劳的精神。	桥梁工程试验检测的基本理论、桥梁工程制品试验检测、基桩检测、桥梁检查、桥梁病害识别及成因分析、桥梁技术状况评定方法、桥梁荷载试验等。	“一桥一课一团队”实施教学，突出山区高桥检测能力培养，把立德树人融入教学环节。
路基路面检测技术	LQ12026	3	48	掌握路基路面工程质量检测理论知识，熟悉工程质量试验方法与检测流程，具备工程质量检测评定的初步能力，培养团结协作和吃苦耐劳的精神。	原材料检测、路基路面检测、病害识别及成因分析、检测数据处理、技术状况评定方法等。	将理论与实践相结合，以贵州省典型公路工程检测开展项目教学，把立德树人融入教学环节。
智能建造概论	LQ12027	2	32	掌握智能建造的基本概念和基本原理，了解智能建造的实际应用，建立对智能建造核心相关技术的基本认知，培养信息化、智能化思维意识和创新精神。	智能建造相关的概念、理论、发展历程、实际应用、标准和软件，以及智能建造的核心相关技术。	将理论与实践相结合，强调前沿性和创新性，把立德树人融入教学环节。

续表

课程名称	课程代码	学分	学时	课程目标	主要内容	教学要求
公路工程项目管理	LQ12028	3	48	掌握公路工程项目管理的基本知识，具备公路工程项目管理的初步能力，培养质量意识、环保意识、安全生产意识等。	工程项目管理组织、费用管理、进度管理、质量管理、合同管理、安全与环境管理、信息化智能化管理等。	将理论与实践相结合，以贵州省典型公路工程开展项目教学，把立德树人融入教学环节。
公路施工组织与造价	LQ12029	4	64	了解工程施工组织和造价的相关理论知识，熟悉其费用和文件组成，掌握施工方案和概预算文件编制办法，具备工程施工作业组织和编制造价文件初步能力。	工程施工组织原理，时间、空间组织方法及网络计划，施工方案编制，工程费用和文件组成，概预算编制办法，定额运用及概预算造价文件编制。	将理论与实践相结合，强化造价文件编制实训，把立德树人融入教学环节。

专业拓展课程主要包含专业限选课、专业任选课等，是为了本专业学时适应行业发展需要和学生的职业发展、兴趣开设的课程。主要开设《专业常用软件》《山区桥梁方案设计》等课程，共计208学时，13学分。

表3-9 专业拓展课程一览表

类型	选修说明	课程名称	学分	学时	备注
专业任选课程（技术进阶课程模块）	第3学期3选1	数学建模	2.0	32	
		土木工程专业英语	2.0	32	
		BIM技术基础	2.0	32	1+X课程
	第4学期3选1	专业常用软件	2.0	32	
		山区桥梁方案设计	2.0	32	“一桥一课一团队”实施教学
		山区桥梁测量新技术	2.0	32	“一桥一课一团队”实施教学

续表

类型	选修说明	课程名称	学分	学时	备注
	第 5 学期 3 选 1	山区桥梁结构受力计算	2.0	32	“一桥一课一团队”实施教学
		山区桥梁高强混凝土配合比设计	2.0	32	“一桥一课一团队”实施教学
		爆破工程	2.0	32	
专业限选课程（前沿技术课程模块）	选择 2 个课程包中的 1 个，其中包含 3 门课程，在 3–5 学期各学习 1 门课程	山区高墩大跨桥梁智能建造技术 +路基路面智慧施工 +山区桥梁施工方案编制实例	3.0 2.0 2.0	48 32 32	桥梁相关课程由“一桥一课一团队”实施教学
		山区高墩大跨桥梁维护与加固技术 +路基路面预防性养护技术 +桥梁工程健康监测技术	3.0 2.0 2.0	48 32 32	桥梁相关课程由“一桥一课一团队”实施教学

（三）实践性教学环节

实践课程包括课程集中实践环节和综合实践环节等。主要是通过对典型企业的工作过程和岗位分析，进行路桥工程施工典型工作任务和施工技术人员工作岗位分解，对岗位任务设置相对真实的实践性项目，让学生在完成具体的实践项目中，理论融入实践，不但能学会知识和积累经验，而且能掌握技能与提高能力，具备良好的态度和行为等基本职业素质。主要开设《思想政治理论课社会实践》《毕业论文（设计）及答辩》等课程，共计 896 学时，29 学分。

表 3-10 实践性教学环节一览表

课程名称	课程代码	学分	学时	课程目标	主要内容	教学要求
思想政治理论课社会实践	JC13007	1	16	引导树立理论联系实际的学风，提升职业认知能力、人际沟通能力、团队协作能力和实践学习能力等，多视角关注社会热点、焦点问题，积极投身于建设和谐社会的各个领域。	以习近平新时代中国特色社会主义思想为指引，确定调查活动主题，依据思政课教学重点、难点，结合当前社会的热点、焦点问题，选择既有意义又符合实际的选题开展调查活动。	积极开展社区服务、参观考察、社会调查等多种形式的实践活动而使课程的实施面向学生的整个生活世界。
军事训练与入学教育	JC13001	2	48	军事训练：旨使学生在军事生活环境中经受锻炼，掌握基本军事技能，培养良好的军人素质和作风。通过对学生的严格组织，严格训练，严格管理，帮助学生养成坚强的意志力和吃苦耐劳的品质，提升学生抗挫折能力和团队合作能力。 入学教育：旨在引导新生尽快实现角色转换，适应大学生活，了解学院、系部各项规章制度，了解新的学习环境，了解所学专业的基本情况与学习方法，树立新的学习理念。	军训：队列训练，纪律意识，内务训练，经典战役，军体拳，擒敌拳等内容。 入学教育：学院、系部各项规章制度，校园生活、社团活动方面的教育，行业、专业、院系发展教育等。	本课程是一门综合性课程，由保卫处、学生工作处、总务处及各系部共同承担。其中，保卫处负责课程的全面统筹和军事训练任务的落实，各系部负责入学教育的课程设计和教师安排，保卫处负责安全教育。

续表

课程名称	课程代码	学分	学时	课程目标	主要内容	教学要求
				培养自主学习的能力与习惯，形成与大学相适应的思维方式和生活习惯，顺利完成从高中生向大学生的转变，为学生在学校健康成长打下良好的基础。		
毕业顶岗实习	JC13008	8	384	将理论用于生产实践，培养工匠精神和职业道德。	在行业企业单位完成真实工作任务。	将理论与实践相结合，把立德树人融入教学环节,结合“一桥一课一团队”开展实施。
毕业论文（设计）及答辩	JC13009	2	64	对学业进行总结和检验。	完成毕业论文（设计），并进行毕业答辩活动。	将理论与实践相结合，增强实用性，把立德树人融入教学环节。
BIM 技术综合实训	LQ13004	2	48	掌握 BIM 建模基本技能，能够使用软件进行桥涵基本建模。	BIM 软件的基本操作、建模的方法等。	对接 1+X 证书强化实用性，把立德树人融入教学环节。
专业核心能力实训	LQ13001	1	24	强化专业核心能力，培养创新精神、团队合作和工匠精神。	高墩大跨桥梁建造技术实训。	由“一桥一课一团队”实施，突出岗位核心能力培养，把立德树人融入教学环节。

续表

课程名称	课程代码	学分	学时	课程目标	主要内容	教学要求
专业综合能力实训	LQ13002	4	96	将所学知识融会贯通，培养将知识技能综合运用到工作任务中的能力，以及团队合作和工匠精神。	高墩大跨桥梁智能建造、智能管养、智能检测综合实训。	由“一桥一课一团队”实施，突出岗位前沿综合能力培养，把立德树人融入教学环节。
岗前综合能力实训	LQ13003	4	96	在顶岗实习前，对岗位所需基本能力进行强化，培养将知识技能综合运用到工作任务中的能力，以及团队合作和工匠精神。	路桥工程施工、测量、试验检测以及安全综合实训。	将理论与实践相结合，进行岗位基本综合能力强化，把立德树人融入教学环节。

五、教学进程总体安排

附件 1：

表3-11　道路桥梁工程技术专业2019级教学进程表

（编码：　20191101）

学习领域	课程模块	课程序号	课程代码	课程（学习领域）名称	学分	教学时数：总学时	学时分配：理论学时	学时分配：课内实践	学时分配：自修学时	学时分配：专周实践	按学期课时分配 课内学时（学时/周）；实践学时：一 12+6	二 16+4	三 16+4	四 16+4	五 8+12	六 18	考核学期	考核方式	任课单位	备注
公共基础课程	公共基础必修模块（38学分）	1	JC11001	思想道德修养与法律基础	3.0	48	36	12			12*4						1	形成性考核	基础部	
		2	JC11002	贵州省情	1.0	16	12		4		12*1						1	线上考核	基础部	
		3	JC11003	形势与政策①	0.5	8	8				8*1						1	线下笔试	基础部	
		4	JC11004	形势与政策②	0.5	8	8					8*1					2	线下笔试	基础部	
		5	JC11005	体育与健康①	2.0	36	4	20	12		12*2						1	形成性考核	基础部	
		6	JC11006	体育与健康②	2.0	36	4	28	4			16*2					2	形成性考核	基础部	
		7	JC11007	体育与健康③	2.0	36	4	28	4				16*2				3	形成性考核	基础部	
		8	JC11008	毛泽东思想和中国特色社会主义理论体系概论	4.0	64	64					16*4					2	线上考核	基础部	
		9	JC11009	大学英语①	2.0	36	24		12		12*2						1	形成性考核	基础部	
		10	JC11010	大学英语②	2.0	36	32		4			16*2					2	线下笔试	基础部	
		11	JC11011	人工智能基础与应用	2.0	32	10	14	8		12*2						1	形成性考核	教务处、系部	
		12	JC11012	军事理论	1.0	16	10		6								1	线上考核	教务处	网课+直播课
		13	JC11013	劳动教育①	1.0	16	10	6									2	形成性考核	学生处、系部	专题讲座+实践劳
		14	JC11014	劳动教育②	1.0	16	6	10									3	形成性考核	学生处、系部	实践劳动
		15	JC11015	中华优秀传统文化	1.0	16	16										2	形成性考核	团委、教务、系部	网课+讲座
		16	JC11016	办公软件高级应用	2.0	32	16	16				16*2					2	形成性+第三方考核	信息系	
		17	JC11017	贵州交通史	1.0	16	10	6									1	形成性考核	宣传部、系部	专题讲座+场馆教
		18	JC11018	生态文明建设	1.0	16	8		8				8*1				3	形成性考核	系部	
		19	JC11019	职业发展与就业指导	2.0	32	24	8						16*2			4	形成性考核	系部、企业	
		20	JC11020	大学生心理健康教育	2.0	32	24	8				16*2					2	形成性考核	系部	
		21	JC11023	高等数学①	3.0	48	40	8			12*4						1	线下笔试	系部	
		22	JC11024	高等数学②	2.0	32	20	12				16*2					2	形成性考核	系部	
		小计	**（占总课时比例22.02%）**		**38.0**	**628**	**390**	**176**	**62**	**0**										
	公共基础选修模块（7学分）	23		公共任选课	7.0	每个学期由学校统一提供课程目录，学生根据自己的兴趣爱好自主选修该类课程。学生最低需修满7学分的该类课程，原则上每学期最多选修2门。建议在每个学期至少选修1门。											1-5	线上考核	教务处、系部	
		小计	**（占总课时比例3.93%）**		**7.0**	**112**	**112**	**0**	**0**	**0**										

续表

学习领域	课程模块	课程序号	课程代码	课程（学习领域）名称	学分	教学时数					按学期课时分配						考核学期	考核方式	任课单位	备注
						总学时	学时分配				课内学时（学时/周）；实践学时									
							理论学时	课内实践	自修学时	专周实践	一 12+6	二 16+4	三 16+4	四 16+4	五 8+12	六 18				
专业（技能）课程	群共享模块（13学分）	24	XX12026	计算机网络基础	3.0	48	24	24			12*4						1	形成性考核	系部	
		25	LQ12004	智慧公路概论	3.0	48	36	12				16*3					2	形成性考核	系部	
		26	LQ12005	工程制图与计算机绘图	4.0	64	30	30	4		12*5						1	理论+实践	系部	
		27	LQ12006	大数据与土木工程信息化	3.0	48	36	12				16*3					2	形成性考核	系部	
		小计		（占总课时比例7.29%）	13.0	208	126	78	4	0										
	专业基础模块（19学分）	28	LQ12011	应用力学	4.0	64	44	20				16*4					2	线下笔试	系部	
		29	LQ12012	工程岩土	4.0	64	32	32					16*4				3	理论+实践	系部	
		30	LQ12013	筑路材料与试验检测	4.0	64	32	32					16*4				3	理论+实践	系部	
		31	LQ12014	工程测量	4.0	64	28	36				16*4					2	形成性考核	系部	
		32	LQ12015	结构设计原理	3.0	48	32	16					16*4				3	线下笔试	系部	
		小计		（占总课时比例10.66%）	19.0	304	168	136	0	0										
	专业核心模块（31学分）	33	LQ12021	公路勘测设计	4.0	64	36	28					16*4				3	理论+实践	系部	
		34	LQ12022	隧道工程	4.0	64	44	20					16*4				3	线下笔试	系部	
		35	LQ12023	路基路面施工技术	4.0	64	36	28						16*4			4	线下笔试	系部	
		36	LQ12024	桥梁施工技术	4.0	64	36	28						16*4			4	线下笔试	系部	
		37	LQ12025	桥梁工程试验与检测	3.0	48	24	24						16*3			4	线下笔试	系部	
		38	LQ12026	路基路面检测技术	3.0	48	24	24						16*3			4	线下笔试	系部	
		39	LQ12027	智能建造概论	2.0	32	20	12						16*2			4	形成性考核	系部	
		40	LQ12028	公路工程项目管理	3.0	48	24	24							8*6		5	线下笔试	系部	
		41	LQ12029	公路施工组织与造价	4.0	64	32	32							8*8		5	线下笔试	系部	
		小计		（占总课时比例17.39%）	31.0	496	276	220	0	0										
	专业拓展模块（13学分）	42		专业任选课程（6学分）技术进阶课程模块	6.0	96	48	48	0	0			16*2	16*2	8*4		3-5	形成性考核	系部	
					第3学期3选1：数学建模、土木工程专业英语、BIM技术基础 第4学期3选1：专业常用软件、山区桥梁方案设计、山区桥梁测量新技术 第5学期3选1：山区桥梁结构受力计算、山区桥梁高强混凝土配合比设计、爆破工程															
		43		专业限选课程（7学分）前沿技术课程模块	7.0	112	56	56	0	0			16*3	16*2	8*4		4-5	形成性考核	系部	
					施工前沿课程包①：山区高墩大跨桥梁智能建造技术+路基路面智慧施工+山区桥梁施工方案编制实例 养护前沿课程包②：山区高墩大跨桥梁维护与加固技术+路基路面预防性养护技术+桥梁工程健康监测技术															
		44		奖励学分	技能大赛、竞赛、公开发表的作品、科技成果、考研、等级考试证书、职业技能资格证书等，根据学院奖励学分办法进行兑换														教务处	
		小计		（占总课时比例7.29%）	13.0	208	104	104	0	0										

续表

学习领域	课程模块	课程序号	课程代码	课程（学习领域）名称	学分	教学时数					按学期课时分配						考核学期	考核方式	任课单位	备注
						总学时	学时分配				课内学时（学时/周）；实践学时									
							理论学时	课内实践	自修学时	专周实践	一	二	三	四	五	六				
											12+6	16+4	16+4	16+4	8+12	18				
实践性教学环节	实践教学模块（27学分）	45	JC13001	军事训练与入学教育	2.0	48				48	2周						1		保卫处、系部	军训+入学教育
		46		国庆周							1周		1周		1周					
		47		考试、改卷周							2周	2周	2周	2周	2周					
		48	JC13002	素质拓展Ⅰ	1.0	24				24							1	形成性考核	系部、学生处	
		49	JC13003	素质拓展Ⅱ	1.0	24				24							2	形成性考核	系部、学生处	
		50	JC13004	素质拓展Ⅲ	1.0	24				24							3	形成性考核	系部、学生处	
		51	JC13005	素质拓展Ⅳ	1.0	24				24							4	形成性考核	系部、学生处	
		52	JC13006	素质拓展Ⅴ	1.0	24				24							6	形成性考核	系部、学生处	
		53	JC13007	思想政治理论课社会实践	1.0	16				16	1周						1	实践考核	基础部	不占总周
		54	JC13008	毕业顶岗实习	8.0	384				384						16周	6	实践考核	系部	
		55	JC13009	毕业论文（设计）及答辩	2.0	64				64						2周	6	实践考核	系部	
		56	LQ13004	BIM技术综合实训	2.0	48				48		2周					2	形成性考核	系部	
		57		1+X证书实训考证周									1周	1周	1周		3-5		系部	学生自主选择证书
		58	LQ13001	专业核心能力实训	1.0	24				24				1周			4	形成性考核	系部	
		59	LQ13002	专业综合能力实训	4.0	96				96					4周		5	形成性考核	系部	
		60	LQ13003	岗前综合能力实训	4.0	96				96					4周		5	形成性考核	系部	
		小计	**（占总课时比例31.42%）**		**29.0**	**896**	**0**	**0**	**0**	**896**										
		1	课程模块	公共基础必修模块	38.0	628	390	176	62											
		2		公共基础选修模块	7.0	112	112	0	0											
		3		群共享模块	13.0	208	126	78	4											
		4		专业基础模块	19.0	304	168	136	0											
		5		专业核心模块	31.0	496	276	220	0											
		6		专业拓展模块	13.0	208	104	104	0											
		7		综合实践模块	29.0	896	0	0	0	896										
		8	学分、总学时、实践学时汇总		150.0	2852	1176	714	66	896										
		9	实践教学比例		56.5%															
备注	1. 素质拓展为学生管理素质教育模块，单列为实践课考查，不占总学时。																			
	2. 网络课程为学生自主学习，不占用日常上课时间，不计算总学时和周学时。																			
	3. 学生有技能大赛获奖、竞赛获奖、公开发表的作品、科技成果等，可按学院规定获得学分奖励。																			
	4. 获得职业技能证书、职业资格等级证书等，可按学院《书证融通管理办法》实施细则执行学分兑换，对指定课程免修。																			
	4.《办公软件高级应用》在第二、第三学期开设，其中，路桥、轨道、汽车、信息在第二学期开设，物流、建工、管理、机电在第三学期开设。																			

六、课程考核方式

课程考核方式主要有线下笔试、线上考核、形成性考核、第三方考核、实践考核、答辩考核等，一门课程可采用多种考核方式。鼓励各门课程推进考核方式改革，加强过程考核和实践考核，尽量减少传统笔试考核所占比重。坚持立德树人，按照三全育人要求，不断探索多维度、更科学合理的课程考核方式。

表 3-12　考核形式一览表

	考核形式	课程清单
考试类课程	课程成绩=平时成绩 40%+期末考试 60% 其中：平时成绩=考勤+问答+作业+课程设计	《贵州省情》 《大学英语①》 《大学英语②》 《高等数学②》 《应用力学》 《结构设计原理》 《中华优秀传统文化》 《生态文明建设》
	课程成绩=平时成绩 20%+技能考核 40%+期末考试 40% 其中：平时成绩=考勤+问答+作业 技能考核=专业技能动手能力+综合性课程设计	《计算机网络基础》 《公路勘测设计》 《隧道工程》 《路基路面施工技术》 《桥梁施工技术》 《桥梁工程试验与检测》 《路基路面检测技术》 《公路工程项目管理》 《公路施工组织与造价》
	课程成绩=期末技能测评（或期末非笔试考核）30%+过程项目考核 40%+过程学习态度等 30%形成性考核	《筑路材料与试验检测》 《工程制图与计算机绘图》 《工程测量》 《工程岩土》 《办公软件高级应用》 《智慧公路概论》 《大数据与土木工程信息化》

续表

	考核形式	课程清单
考查类课程	课程成绩=平时成绩 60%+期末成绩 40% 其中：平时成绩=考勤+问答+作业+实训+技能测评等 期末考核=总结+试卷+答辩+技能考核等形式	《思想道德修养与法律基础》 《形势与政策①》 《形势与政策②》 《体育与健康①》 《体育与健康②》 《体育与健康③》 《毛泽东思想和中国特色社会主义理论体系概论》 《军事理论》 《高等数学①》 《智能建造概论》 《人工智能基础与应用》 《职业发展与就业指导》 《大学生心理健康教育》 所有选修课程
其他考核类课程	过程评价+目标评价	《军事教育与入学教育》 《素质拓展》 《劳动教育》 《思想政治理论课社会实践（寒假）》 《贵州交通史》 《BIM 技术综合实训》 《专业核心能力实训》 《专业综合能力实训》 《岗前综合能力实训》
	过程评价+企业评价+目标评价	《毕业顶岗实习》 《毕业论文（设计）及答辩》

七、实施保障

（一）师资队伍

1. 校内专职教师要求。任课教师配置应满足专业教学需要，具有本专业或相关专业本科以上学历，并具有高等职业院校教师资格证书、专业资格证书及中级以上专业技术职务所要求的业务能力。教师队伍结构优化，梯队合理，45 岁以下青年教师中研究生学历或硕士以上学位比例合理。每门课程的专任教师数量应与学生规模相适应，专任教师中高级职称的比例合理。每门课程的专任教师中具备双师素质教师的比例应达到80%以上。

2. 企业兼职教师要求。具备良好的思想政治素质和职业道德，遵纪守法，热爱教育事业，身心健康；具有较高的专业素养和技能水平，能够胜任教学工作；一般应具有中级以上专业技术职称（职务）或高级工以上等级职业资格（职务），特殊情况也可聘请具有特殊技能、在相关行业中具有一定声誉的能工巧匠。

3. 按照跨专业组成架构，组建高水平结构化教师教学创新团队。深化任务式教学改革，推行“一课多师”的模块化教学模式。充分发挥教师特长、企业兼职教师强项，建立校企人员双向交流协作共同体，逐步积累经验并完善相关制度。

（二）教学设施

以共建共享理念、一体化思路整合五个专业所在的路桥工程系、建筑工程系、信息工程系的教学设施，构建“岗群轮动、能力交融”的专业群一体化实训体系，最大限度实现专业群教学设施的充分利用。

1. 专业教室基本要求。使用面积应同时满足所有教学班上课的需求；配备多媒体教学设备，包括多媒体管理讲台、投影仪、屏幕等；具有无线网络，可同时满足网络云课堂使用需求。

2. 校内实训基地基本要求。校内实训条件应符合《道路与桥梁工程系仪器设备规范》的要求，实训教学场所、实验（训）室的面积和实训设备能满足专业项目导向、任务引领的教学需要。仪器设备台（套）数须满足2个班同时开展实训教学的配备要求，生均教学仪器设备值≥8000元。校内实训基地应满足本专业校内开展专业核心技能和职业综合能力的实训要求，并为本专业搭建优良的对外培训和技术服务平台，能面向社会、企业员工、中高职院校教师开展职业技能培训，组织学生顶岗实习。

3. 校外实训基地基本要求。校外实训基地应与学校签订长期实习协议，能够建立校企合作、工学结合的长效机制。校外实训基地能提供与教学标准一致的实习岗位和具体丰富实践经验的实习指导教师；能够与学校共同建立完善的实训管理制度，保障实习效果。

4. 学生实习基地基本要求。提供的顶岗岗位数应超过本专业应届毕业生人数的50%，并能够满足在校生专业见习的需要。学生实习基地应合法经营、管理规范、实习设备完备、符合安全生产法律法规要求。提供的实习岗位符合专业培养目标要求，与学生所学专业对口或相近；能选派经验丰富、业务素质好、责任心强、安全防范意识高的实习指导教师和专门人员全程指导、共同管理学生实习。能提供合理的顶岗实习报酬，原则上不低于本单位相同岗位试用期工资标准的80%，并按照实习协议约定，以货币形式及时、足额支付给学生。

5. 信息化教学基本要求。应满足教育部《职业院校数字化校园建设规范》的要求，建有实用、高速、运行稳定可靠以及安全可控的校园网络，能实现资源共享、教育教学、职业训练、学校管理等校园信息化应用和服务提供满足服务质量要求的网络支撑环境。

（三）教学资源

1. 教材选用基本要求。完善教材选用制度，优先从国家级和省级规划教材目录中选用教材。鼓励与行业企业合作开发特色鲜明的专业课校本教材。国家级和省级规划教材不少于50%，与行业企业合作开发特色教材不少于50%。

2. 图书文献配备基本要求。学校图书馆应配备相关的专业书籍，图书分类为公路运输（U4）、建筑科学（TU）、测绘学（P2）、地质学（P5）和力学（O2）等类别的书籍数量不少于50万册，以满足学生学习和教师教学科研的需要。

3. 数字资源配备基本要求。要进一步整合学校、行业、企业优质资源，以素材信息库为依据与支撑，以专业标准库为建设标准，以学历资源库和培训资源库为核心，利用校园网平台，完成共享型专业教学资源库建设。

（四）教学方法

1. 以成果为导向，校企“双元”每2年修订1次专业课程标准；深化任务式教学改革，以“工作过程系统化、工作任务课程化”为思路进行教学设计。

2. 鼓励开发使用新型活页式、工作手册式教材，充分利用活页式的特点，及时纳入新标准、新技术、新规范、新工艺等行业先进元素，每2年修订1次教材，并更新相应信息化教学资源。

3. 鼓励采用智慧教学，使用信息化教学平台，全面推广线上线下混合教学。以任务式、翻转课堂等教法改革，促进学生主动式、协作式、研究型、自主型的泛在学习。

4. 推广“一桥一课一团队”育人方式，鼓励推行“一课多师”的模块化教学模式。充分发挥教师特长、企业兼职教师强项，逐步积累经验并完善相关制度。

（五）学习评价

1. 区别不同类型课程，根据课程性质采用项目评价、阶段评价、过程评价与目标评价相结合的多元化综合考核评价方式。改革传统的以期末理论考试为主的考核评价手段和方法，更加注重学生实践动手能力和分析问题、解决问题能力的考核，结合课堂提问、学生作业、平时测验、实验实训、技能学时、技能竞赛及考试情况，综合评价学生成绩。鼓励以能力为本位、以技能考核为主的考核评价改革，以典型工作任务实施过程考核和完成质量评价学生能力和成绩。

2. 鼓励对课程考核评价进行教学改革。形成性考核不采用（或不仅采用）期末试卷考核，要综合体现期末技能测评（或期末非笔试考核）+过程项目考核+过程学习态度等综合考核形式，并对采用形成性考核的课程撰写形成性考核方案。

3. 鼓励在专业核心课程里面引入第三方评价机制。例如对改革课程采用国家考试核定全部或部分成绩、采用企业或行业标准进行考核、采用省级或国家级技能大赛标准进行考核、采用职业标准或职业鉴定考试取证进行考核等。

4. 形成性考核的课程按考试科目计算。引入第三方评价机制的课程，如因国家统一考试安排不能在学院考试周完成，可在考试完毕后，再统一提交资料和上报成绩，该科成绩如果不能在学期补考和评奖评优时提供，自动计入下学期补考和下学期评奖评优。如因学生个体考试时间不同，开课学期取得成绩的学生可参与评奖评优，其余学期取得的成绩只用来核算课程成绩，不计入评奖评优范围。

（六）质量管理

建立专业标准、课程标准、教师发展标准、学生发展标准，形成层层相扣的目标链，形成与目标协调的标准链，全面运行诊断改进机制。建立“目标-标准-运行-诊断-改进”的循环递进式内部质量保证体系，构建常态化的专业质量诊断、改进与预警机制，逐步建立和完善人才培养、专业与课程建设等各类质量考核指标，实施目标管理与绩效考核，激发广大干部、教师、学生内生动力，推动全面质量文化建设，构建符合行业发展和人才培养质量不断提升的专业办学内部质量保证体系。

1. 建立专业建设和教学过程质量监控机制，定期进行教学检查，开学初检查教学准备工作、期中检查教学执行情况、期末检查教学目标；通过问卷调查、座谈会、听课、查看相关材料等形式，了解教师教学情况和学生学习情况。

2. 定期开展教学检查，开展推门听课和巡课活动，及时掌握课堂教学情况，严明教学纪律和课堂纪律，并填写听课、巡课记录，重点是实习实训课程。

3. 通过学校教学督导评价、学生评教评学反馈教学是否达到人才培养目标。建立与学生家长、用人单位沟通渠道，并做好毕业生跟踪调查反馈，定期评价人才培养质量和培养目标达成情况。

4. 充分利用评价分析结果有效改进专业教学，持续提高人才培养质量。

5. 建立完善教学质量评价体系。以诊断改进为手段，以企业为主共同研究制定教学质量评价方式、方法、标准等。

八、毕业要求

表 3-13　考核形式一览表

项　　目	数值	备注
毕业所需最低总学分	150	
必修课程学分	130	
限选课程学分	7	
任选课程学分	6	
公选课程学分	7	

九、制订说明及特色

2019 年，我院申报国家“双高计划”并制订了建设方案，其中重点建设的道路桥梁工程技术专业群，以道路桥梁工程技术专业为核心，联合道路养护与管理专业、地下与隧道工程技术专业、土木工程检测技术专业，跨界与计算机网络技术专业融合组建而成。

2019 年暑假期间，路桥系联合建工系和信息系开展了人才培养专项调研，根据调研分析结论研究制订本方案。方案在专家论证、系部审核后进行了修改完善，并经系部党总支会议通过。本次人才培养方案的制订，重构了五个专业的知识技能体系，全面优化了各专业人才培养方案。按照“工程对象相同、课程体系相通、技术领域相融、共享基础平台、共享教学资源”的原则，创新了专业群分阶分层的模块化课程体系，构建了“岗群轮动、能力交融”的专业群一体化实训体系。

2019 版路桥专业人才培养方案，其主要特色有：

1. 以调研为基础，校企双元共同完成本次修订。

2. 以专业群理念最大限度实现教学资源的共建共享。

3. 以跨界融合理念培养产业转型升级所需人才。

4. 以创新的“一桥一课一团队”育人方式，强化路桥专业的差异化办学、个性化育人理念，突出面向山区高墩大跨桥梁建造产业高端的复合型技术技能人才培养。

第四节　课程标准

课程标准是规定某一学科的课程性质、课程目标、内容安排、实施建议的教学指导性文件。高职课程标准一般包括：课程类别、课程代码、课程名称、学时学分、预修课程、适用专业、开课部门、课程（实训）定位、目标和任务、与相关课程的联系与分工、教学（实习实训）内容与要求、必备教材（实习实训指导书）和参考资料、教学方法、实训环境与方式、课外学习要求、实训日志和实训报告要求、考核及成绩评定方式等内容。

课程是人才培养的核心要素，课程质量直接决定人才培养质量。人才培养方案确定的人才目标与要求，需要通过“课程标准”给予阐释并指导实施，课程标准是人才培养方案的重要配套性教学文件。

本书收录了2019年“贵州高桥”建造技术技能积累及创新建构，体现本专业人才培养特色的“一桥一课”模块化课程群组的课程标准。这些成果可以为任务制、项目制课程设计，根据专业的不同特色创设选修课程，促进专业交叉和复合性技术技能人才的培养，根据产业、行业与社会经济发展的新业态、新技术、新方法、新管理模式、新服务方式等需要开设拓展课程，把新技术、新工艺、新规范纳入课程标准和教学内容，挖掘“课程思政”元素，实施“立德树人”教育全过程等为研究提供有益的参考。

一、《桥梁工程试验与检测》课程标准

（一）课程基本信息

表3-14　课程基本信息表

课程名称	桥梁工程试验与检测
开设系部	路桥工程系
课程代码	LQ12034
课程类别	专业课

续表

总学分	3
总学时	48，其中课内实践 24 学时
考核性质	线下考试+形成性考核
适用专业	道路桥梁工程技术、道路养护与管理

（二）课程标准开发团队

表 3–15　课程标准开发团队名单

序号	姓名	团队角色	工作单位	职称/职务	工作分工
1	刘正发	校内负责人	贵州交职院	教授	课程总体设计、标准制定
2	谢　勇	企业专家	贵州质安	正高级工程师	标准制定、资源建设
3	刘天贵	校友	贵州省公路工程集团有限公司	高级工程师	标准制定、资源建设
4	周德军	参与人	贵州交职院	教授	课程标准编写、授课、资源建设
5	雷建海	参与人	贵州交职院	教授	课程标准编写、授课、资源建设
6	林　林	参与人	贵州交职院	副教授	课程标准编写、授课、资源建设
7	向程龙	参与人	贵州交职院	讲师	课程标准编写、授课、资源建设
8	李　琼	参与人	贵州交职院	副教授	课程标准编写、授课、资源建设
9	李　何	参与人	贵州交职院	讲师	课程标准编写、授课、资源建设
10	应江虹	参与人	贵州交职院	副教授	课程标准编写、授课、资源建设

（三）课程性质

《桥梁工程试验与检测》是道路桥梁工程技术、道路养护与管理专业的一门核心课程。是在学生具备道路建筑材料、工程岩土、桥梁工程（高架结构）等学科知识和实操能力的基础上，培养学生桥梁工程试验与检测能力。学生通过学习能熟练地运用国家现行桥梁工程试验与检测规范，对桥梁工程施工中所用材料、制品、施工过程质量、完工后质量进行检查、检测、评定，把握桥梁特别是山区高墩大跨桥梁施工控制的质量关键点和检测重点、难点，能选择适宜的试验与检测方法并对试验检测数据进行分析评价。《桥梁工程试验与检测》是一门融试验检测基本理论和测试操作技能及相关基础知识于一体的课程，充分体现了道路养护专业特点及桥梁工程的维护、保养、检测与评价对人才的需求，以能力为本位，以职业发展为导向，注重理论知识与实践技能的有机结合。

本课程目标是学习桥梁工程试验与检测技术的基本知识、基本理论和试验检测方法，培养学生桥梁工程试验与检测的能力，以及熟练掌握运用国家现行试验检测规范、规程、标准的能力。

课程衔接为：与本门课程有关的前续课程有《道路建筑材料》《工程测量》《工程岩土》《桥梁工程》或《高架结构》等，后续课程是学生到桥梁检测和养护单位的实习。

（四）课程设计思路

1. 课程功能定位

表 3-16　课程功能定位分析表

对接工作岗位	对接培养职业岗位能力
桥梁工程试验检测员	1. 桥梁工程制品试验检测
	2. 桥梁地基与基础试验检测
	3. 材质状况无损检测
	4. 桥梁技术状况评定
	5. 桥梁荷载试验

2. 设计思路

本课程的设计思路是以道路桥梁工程技术、道路养护与管理、土木工程检测技术、城市轨道交通工程技术等专业就业为导向，根据行业专家对该专业所涵盖的岗位群进行的任务和职业能力分析，同时遵循高等职业院校学生的认知规律，紧密结合桥梁工程试验与检测人员职业资格证书中相关考核要求，确定本课程的学习情境和课程内容。为了充分体现任务引领、项目导向课程思想，本课程按照桥梁工程基础、墩台、桥梁上部结构、桥梁荷载试验、桥梁技术状况评定和混凝土结构无损检测的基本顺序进行课程内容安排，教学中以一座贵州山区典型高墩大跨桥梁作为工程载体开展该桥上部结构、下部结构、桥面系的检测、评定及成桥荷载试验。在授课中辅以大量的图片、视频，有效地实施“做、学、教”，提高学生的学习兴趣，培养学生的实践动手能力。同时有效利用本课程国家资源库资源，引导同学们实现线上线下的学习。

（五）课程培养目标

1. 总目标

通过任务引领型的项目活动，使学生掌握桥梁检测的相关理论知识，具备桥梁工程基础、墩台、桥梁上部结构、桥梁荷载试验、桥梁技术状况评定和混凝土结构无损检测的基本技能，熟悉相关试验检测流程，熟练地操作使用试验检测仪器设备，能独立完成核心技能项目的检测，并能对检测结果进行分析判断，能通过桥梁检查鉴别病害对桥梁技术状况进行评定。在培养技能型人才的同时培养学生爱党爱国、求真务实、拼搏创新的品质和吃苦耐劳、诚实守信、善于沟通和合作的职业素养以及精益求精、创新发展的工匠精神，为发展职业能力奠定良好的基础。

2. 具体目标

表 3-17　课程教学目标与内容

序号	毕业要求指标点	知识目标	技能目标	德育与素质目标	教学内容
1	桥梁的基本知识和桥梁工程试验检测的基本理论	1. 了解桥梁的分类方式； 2. 了解桥梁工程试验检测的背景、任务、意义； 3. 熟悉桥梁的构造组成，各部位名称术语； 4. 熟悉桥梁工程质量检验的依据； 5. 熟悉桥梁工程各阶段试验检测的内容。	1. 能够根据桥梁类型、难易程度大小确定检测内容； 2. 能够进行桥梁工程质量等级评定的工程划分； 3. 能够进行桥梁工程质量等级评分和等级评定。	1. 树立学生的敬业精神、社会责任感； 2. 激发学生的民族自豪感和爱国情怀。	介绍贵州进入世界排名前 10 高桥，桥梁的基本理论和桥梁工程试验检测内容和依据和评定方法。
2	桥梁工程制品试验检测	1. 掌握桥梁工程制品的分类及技术要求； 2. 熟悉桥梁工程制品标记方法； 3. 掌握桥梁工程制品试验检测方法和检测结果判定。	1. 能够对桥梁工程制品正确分类； 2. 能够区分桥梁工程制品并能正确进行标记； 3. 能依据规范开展桥梁工程制品的试验检测； 4. 能够对试验检测结果进行正确判定。	1. 树立学生实事求是、科学严谨的职业道德； 2. 培养学生团队合作精神、集体荣誉感。	桥梁工程制品的类型、技术要求、试验检测方法和结果判定。
3	地基承载力检测	1. 了解各类桥梁地基常用形式和分类； 2. 熟悉基岩土的工程性状确定公路桥涵地与地基承载力特征值； 3. 掌握平板荷载试验、圆锥动力触探试验原理、适用范围及成果应用。	1. 清楚平板荷载试验确定地基承载力的步骤； 2. 清楚平板荷载试验确定地基承载力的试验数据处理方法。	1. 激发家国情怀、培育学生建设交通强国的使命担当； 2. 树立科技创新的兴趣和树立科技报国的精神。	桥梁地基常用形式和分类和试验检测方法。

续表

序号	毕业要求指标点	知识目标	技能目标	德育与素质目标	教学内容
4	基桩检测	1. 了解常用桥梁桩基的分类和特点； 2. 熟悉灌注桩的施工工艺和常见质量问题； 3. 掌握泥浆护壁钻孔灌注桩泥浆性能指标及试验原理、基桩成孔质量检测项目及试验原理； 4. 熟悉基桩完整性、承载力检测的方法、检测要点； 5. 掌握基桩完整性、承载力检测结果分析方法。	1. 会使用泥浆性能指标试验设备、低应变仪、超声仪； 2. 清楚公路桥梁泥浆性能指标、基桩成孔质量评定要求； 3. 清楚低应变法检测基桩完整性的检测设备、现场测试方法数据分析与结果判定； 4. 清楚超声波法检测基桩完整性的检测设备和现场测试方法、数据分析与结果判定； 5. 掌握钻孔取芯法检测基桩完整性的方法和判定。	1. 培养学生的集体荣誉感和奉献意识； 2. 培养学生的职业素养、处事原则； 3. 激发家国情怀、培育学生建设交通强国的使命担当； 4. 树立科技创新的兴趣和树立科技报国的精神。	1. 桥梁桩基的分类和特点，灌注桩的施工工艺和常见质量问题； 2. 泥浆性能指标及测试，基桩完整性、承载力检测的方法。
5	结构混凝土强度	1. 掌握回弹法测定混凝土抗压强度的原理； 2. 掌握超声回弹综合法测定混凝土抗压强度的原理。	1. 会使用回弹仪、碳化深度仪、超声仪、钻芯机； 2. 能进行混凝土强度检测、混凝土碳化深度检测。	1. 培养学生高度的职业责任感和社会使命感； 2. 树立科技创新的兴趣和树立科技报国的精神； 3. 培育学生建设交通强国的使命担当。	结构混凝土强度检测方法和基本原理、测试步骤。

续表

序号	毕业要求指标点	知识目标	技能目标	德育与素质目标	教学内容
6	结构混凝土质量检测及混凝土中钢筋的检测与评价	1. 了解混凝土缺陷产生的原因，非金属超声仪的基本组成和操作方法； 2. 掌握超声法测混凝土缺陷的基本理论、检测方法、流程和数据处理方法； 3. 掌握混凝土中钢筋锈蚀的机理； 4. 掌握电磁感应法、电磁波雷达法检测混凝土中钢筋保护层厚度和间距的原理； 5. 熟悉半电池电位法、电阻率法的测定原理。	1. 会操作使用非金属超声仪； 2. 会使用非金属超声仪检测混凝土缺陷； 3. 会用电磁感应法检测混凝土中钢筋保护层厚度和间距的步骤、检测结果的记录评定； 4. 会使用半电池电位法、电阻率法现场检测与结果评定； 4. 会对检测结果进行分析和评定。	1. 培养学生高度的职业责任感和社会使命感； 2. 树立科技创新的兴趣和树立科技报国的精神； 3. 培育学生建设交通强国的使命担当。	结构混凝土质量检测方法数据处理及混凝土中钢筋的检测与评价。
7	桥梁检查、桥梁病害识别及成因分析（以杭瑞北盘江大桥为工程载体）	1. 掌握桥梁检查的类型； 2. 掌握日常检查、定期检查、特殊检查的检查内容及检查重点； 3. 掌握桥梁常见病害产生的原因及病害特征。	1. 清楚桥梁检查的类型、依据、检查手段、检查目的； 2. 会开展旧桥的日常检查工作； 3. 能识别常见桥梁病害，能准确分析病害产生原因。	1. 通过分组活动，培养团队协作能力； 2. 通过规范文明操作，培养良好的职业道德和安全环保意识； 3. 通过小组讨论，培养的沟通能力； 4. 通过对旧桥的认真检查，培养职业认同感和严谨的工作作风、强烈的责任感。	桥梁检查、桥梁典型病害及成因分析。

续表

序号	毕业要求指标点	知识目标	技能目标	德育与素质目标	教学内容
8	桥梁技术状况评定方法（以杭瑞北盘江大桥为工程载体）	1. 掌握桥梁评定方法及桥梁技术状况等级类型； 2. 掌握桥梁技术状况等级评定方法。	1. 能熟练地使用规范对桥梁技术状况等级进行评定； 2. 能够对结构物的质量做出科学正确的判断。	1. 严谨的工作作风； 2. 强烈的责任感； 3. 勤于思考、求真务实的工作态度。	桥梁技术状况评定方法和步骤。
9	桥梁荷载试验（以杭瑞北盘江大桥为工程载体）	1. 掌握桥梁荷载试验的概念、任务、基本内容、试验方法； 2. 了解桥梁静载、动载试验的重要性； 3. 掌握桥梁静载、动载试验的目的、基本方法； 4. 熟悉试验加载方案的确定方法； 5. 掌握测点布置与观测。	1. 清楚桥梁荷载试验常用的仪器设备类型和使用方法； 2. 会选择检查电阻应变片； 3. 会检查、调试动静态应变测试分析系统的技术状况及性能； 4. 会粘贴应变片并焊接测量电路； 5. 会进行温度补偿和测读仪器仪表。	1. 通过分组活动，培养团队协作能力； 2. 通过规范文明操作，培养良好的职业道德和安全环保意识； 3. 通过小组讨论，培养的沟通能力。	1. 桥梁荷载试验的概念、任务、基本内容和试验方法和仪器设备的使用； 2. 桥梁动静载试验的重要性、目的、测试内容和方法。

（六）课程内容与要求

表 3-18　课程内容与要求表

序号	项目(任务或模块等)	知识内容与要求	技能内容与要求	教学活动设计	学时安排	考核方式	考核比例
1	公路工程质量检验与评定	1. 掌握桥梁工程单位工程、分部工程、分项工程划分； 2. 掌握桥梁工程质量检验评定的流程和方法。	1. 能正确划分桥梁工程里的单位工程、分部工程和分项工程； 2. 能使用公路工程质量检验评定标准对桥梁工程质量进行评分。	运用案例的形式进行教学	2（1+1）	考试	4.2%
2	桥梁工程制品试验检测	1. 预应力锚具、夹具和连接器检测； 2. 张拉设备校验机张拉力控制； 3. 预应力构件检测与评定； 4. 桥梁支座试验检测； 5. 桥梁伸缩装置检测。	1. 熟悉桥梁支座抗压弹性模量测试流程和设备使用方法； 2. 认识预应力锚具、夹具、连接器试验检测设备，了解测试基本方法。	采用多媒体+视频+理实一体化的方式组织教学	8（4+4）	考试	16.7%
3	桥梁工程地基与基础试验检测	1. 地基承载力检测； 2. 基桩成孔质量检测； 3. 基桩完整性检测； 4. 基桩承载力检测。	1. 会使用泥浆性能指标测试仪测泥浆的常规指标； 2. 熟悉低应变反射仪的操作使用方法； 3. 会使用轻型触探仪测地基承载力，并对测试数据进行处理。	采用多媒体+视频+理实一体化的方式组织教学	12（6+6）	考试	25%

续表

序号	项目(任务或模块等)	知识内容与要求	技能内容与要求	教学活动设计	学时安排	考核方式	考核比例
4	无损检测技术	1. 掌握回弹法检测混凝土强度步骤； 2. 掌握混凝土碳化深度检测方法； 3. 掌握混凝土内部缺陷检测方法。	1. 会用回弹仪检测混凝土强度； 2. 会检测混凝土碳化深度； 3. 会用混凝土无损检测设备检测混凝土内部缺陷、裂缝深度。	运用案例+视频图片的形式进行教学	12（6+6）	考试	25.0%
5	桥梁技术状况评定（以杭瑞北盘江大桥为工程载体）	1. 熟悉桥梁检查的内容和方法； 2. 熟悉桥梁检查的评定方法。	1. 能正确检查桥梁的质量状况，能准确识别桥梁病害并对其产生原因进行准确分析； 2. 能根据桥梁病害，按照规范对桥梁进行技术状况评定。	运用案例+视频图片的形式进行教学	8（4+4）	考试	16.7%
6	桥梁荷载试验（以杭瑞北盘江大桥为工程载体）	1. 了解静载试验目的、试验的主要工序、基本方法及质量标准； 2. 了解动载试验目的、试验内容、测点布置观测和试验过程。	1. 会选择、检查电阻应变片； 2. 会粘贴应变片并焊接测量电路； 3. 会进行温度补偿和测读仪器仪表。	运用实际案例以及实操进行考评打分	6（3+3）	考试	12.5%
总计					48（24）		100%

（七）课内实践项目

主要填写本课程教学需要的课内实践相关信息。

表 3-19　课内实践安排表

序号	实验项目	内容提要	每组人数	实验属性	开出要求	实验室名称	实验学时
1	轻型触探仪测地基承载力	依据检测规范使用轻型触探仪测地基承载力	6–8	计算	必做	室外	2
2	低应变仪测桩基完整性	依据检测规范使用低应变仪测桩基完整性	6–8	计算	必做	室外	2
3	超声仪测桩的完整性	依据检测规范使用超声仪测桩的完整性	6–8	计算	必做	室外	2
4	板式橡胶支座抗压弹性模量测试	会使用支座测试仪测试板式橡胶支座抗压弹性模量测试	6–8	计算	必做	结构检测室	2
5	旧桥检查	对旧桥外观质量状况进行检查并分析	6–8	计算	必做	室外	2
6	桥的技术状况评定（以杭瑞北盘江大桥为工程载体）	使用规范对旧桥检测结果进行技术状况等级评定	6–8	计算	必做	室内	2
7	桥梁无损检测	使用回弹仪、超声仪检测混凝土强度检测	6–8	检测	必做	结构检测室	4
8	桥梁无损检测	使用超声仪检测混凝土内部缺陷检测	6–8	检测	必做	结构检测室	4
9	钢筋锈蚀和保护层检测	依据规范对钢筋锈蚀和保护层检测	6–8	检测	必做	结构检测室	2
10	桥梁荷载试验（以杭瑞北盘江大桥为工程载体）	粘贴应变片，使用测试设备测试梁体应变、挠度	6–8	检测	必做	结构检测室	2

（八）课程实施要求

1. 授课教师基本要求

担任本课程教学任务的教师应具备本科及以上学历，中级及以上职称，桥梁或相近专业技术职称，需有桥梁检测工程实践工作经验。

2. 实践教学条件要求

表 3-20　校内实践教学条件要求表

序号	实训室名称	无损检测实训室	面积要求 450m^2	备注
	核心设备		数量要求	
1	混凝土多功能检测仪		5 台	
2	回弹仪		5 台	
3	应变采集仪		5 台	
4	桥梁静、动态数据采集器		4 套	

3. 教学建议

本课程须采用理实一体化教学模式，在丰富的多媒体课件以及充实的实训条件下开展教学活动；课程内容以桥梁工程试验检测基本理论和测试操作技能及相关基础知识及试验检测规程为依据，介绍试验检测数据处理、桥梁工程质量检验与评定、钢筋、混凝土、砂浆等强度检测桥涵地基承载力检测、钻（挖）孔灌注桩检测、桥涵混凝土与预应力混凝土结构检测、桥梁支座与伸缩装置检测、桥梁荷载试验等。教学过程中要着重培养学生对试验检测原理、操作过程、试验数据处理的能力，以期通过本课程的学习，使学生全面掌握桥梁工程的试验检测方法，培养学生的职业实践技能，增加学生的动手操作能力，为将来的工作打下坚实的专业基础。

4. 教学考核评价建议

（1）注重学生动手能力和实践中分析问题、解决问题能力的考核，对在学习和应用上有创新的学生予以特别鼓励，全面综合评价学生能力。

（2）关注评价的多元性，结合平时表现、作业、课程设计、期末试卷考核，综合评价学生成绩。

表 3-21　教学考核成绩评价表

组成部分	评分项目	权重	分项成绩（分）
过程评价	价值目标-综合观测成绩	30%	70
	技能目标-逐项综合成绩	40%	
结果评价	知识目标-期末笔试成绩	30%	30
增值评价	奖励成绩	/	X（范围 0 至 20）
总评成绩			100+X

5. 教材选编

本课程教学所使用的教材是人民交通出版社出版的高等职业教育交通运输规划教材《桥梁工程试验与检测》，该教材虽然理论体系完整、严密、适度，知识体系完整，具有良好的适用性，但遗憾的是本书所采用的试验规范有些已经作废。

6. 课程资源的开发与利用

本课程是“土木工程检测技术”国家教学资源库核心课程，目前校企已联合开发课程资源 9. 48G，其中视频时长 1541 分钟。同时，依托学院占地 4500 平方米工程检测综合实训场，本课程采用理实一体化、线上线下方式教学，将企业相关岗位日常工作中常见结构检测技术、工程案例等展现在教学课件中，结合本课程的课程要求，使学生能在上岗之前接触并熟悉岗位要求，为学生零距离上岗做好扎实的知识、技能和素质铺垫。

实施项目还需要用到以下教学资源：电脑、数码相机、多媒体放映设备、网络资源、教学光盘和检测设备。

二、《桥梁施工技术》课程标准

（一）课程基本信息

表 3-22　课程基本信息表

课程名称	桥梁施工技术
开设系部	道路与桥梁工程系

续表

课程代码	C23103
课程类别	专业核心课
总学分	4
总学时	64
考核性质	考试
适用专业	路桥专业、养护专业、监理专业

（二）课程标准开发团队

表 3-23　课程标准开发团队名单

序号	教学模块	选取典型桥梁	团队名单	团队分工
1	梁桥模块	水盘高速北盘江大桥（世界上首创的空腹式连续钢构）、毕威高速赫章大桥（亚洲梁桥最高墩，世界第二高墩）	梁桥团队： 1. 负责人：刘志；2. 企业专家、优秀校友：韩洪举、马平、任前元、杨秀刚、戴德江、孔矗、刘浩然；3. 校内专任教师：卢斌、龙建旭、周敏	课程梁桥模块课程标准制定、资源开发、授课等
2	拱桥模块	香火岩大桥（国内第二座双向6车道钢管拱桥）、大小井特大桥（世界上跨径最大的上承式钢管拱桥）	拱桥团队： 1. 负责人：林林；2. 企业专家、优秀校友：张胜林、黄鸿飞、王同同、任达勇、王忠懿；3. 校内专任教师：向程龙、李郴娟、张义海	课程拱桥模块课程标准制定、资源开发、授课等
3	斜拉桥模块	杭瑞北盘江大桥（世界第一高桥）、平塘特大桥（世界最高塔斜拉桥）	斜拉桥团队： 1. 负责人：韦生根；2. 企业专家、优秀校友：刘天贵、刘胜高、韩思信、吴建明、李忠贤、王雯度；3. 校内专任教师：郭天惠、王锋	课程斜拉桥模块课程标准制定、资源开发、授课等
4	悬索桥模块	坝陵河大桥（世界首座山区千米级悬索桥）、开瓮高速开州湖特大桥（山区千米级悬索桥）	悬索桥团队： 1. 负责人：周德军；2. 企业专家、优秀校友：刘胜高、王宇、谢勋诚、李忠贤、肖钦；3. 校内专任教师：张涛、陈珂、杨毅	课程悬索桥模块课程标准制定、资源开发、授课等

（三）课程性质

《桥梁施工技术》是道路桥梁专业的核心课程之一，为必修课程。其目标在于培养学生在相关道路桥梁工程方面的岗位上，在掌握桥梁构造的基本知识、实践技能的基础上，结合施工执业资格证书的相关要求，培养学生对桥梁的认知，具备从事相关桥梁计量、施工、质检的基本职业能力，达到本专业学生能看懂山区高墩大跨桥梁施工图、施工的基本要求，掌握山区高墩大跨桥梁建造关键技术，成为从事山区高墩大跨桥梁施工员、计量员、监理员，同时培养学生精益求精、吃苦耐劳、团结协作的优良职业素质，以及日后从事工程工作所需的专业能力和社会能力，同时培养学生运用国家现行规范、规程、标准，对桥梁结构、施工工艺不断更新的适应能力，为学习后续课程和参加专业实践奠定基础。

（四）课程设计思路

1. 课程功能定位

表 3–24　课程功能定位分析表

对接工作岗位	对接培养职业岗位能力
山区高墩大跨桥梁施工	1. 能掌握各类桥梁组成及特点
	2. 能初步把握各种桥型的受力要点
	3. 能读懂各类桥梁图纸
	4. 能进行桥梁工程量计算
	5. 掌握各类山区高墩大跨桥梁施工关键技术

2. 设计思路

《桥梁施工技术》作为道路桥梁、建设工程监理和道路养护与管理专业课程，对学生未来的专业能力影响巨大，学习难度大，要求学生有较强的识图能力及专业知识；为在有限的学时内取得较好的学习效果，本课程以“一桥一课一团队”实施一课多师模块化教学，并融合三类课堂，校内校外、线上线下结合，化难为简，充分调动学生的各方面的感知能力和学习热情。

《桥梁施工技术》在道路桥梁、建设工程监理和道路养护与管理专业 64 个总学时中，32 个学时用于理论教学，32 个学时用于实践，使学生了解各类山区高墩大跨桥梁特点，能读懂桥梁图纸，掌握桥梁施工方法。该课程可在我系桥梁结构室进行理实一体化教学，可在各典型高墩大跨桥梁现场进行教学，可利用丰富的桥梁教学资源（图纸、施工动画、方案、规范等）进行线上学习，使学生深入理解并掌握各类典型山区高墩大跨桥梁的施工方法和施工工艺流程，为以后从事山区高桥建造提供有力支持。

（五）课程培养目标

1. 总目标

通过《桥梁施工技术》的学习，使学生全面熟悉桥梁种类、组成、受力特点，掌握各类山区高墩大跨桥桥梁施工方法、工艺流程，能够看懂桥梁的施工图纸并计算相关参数。

2. 具体目标

具体表述课程的内容及学生应达到的知识目标、技能目标、德育与素质目标，在进行目标表述时以学生作为行为主体来表述，使用外显性行为动词。

表 3–25　课程教学目标与内容

序号	毕业要求指标点	知识目标	技能目标	德育与素质目标	教学内容
1	总论部分：桥梁组成、分类	1. 桥梁组成、分类； 2. 构造及受力特点。	掌握桥梁组成、分类，掌握桥梁构造及受力特点	具有工程意识、团队协作及工匠精神	桥梁组成、分类
2	梁桥施工模块（水盘高速北盘江大桥、赫章大桥为例）	1. 水盘高速北盘江大桥主梁空腹段施工、实腹段挂篮悬臂浇筑施工； 2. 赫章大桥主桥主墩桩基础施工； 3. 赫章大桥主桥主墩墩身液压爬模施工； 4. 赫章大桥引桥 T 梁施工。	以水盘高速北盘江大桥、赫章大桥为工程案例，掌握梁桥基础、墩身、梁体施工方法及工艺流程	具有工程意识、团队协作及工匠精神	梁桥施工

续表

序号	毕业要求指标点	知识目标	技能目标	德育与素质目标	教学内容
3	拱桥施工模块（香火岩大桥、大小井特大桥为例）	1. 香火岩大桥、大小井特大桥拱座施工； 2. 香香火岩大桥、大小井特大桥主拱缆索吊装施工； 3. 香火岩大桥、大小井特大桥拱上立柱施工。	以香火岩大桥、大小井特大桥为工程案例，掌握拱桥拱座、主拱、拱上立柱施工方法及工艺流程	具有工程意识、团队协作及工匠精神	拱桥施工
4	斜拉桥施工模块（杭瑞北盘江大桥、平塘特大桥为例）	1. 杭瑞北盘江大桥钢桁梁施工； 2. 杭瑞北盘江大桥斜拉索施工； 3. 平塘特大桥主塔液压爬模施工； 4. 平塘特大桥钢混叠合梁桥面吊机悬拼施工。	以杭瑞北盘江大桥、平塘特大桥为工程案例，掌握斜拉桥主塔、主梁、斜拉索施工方法及工艺流程	具有工程意识、团队协作及工匠精神	斜拉桥施工
5	悬索桥施工模块（坝陵河大桥、开州湖特大桥为例）	1. 坝陵河大桥重力式锚碇施工、隧道锚碇施工； 2. 坝陵河大桥主缆、吊杆施工； 3. 开州湖特大桥钢桁梁施工； 4. 开州湖特大桥索塔施工。	以坝陵河大桥、开州湖特大桥为工程案例，掌握悬索桥锚锭、主缆、吊杆、钢桁梁、主塔施工方法及工艺流程	具有工程意识、团队协作及工匠精神	悬索桥施工

（六）课程内容与要求

具体阐述本课程的模块化项目或任务，以及对模块化任务细化的知识、技能目标，通过什么样的教学设计和活动使学生获得这些知识、技能目标及模块化项目的考核方式。

表 3-26　课程内容与要求表

序号	模块	知识内容与要求	技能内容与要求	教学活动设计	学时安排	考核方式	考核比例（%）
1	总论部分：桥梁组成、分类	1. 桥梁组成、分类； 2. 构造及受力特点。	掌握桥梁组成、分类，掌握桥梁构造及受力特点	以教具、图纸、图片及视频配合	4	考试	6. 25
2	梁桥施工模块（以水盘高速北盘江大桥、赫章大桥为例）	1. 水盘高速北盘江大桥主梁空腹段斜拉扣挂法施工、空腹段挂篮悬臂浇筑施工； 2. 赫章大桥主桥主墩桩基础施工； 3. 赫章大桥主桥主墩墩身液压爬模施工； 4. 赫章大桥引桥 T 梁施工。	以水盘高速北盘江大桥、赫章特大桥为工程案例，掌握梁桥基础、墩身、梁体施工方法及工艺流程	以水盘高速北盘江大桥、赫章特大桥为实际工程案例，线上线下、校内校外结合讲解梁桥基础、墩身、梁体施工方法及工艺流程及工艺流程	15	考试	23. 4
3	拱桥施工模块（以香火岩大桥、大小井特大桥为例）	1. 香火岩大桥、大小井特大桥拱座施工； 2. 香火岩大桥、大小井特大桥主拱缆索吊装施工； 3. 香火岩大桥、大小井特大桥拱上立柱施工。	以香火岩大桥、大小井特大桥为工程案例，掌握拱桥拱座、主拱、拱上立柱施工方法及工艺流程	以香火岩大桥、大小井特大桥为实际工程案例，线上线下、校内校外结合讲解拱桥拱座、主拱、拱上立柱施工方法及工艺流程	15	考试	23. 4

续表

序号	模块	知识内容与要求	技能内容与要求	教学活动设计	学时安排	考核方式	考核比例（%）
4	斜拉桥施工模块（以杭瑞北盘江大桥、平塘特大桥为例）	1. 杭瑞北盘江大桥钢桁梁“纵移悬拼”施工； 2. 杭瑞北盘江大桥斜拉索施工； 3. 平塘特大桥主塔液压爬模施工； 4. 平塘特大桥钢混叠合梁桥面吊机悬拼施工。	以杭瑞北盘江大桥、平塘特大桥为工程案例，掌握斜拉桥主塔、主梁、斜拉索施工方法及工艺流程	以杭瑞北盘江大桥、平塘特大桥为实际工程案例，线上线下、校内校外结合讲解斜拉桥主塔、叠合梁、斜拉索施工方法及工艺流程	15	考试	23.4
5	悬索桥施工模块（以坝陵河大桥、开州湖特大桥为例）	1. 坝陵河大桥重力式锚碇施工、隧道锚碇施工； 2. 坝陵河大桥主缆、吊杆施工； 3. 开州湖特大桥钢桁梁施工； 4. 开州湖特大桥索塔施工。	以坝陵河大桥、开州湖特大桥为工程案例，掌握悬索桥锚锭、主缆、吊杆、钢桁梁、主塔施工方法及工艺流程	以坝陵河大桥、开州湖特大桥为实际工程案例，线上线下、校内校外结合讲解悬索桥锚锭、主缆、吊杆、钢桁梁、主塔施工方法及工艺流程	15	考试	23.4
总计					64		

（七）课内实践项目

根据桥梁建设进程，以企业兼职教师为主，选取在建贵州桥梁施工过程中创新方法、工艺开展现场实践教学、随岗实训。已建成桥梁的相关实训项目，主要通过校内、外实训基地以及虚拟仿真实训资源等开展实践教学。

表 3-27　课内实践安排表

序号	实践项目	实践项目简介	每组人数	实验属性	开出要求	实验学时
1	水盘高速北盘江大桥、赫章大桥创新工法、工艺	水盘高速北盘江大桥主梁空腹段施工技术，赫章大桥超大、超长桩基础施工技术，超高墩柱液压爬模施工技术，主梁挂篮悬臂浇筑施工技术	6-8	综合	必做	8
2	香火岩大桥、大小井特大桥创新工法、工艺	大小井特大桥钢管混凝土主拱缆索吊装施工技术、大跨钢管混凝土拱桥 BIM 施工控制技术、香火岩大桥拱座施工技术	6-8	综合	必做	8
3	杭瑞北盘江大桥、平塘特大桥创新工法、工艺	杭瑞北盘江大桥大跨钢桁梁施工技术、超长斜拉索施工技术、平塘特大桥超高主塔施工技术、钢混叠合梁施工技术	6-8	综合	必做	8
4	坝陵河大桥、开州湖特大桥创新工法、工艺	坝陵河大桥主塔施工技术、开州湖特大桥超大锚锭施工技术、超长主缆施工技术	6-8	综合	必做	8
合计						32

（八）课程实施要求

1. 授课教师基本要求

本课程授课教师为校企协同共建的结构化教学团队，要求具备扎实的桥梁工程理论知识和丰富的山区桥梁建设经验。热爱教育事业，具有先进的教学理念，具备较强的沟通能力和爱岗敬业、为人师表、锐意进取的职业道德；具备设计基于行动导向的教学法的设计应用能力；具备课程教学能力、组织能力、语言沟通及表达能力，具有良好的职业道德和责任心。具备健康的体质、充沛的精力和良好的身心素质。

2. 实践教学条件要求

表 3-28 校内实践教学条件要求表

序号	实训室名称	桥梁结构实验室、BIM 综合实训室	面积要求 500m²	备注
	核心设备		数量要求	
1	桥梁弯、拉、剪、压力学加载系统		5 套	
2	斜拉桥等比例缩尺模型		1 套	
3	电脑		60 台	
4	有限元计算、CAD 软件		60 套	

表 3-29 校外实践教学条件要求表

序号	实践场所
1	水盘高速北盘江大桥、赫章大桥现场
2	香火岩大桥、大小井特大桥现场
3	杭瑞北盘江大桥、平塘特大桥现场
4	坝陵河大桥、开州湖特大桥现场

本课程可在我系桥梁结构室进行理实一体化教学，可在各典型高墩大跨桥梁现场进行教学，可利用丰富的桥梁教学资源（图纸、施工动画、方案、规范等）进行线上学习，使学生深入理解并掌握各类典型山区高墩大跨桥梁的施工方法和施工工艺流程，为以后从事山区高桥建造提供有力支持。

3. 教学考核评价建议

具体阐述本课程考核方案，要求包含考核标准、评价方法、成绩评价等方面。

（1）考核标准。能够掌握各类桥梁的结构组成及特点，初步把握各种桥型的受力要点，掌握各类山区高墩大跨桥梁施工方法及工艺流程。

（2）形成性评价方法。以实训项目为主，实训项目各个工作任务设计由校企双方共同完成，以相应工程任务的实施过程、完成情况作为过程性评价依据。

(3) 成绩评价。

表 3-30 成绩评价表

组成部分	评分项目	权重	分项成绩（分）
平时成绩（评分项目含作业）	考勤、作业	0.1	20%
	学习状态:	0.1	
实践考核成绩	随岗实训工作任务完成情况	0.2	20%
期末成绩	考试成绩	0.6	60%
总评成绩			100

4. 教材选用

表 3-31 《桥梁工程》课程教材选用表

序号	教材名称	教材类型	出版社	主编	出版日期	书号
1	桥梁施工技术	高职交通运输与土建类专业规划教材	人民交通出版社	王常才	2007-06-01	ISBN 978-7-114-06115-8

5. 课程资源的开发与利用

本课程联合省龙头企业贵州桥梁集团、贵州公路集团，围绕本课程教学目标、教学内容，充分依托水盘高速北盘江大桥、赫章大桥、香火岩大桥、大小井特大桥、杭瑞北盘江大桥、平塘特大桥、坝陵河大桥、开州湖特大桥 8 座贵州典型山区高墩大跨桥梁，开发动画、微课等优质资源，并通过职教云平台对系全体学生开放，保障学生高质量线上学习。

三、《山区高墩大跨桥梁智能建造技术》课程标准

(一) 课程基本信息

表 3-32 《山区高墩大跨桥梁智能建造技术》课程基本信息表

课程名称	山区高墩大跨桥梁智能建造技术
开设系部	道路与桥梁工程系
课程代码	LQ12056
课程类别	前沿技术模块课程

续表

总学分	3
总学时	48
考核性质	考试
适用专业	路桥专业

（二）课程标准开发团队

表 3-33 课程标准开发团队名单

序号	教学模块	选取典型桥梁	团队名单	团队分工
1	梁桥模块	水盘高速北盘江大桥（世界上首创的空腹式连续钢构）	梁桥团队： 1. 负责人：刘志；2. 企业专家、优秀校友：韩洪举、马平、任前元、杨秀刚、戴德江、孔矗、刘浩然；3. 校内专任教师：卢斌、龙建旭、周敏	课程梁桥模块、课程标准制定、资源开发、授课等
2	拱桥模块	大小井特大桥（世界上跨径最大的上承式钢管拱桥）	拱桥团队： 1. 负责人：林林；2. 企业专家、优秀校友：张胜林、黄鸿飞、王同同、任达勇、王忠懿；3. 校内专任教师：向程龙、李郴娟、张义海	课程拱桥模块课程标准制定、资源开发、授课等
3	斜拉桥模块	杭瑞北盘江大桥（世界第一高桥）	斜拉桥团队： 1. 负责人：韦生根；2. 企业专家、优秀校友：刘天贵、刘胜高、韩思信、吴建明、李忠贤、王雯度；3. 校内专任教师：郭天惠、王锋	课程斜拉桥模块、课程标准制定、资源开发、授课等
4	悬索桥模块	坝陵河大桥（世界首座山区千米级悬索桥）	悬索桥团队： 1. 负责人：周德军；2. 企业专家、优秀校友：刘胜高、王宇、谢勋诚、李忠贤；3. 校内专任教师：张涛、陈珂、杨毅	课程悬索桥模块、课程标准制定、资源开发、授课等

（三）课程性质

《山区高墩大跨桥梁智能建造技术》是道路桥梁专业一门技术进阶选

修课。其目标是培养学生在山区高桥建造的相关岗位上，掌握常规桥梁构造与施工方法，通过进一步学习贵州山区高桥原创智能建造技术，掌握相关新工法、新工艺、新装备、新材料、新体系等，从而具备从事山区复杂环境下大跨高墩桥梁智能建造的基本职业技能，同时培养学生的精益求精、吃苦耐劳、团结协作的职业素质。

（四）课程设计思路

1. 课程功能定位

表 3-34 课程功能定位分析表

对接工作岗位	对接培养职业岗位能力
山区高墩大跨桥梁智能建造	1. 掌握山区大跨梁桥智能建造新技术
	2. 掌握山区大跨拱桥智能建造新技术
	3. 掌握山区大跨斜拉桥智能建造新技术
	4. 掌握山区大跨悬索桥智能建造新技术

2. 设计思路

《山区高墩大跨桥梁智能建造技术》是道路桥梁专业一门技术进阶选修课，主要是针对培养高端山区高桥建造人才增设。本课程教学内容均选自贵州世界级桥梁建造过程中新工艺、新方法、新材料、新体系，教学团队是与各大桥项目建设负责人协同共建的结构化教学创新团队，教学实施采取一课多师模块化教学，并融合三类课堂，校内校外、线上线下结合，化难为简，充分调动学生学习热情，达到学习效果。

本课程选取贵州世界级 4 座桥梁，代表 4 类山区高桥，分 4 个学习模块：梁桥智能建造模块（水盘高速北盘江大桥为例）、拱桥智能建造模块（大小井特大桥为例）、斜拉桥施工模块（杭瑞北盘江大桥为例）、悬索桥施工模块（坝陵河大桥为例），共 48 个学时，24 个学时用于理论教学，24 个学时用于实践。本课程可在我系桥梁结构室进行理实一体化教学，可在各大桥现场进行教学，可利用丰富的桥梁教学资源（图纸、施工动画、方案、规范等）进行线上学习，使学生深入理解并掌握 4 类山区高桥智能建造新工艺、新方法、新材料、新体系，为以后从事山区高桥智能建造奠定基础。

（五）课程培养目标

1. 总目标

通过《山区高墩大跨桥梁智能建造技术》的学习，使学生掌握4类山区高桥智能建造新工艺、新方法、新材料、新体系，为从事山区高桥智能建造打下基础。

2. 具体目标

具体表述课程的内容及学生应达到的知识目标、技能目标、德育与素质目标，在进行目标表述时以学生作为行为主体来表述，使用外显性行为动词。

表3-35　课程教学目标与内容

序号	毕业要求指标点	知识目标	技能目标	德育与素质目标	教学内容
1	总论部分：贵州桥梁建设环境与建设成就	1. 贵州山区复杂建桥环境； 2. 贵州桥梁建设成就。	了解贵州山区桥梁建桥环境及建设成就。	具有工程意识、团队协作、创新精神及工匠精神	贵州桥梁建设环境与建设成就
2	梁桥智能建造模块（以水盘高速北盘江大桥为例）	1. 创新结构体系：空腹式连续刚构新型桥梁结构形式； 2. 创新施工工艺：主梁空腹段斜拉扣挂施工方法； 3. 创新装备：大吨位、大倾角、变曲率、可斜向行走的新型挂篮成套设备。	1. 掌握空腹式连续刚构新型桥梁结构形式构造与力学行为； 2. 掌握主梁斜拉扣挂施工方法及工艺流程； 3. 掌握大吨位、大倾角、变曲率、可斜向行走的新型挂篮成套设备技术。	具有工程意识、团队协作、创新精神及工匠精神	梁桥智能建造
3	拱桥智能建造模块（以大小井特大桥为例）	1. 创新设计：竖V形双剪力撑，平缀管式格构柱； 2. 创新施工控制技术：缆吊、扣挂系统监测及控制信息化系统； 3. 创新施工管理：BIM数字化协同管理平台。	1. 掌握竖V形双剪力撑，平缀管式格构柱体系力学行为； 2. 掌握缆吊、扣挂系统监测及控制信息化系统方法； 3. 掌握超大型拱桥BIM施工管控措施。	具有工程意识、团队协作、创新精神及工匠精神	拱桥智能建造

续表

序号	毕业要求指标点	知识目标	技能目标	德育与素质目标	教学内容
4	斜拉桥智能建造模块（以杭瑞北盘江大桥为例）	1. 创新施工工艺：山区特大跨径钢桁梁斜拉桥主梁“纵移悬拼”施工技术； 2. 创新材料：机制砂自密实混凝土。	1. 掌握山区特大跨径钢桁梁斜拉桥主梁“纵移悬拼”施工技术及工艺流程； 2. 掌握机制砂自密实混凝土材料性能。	具有工程意识、团队协作、创新精神及工匠精神	斜拉桥智能建造
5	悬索桥智能建造模块（以坝陵河大桥为例）	1. 创新设计：全桥四铰钢桁加劲梁结构体系，在观光通道上设置气动衣板抵抗横向风荷载； 2. 创新施工工艺：桥面吊机悬臂架设技术的应用，遥控氦气飞艇施放先道索技术。	1. 掌握全桥四铰钢桁加劲梁结构体系力学行为，掌握观光通道上设置气动衣板抵抗横向风荷载原理和方法； 2. 掌握桥面吊机悬臂架设钢桁梁施工技术及工艺流程，掌握遥控氦气飞艇施放先道索施工技术。	具有工程意识、团队协作、创新精神及工匠精神	悬索桥智能建造

（六）课程内容与要求

具体阐述本课程的模块化项目或任务，以及对模块化任务细化的知识、技能目标，通过什么样的教学设计和活动使学生获得这些知识、技能目标，以及模块化项目的考核方式。

表 3-36 课程内容与要求表

序号	模块	知识内容与要求	技能内容与要求	教学活动设计	学时安排	考核方式	考核比例（%）
1	总论部分：贵州桥梁建设环境与建设成就	1. 贵州山区复杂建桥环境； 2. 贵州桥梁建设成就。	了解贵州山区桥梁建桥环境及建设成就。	以教具、图纸、图片及视频配合。	4	考试	8.3

续表

序号	模块	知识内容与要求	技能内容与要求	教学活动设计	学时安排	考核方式	考核比例(%)
2	梁桥智能建造模块(以水盘高速北盘江大桥为例)	1. 创新结构体系：空腹式连续刚构新型桥梁结构形式； 2. 创新施工工艺：主梁空腹段斜拉扣挂施工方法； 3. 创新装备：大吨位、大倾角、变曲率、可斜向行走的新型挂篮成套设备。	1. 掌握空腹式连续刚构新型桥梁结构形式构造与力学行为； 2. 掌握主梁斜拉扣挂施工方法及工艺流程； 3. 掌握大吨位、大倾角、变曲率、可斜向行走的新型挂篮成套设备技术。	以水盘高速北盘江大桥为实际工程案例，线上线下、校内校外结合讲解山区大跨空腹式连续刚构梁桥新型结构形式构造与力学行为、斜拉扣挂施工方法、大吨位、大倾角、变曲率、可斜向行走的新型挂篮成套设备技术。	12	考试	25
3	拱桥智能建造模块(以大小井特大桥为例)	1. 创新设计：竖V形双剪力撑，平缀管式格构柱； 2. 创新施工控制技术：缆吊、扣挂系统监测及控制信息化系统； 3. 创新施工管理：BIM数字化协同管理平台。	1. 掌握竖V形双剪力撑，平缀管式格构柱体系力学行为； 2. 掌握缆吊、扣挂系统监测及控制信息化系统方法； 3. 掌握超大型拱桥BIM施工管控措施。	以大小井特大桥为实际工程案例，线上线下、校内校外结合讲解山区大跨钢管混凝土拱桥新型结构体系与力学行为、缆索吊装施工信息化控制方法、大型拱桥BIM施工管理。	12	考试	25

续表

序号	模块	知识内容与要求	技能内容与要求	教学活动设计	学时安排	考核方式	考核比例（%）
4	斜拉桥智能建造模块（以杭瑞北盘江大桥为例）	1. 创新施工工艺：山区特大跨径钢桁梁斜拉桥主梁“纵移悬拼”施工技术； 2. 创新材料：机制砂自密实混凝土。	1. 掌握山区特大跨径钢桁梁斜拉桥主梁“纵移悬拼”施工技术及工艺流程； 2. 掌握机制砂自密实混凝土材料性能。	以杭瑞北盘江大桥为实际工程案例，线上线下、校内校外结合讲解山区大跨斜拉桥钢桁梁“纵移悬拼”施工技术、机制砂自密实混凝土材料性能。	10	考试	20.8
5	悬索桥智能建造模块（以坝陵河大桥为例）	1. 创新设计：全桥四铰钢桁加劲梁结构体系，在观光通道上设置气动衣板抵抗横向风荷载； 2. 创新施工工艺：桥面吊机悬臂架设技术的应用；遥控氦气飞艇施放先道索技术。	1. 掌握全桥四铰钢桁加劲梁结构体系力学行为，掌握观光通道上设置气动衣板抵抗横向风荷载原理和方法； 2. 掌握桥面吊机悬臂架设钢桁梁施工技术及工艺流程；掌握遥控氦气飞艇施放先道索施工技术。	以坝陵河大桥为实际工程案例，线上线下、校内校外结合讲解山区大跨悬索桥四铰钢桁加劲梁新型结构力学行为、气动衣板抗风原理和方法、桥面吊机悬臂架设钢桁梁施工方法、遥控氦气飞艇施放先道索施工技术。	10	考试	20.8
总计					48		

（七）课内实践项目

根据桥梁建设进程，以企业兼职教师为主，选取贵州桥梁施工过程中创新工法、工艺开展现场实践教学、随岗实训。已建成桥梁的相关实训项目，主要通过校内、校外实训基地以及虚拟仿真实训资源等开展实践教学。

表 3-37　课内实践安排表

序号	实践项目	实践项目简介	每组人数	实验属性	开出要求	实验学时
1	水盘高速北盘江大桥创新技术实训	水盘高速北盘江大桥主梁空腹段“斜拉扣挂”施工技术	6–8	综合	必做	6
2	大小井特大桥创新技术实训	大小井特大桥 BIM 模型建模技术	6–8	综合	必做	6
3	杭瑞北盘江大桥创新技术实训	杭瑞北盘江大桥钢桁梁“纵移悬拼”施工技术	6–8	综合	必做	6
4	坝陵河大桥创新技术实训	坝陵河大桥桥面吊机悬臂架设钢桁梁施工技术	6–8	综合	必做	6
合计						24

（八）课程实施要求

1. 授课教师基本要求

本课程授课教师为校企协同共建的结构化教学团队，要求具备扎实的桥梁工程理论知识和丰富的山区桥梁建设经验。热爱教育事业，具有先进的教学理念；具备较强的沟通能力和爱岗敬业、为人师表、锐意进取的职业道德；具备设计基于行动导向的教学法的设计应用能力；具备课程教学能力、组织能力、语言沟通及表达能力；具有良好的职业道德和责任心。具备健康的体质、充沛的精力和良好的身心素质。

2. 实践教学条件要求

表 3-38　校内实践教学条件要求表

序号	实训室名称	桥梁结构实验室、BIM 综合实训室	面积要求 500m²	备注
	核心设备		数量要求	
1	桥梁弯、拉、剪、压力学加载系统		5 套	

续表

序号	实训室名称	桥梁结构实验室、BIM 综合实训室	面积要求 $500m^2$	备注
	核心设备		数量要求	
2	斜拉桥等比例缩尺模型		1 套	
3	电脑		60 台	
4	有限元计算、CAD 软件		60 套	

表 3-39　校外实践教学条件要求表

序号	实践场所
1	水盘高速北盘江大桥现场
2	大小井特大桥现场
3	杭瑞北盘江大桥现场
4	坝陵河大桥现场

本课程可在我系桥梁结构室进行理实一体化教学，可在各典型高墩大跨桥梁现场进行教学，可利用丰富的桥梁教学资源（图纸、施工动画、方案、规范等）进行线上学习，使学生深入理解并掌握各类典型山区高墩大跨桥梁智能建造技术，为以后从事山区高桥智能建造奠定基础。

3. 教学考核评价建议

具体阐述本课程考核方案，要求包含考核标准、评价方法、成绩评价等方面。

（1）考核标准

能够掌握各类山区高墩大跨桥梁智能建造技术。

（2）形成性评价方法

以实训项目为主，实训项目各个工作任务设计由校企双方共同完成，以相应工程任务的实施过程、完成情况作为过程性评价依据。

（3）成绩评价

表 3-40 成绩评价表

组成部分	评分项目	权重	分项成绩（分）
平时成绩 （评分项目含作业）	考勤、作业	0.1	20%
	学习状态	0.1	
实践考核成绩	各大桥创新技术实训	0.2	20%
期末成绩	考试成绩	0.6	60%
总评成绩			100

4. 教材选编

表 3-41 《山区高墩大跨桥梁智能建造技术》活页式教材

序号	教材名称	教材类型	出版单位	主编	出版日期	书号
1	山区高墩大跨桥梁智能建造技术	活页式	校本教材	韦生根、韩洪举	——	——

5. 课程资源的开发与利用

本课程联合省龙头企业贵州桥梁集团、贵州公路集团，围绕本课程教学目标、教学内容，充分依托水盘高速北盘江大桥、大小井特大桥、杭瑞北盘江大桥、坝陵河大桥 4 座贵州世界级山区高墩大跨桥梁，开发动画、微课、虚拟仿真等优质资源，并通过职教云平台对本系全体学生开放，保障学生高质量线上学习。

四、《山区桥梁测量新技术》课程标准

表 4-42 课程基本信息表

课程名称	山区桥梁测量新技术
课程类别	岗位技术进阶课程
课程负责人	张涛
学　　分	2 学分
参考学时	32 课时

续表

考试考查	考查
适用专业	道路桥梁工程技术专业

（一）课程性质

本课程是道路桥梁工程技术专业的一门岗位技术进阶课程，其目标是学生在具备了基本工程测量技术基础上，培养学生掌握并运用测量新技术的能力。本门课程以贵州山区典型高墩大跨桥梁为工程载体，教授学生测量新技术，包括无人机航测、RTK、三维激光扫描等测量新技术等，为今后学生运用测量新技术从事山区桥梁建设打下基础。

（二）课程团队

表 3-43　课程标准开发团队名单

序号	教学模块	选取典型桥梁	团队名单	团队分工
1	无人机航测、RTK 放样	毕威高速赫章大桥（亚洲梁桥最高墩，世界第二高墩）	梁桥团队： 1. 负责人：刘志；2. 企业专家、优秀校友：韩洪举、马平、任前元、杨秀刚、戴德江、孔矗、刘浩然；3. 校内专任教师：卢斌、龙建旭、周敏	课程标准制定、资源开发、授课等
2	三维激光扫描	大小井特大桥（世界上跨径最大的上承式钢管拱桥）	拱桥团队： 1. 负责人：林林；2. 企业专家、优秀校友：张胜林、黄鸿飞、王同同、任达勇、王忠懿；3. 校内专任教师：向程龙、李郴娟、张义海	课程标准制定、资源开发、授课等

（三）课程设计思路

根据山区桥梁建设与维护工作领域对工程测量新技术的需要，对该课程的内容选择做了根本性改革，打破以知识传授为主要特征的传统学科课程模式，选取贵州两座典型山区高墩大跨桥梁工程，教授学生采用无人机航测、RTK、三维激光扫描等测量新技术完成真实测量工作任务。

在教学情境选择中，考虑以下几个方面来重构知识和技能：

（1）由易到难的先后顺序。

（2）充分考虑高等职业教育对理论知识和可持续发展的需要。

（3）融合了相关职业资格对知识、技能和态度的要求。

（4）考虑山区桥梁工程测量特点。

教学过程中，与修建大桥的项目测量工程技术人员组建校企合作的教学团队，实施模块化教学。

教学效果评价采取多层次立体化全方位评价综合评判的方式，重点评价学生的职业能力。

（四）课程培养目标

1. 总目标

以学生为中心，通过《山区桥梁测量新技术》课程的学习，使学生掌握测量新技术并运用于山区桥梁建设。

教学过程中坚持教书育人原则，同时培养学生诚实、守信、善于沟通和合作的品质，吃苦耐劳和客观科学的职业精神，为发展职业能力奠定良好的基础。

2. 具体目标

（1）知识目标

以赫章特大桥、大小井特大桥两座桥梁施工过程中工程测量为例，通过介绍测量新技术，使学生掌握无人机航测、RTK、三维激光扫描的原理。

（2）能力目标

以赫章特大桥、大小井特大桥两座桥梁施工过程中工程测量为例，通过实践操作，使学生掌握无人机航测、RTK、三维激光扫描测量技术。

（3）素质目标

① 培养学生树立严谨务实、统筹兼顾的大局观，爱岗敬业、吃苦耐劳、勤奋工作的作风以及诚实、守信的优秀品质。

② 培养学生团队精神、协作精神及集体意识。

③ 培养学生良好的职业道德。

④ 培养学生良好的心理素质和克服困难的能力。

（五）课程内容与要求：道路桥梁工程技术专业（32 课时）

表 3-44　课程内容与要求表

序号	模块	知识内容与要求	技能内容与要求	教学活动设计	学时安排	考核方式	考核比例
1	绪论	山区桥梁测量新技术简介。	了解本课程的学习内容及学习方法、本课程在专业教学中的重要性及对专业课学习的指导性。	以教具、PPT、图片及视频配合，介绍本课程。	2	过程考核	6%
2	无人机航测、RTK 放样（以毕威高速赫章大桥为例）	1. 无人机航测完成赫章特大桥桥址位置坐标测量； 2. RTK 完成赫章特大桥主桥及引桥墩柱中心位置放样。	掌握无人机航测、RTK 两项新技术。	任务教学、多媒体教学、现场教学、图片、施工图纸、课件、小组讨论。	15	过程考核：测量成果	46.9%
3	三维激光扫描（以大小井特大桥为例）	大小井特大桥主拱三维激光扫描。	掌握三维激光扫描测量新技术。	任务教学、多媒体教学、现场教学、图片、施工图纸、课件、小组讨论。	15	过程考核：测量成果	46.9%
总计					32		100%

（六）课程实施建议

1. 教学基本要求

（1）教学团队

本课程为实践性专项技术选修课，要求教师具备扎实的测量工程原理及现场施工测量经验，并根据所选典型工程案例桥型选择对应团队授课。

（2）实训条件

学院具有集教学、生产、科研、培训、技能鉴定与技术服务等功能于一体的资源共享型综合实训中心及赫章特大桥、大小井特大桥现场。

（3）课程资源

与两家施工龙头企业贵州公路集团有限公司、贵州桥梁集团有限公司合作开发相关课程资源，将赫章特大桥、大小井特大桥两座典型贵州山区桥梁工程测量相关内容展现在教学课件中，结合本课程要求，使学生能在上岗之前提前接触并熟悉岗位要求，为学生零距离上岗打下扎实的知识、技能和素质基础。

实施项目还需要用到以下教学资源：电脑、数码相机、多媒体放映设备、网络资源、教学光盘。

2. 教学方法

（1）采用案例引导法。结合赫章特大桥、大小井特大桥的工程测量实际分析，激发了学生对该课程的浓厚兴趣。紧接着引导学生去解决案例中的问题，从而培养学生操作技能和解决问题的创新能力。

（2）应用启发式教学模式。在教学过程中以教师提出问题、学生思考问题、解决问题为主线，教师在授课时以强调基本概念、原理方法为主，突出难点和重点，课后布置适当的思考题和作业题；课堂教学与课堂讨论相结合，课堂上注重与学生的互动，开展讨论式教学。

（3）实施任务驱动教学。在实践教学中，积极探索任务驱动的教学方法，让学生带着具体任务，进行实训，强调学生实践工作能力的培养，实施效果良好。

（4）模块化教学。课程组采用模块化的授课方式，以增加知识的广度。赫章特大桥、大小井特大桥两座大桥施工现场测量负责人作为兼职教师，参与到教学中来，把他们丰富的施工测量经验传授给学生。

3. 教材选用

教材建议选用教材是武汉大学出版社出版的《土木工程测量》（殷耀国等主编）。

（七）教学考核评价建议

1. 改革传统的学生评价手段和方法，采用过程性阶段评价，理论与实践一体化评价模式。

2. 关注评价的多元性，结合课堂提问、学生作业、实践项目完成情况等综合评价学生成绩。

3. 应注重学生动手能力和在实践中分析问题、解决问题能力的考核，对在学习和应用上有创新的学生应予特别鼓励，全面综合评价学生能力。

表 3-45　成绩评价表

<table>
<tr><th>组成部分</th><th>评分项目</th><th>权重</th><th>分项成绩（分）</th></tr>
<tr><td rowspan="4">过程考核</td><td>考勤</td><td>10%</td><td rowspan="4">100</td></tr>
<tr><td>无人机航测、RTK 放样（以毕威高速赫章大桥为例）</td><td>40%</td></tr>
<tr><td>三维激光扫描（以大小井特大桥为例）</td><td>40%</td></tr>
<tr><td>学习状态</td><td>10%</td></tr>
<tr><td colspan="3">总评成绩</td><td>100</td></tr>
</table>

五、《山区桥梁方案设计》课程标准

表 3-46　课程基本信息表

课程名称	山区桥梁方案设计
课程类别	岗位技术进阶课程
课程负责人	向程龙
学　　分	2 分

续表

参考学时	32 课时
考试考查	考查
适用专业	道路桥梁工程技术、城市轨道交通工程技术、建设工程监理、道路养护与管理专业、地下与隧道工程技术

（一）课程性质

《山区桥梁方案设计》是道路桥梁工程技术、城市轨道交通工程技术、建设工程监理、道路养护与管理、地下与隧道工程技术专业的一门岗位技术进阶课程。

本课程目标是培养学生在相关道路桥梁工程方面的岗位上，掌握桥梁构造的基本知识和实践技能，通过学习桥梁有限元计算分析软件，培养学生山区桥梁结构电算分析能力，同时培养学生的精益求精、吃苦耐劳、团结协作的优良品格的职业素质，为今后从事山区桥梁设计、施工打下基础。

（二）课程标准开发团队

表 3-47　课程标准开发团队名单

序号	教学任务	选取典型桥梁	团队名单	团队分工
3	山区拱桥方案设计	大小井特大桥（世界上跨径最大的上承式钢管拱桥）	拱桥团队： 1. 负责人：林林；2. 企业专家、优秀校友：张胜林、黄鸿飞、王同同、任达勇、王忠懿；3. 校内专任教师：向程龙、李郴娟、张义海	课程标准制定、资源开发、授课等

（三）课程设计思路

《山区桥梁方案设计》是道路桥梁工程技术、城市轨道交通工程技术、建设工程监理、道路养护与管理、地下与隧道工程技术专业的一门专项技术选修课程，覆盖学生面广泛，对学生未来的专业能力影响较大，学习难度大，要求学生有较强的计算能力及力学的专业知识基础；为在有限的学时内取得较好的学习效果，教学过程中，选取贵州典型山区大跨钢管混凝土拱桥——大小井特大桥为工程案例，采取任务式教学方式，通过北盘江大桥有限元电算分析软件实训操作，使学生掌握山区桥梁方案设计。

《山区桥梁方案设计》在32个总学时内，6个学时用于理论教学，26个学时用于实践。

（四）课程培养目标

1. 总目标

通过《山区桥梁方案设计》的学习，使学生全面熟悉桥梁有限元计算分析方法，能够熟练运用桥梁有限元软件Midas. cvil分析计算山区桥梁。

2. 具体目标

（1）知识目标

具有作用、极限状态法的计算知识；具有有限元理论基础知识。

（2）能力目标

掌握作用的组成、公路桥梁荷载等级、极限状态法的计算方法；能够运用桥梁有限元分析软件Midas. cvil进行桥梁结构节点、单元、截面、材料、边界、荷载的施加，并能进行计算分析。

（3）素质目标

具有对新知识、新技能的学习能力和创新能力；具有责任意识、团队意识与协作精神；具有吃苦耐劳精神；具有一丝不苟、精益求精的工作作风。

（五）课程内容与要求

主要涉及道路桥梁工程技术、城市轨道交通工程技术、建设工程监理、道路养护与管理专业、地下与隧道工程技术（32课时）。

表 3-48 课程内容与要求表

序号	学习任务	知识内容与要求	技能内容与要求	教学活动设计	学时安排	考核方式	考核比例
1	总论	桥梁作用、荷载等级、极限状态算法、有限元计算理论	掌握桥梁作用、荷载等级、极限状态算法、有限元计算理论	以教具，挂图、图片及视频配合	6	笔试	18.75%
2	节点、单元的建立（以大小井特大桥为例）	有限元软件建立节点及单元	掌握有限元软件节点及单元建立方法	以杭瑞北盘江桥为工程案例，使用有限元软件添加大桥各部件节点及单元	8	笔试	25%
3	截面、材料的添加（以大小井特大桥为例）	有限元软件添加截面、材料	掌握有限元软件截面、材料的添加方法	以杭瑞北盘江桥为工程案例，使用有限元软件添加大桥各部件截面、材料	6	笔试+问答	18.75%
4	边界、荷载的添加（以大小井特大桥为例）	有限元软件添加边界、荷载	掌握有限元软件边界、荷载的添加方法	以杭瑞北盘江桥为工程案例，使用有限元软件添加大桥各部件边界、荷载	6	笔试+问答	18.75%
5	计算结果提取与分析（以大小井特大桥为例）	有限元软件提取计算结果、分析计算结果	掌握有限元软件计算结果提取与分析	以杭瑞北盘江桥为工程案例，使用有限元软件提取计算结果、分析计算结果	6	笔试+问答	18.75%
总计					32		

（六）课内实践项目

表 3-49　课内实践项目表

序号	实践名称	内容提要	每组人数	实验属性	开出要求	实验学时
1	节点、单元的建立	以大小井特大桥为工程案例，使用有限元软件添加大桥各部件节点及单元	6-8	综合	必做	8
2	截面、材料的添加	以大小井特大桥为工程案例，使用有限元软件添加大桥各部件截面、材料	6-8	综合	必做	6
3	边界、荷载的添加	以大小井特大桥为工程案例，使用有限元软件添加大桥各部件边界、荷载	6-8	综合	必做	6
4	计算结果提取与分析	以大小井特大桥为工程案例，使用有限元软件提取计算结果、分析计算结果	6-8	综合	必做	6
合计						26

（七）课程实施建议

1. 教学建议

本课程选取贵州典型山区大跨拱桥——大小井特大桥为工程案例，采取任务式教学方式，通过大小井特大桥有限元电算分析软件实训操作，使学生掌握山区桥梁结构电算分析方法，为学生今后从事山区桥梁设计、施工电算分析打下基础。

2. 教学考核评价建议

考核标准：掌握作用的组成、公路桥梁荷载等级、极限状态法的计算方法；能够运用桥梁有限元分析软件 Midas. cvil 进行桥梁结构节点、单元、截面、材料、边界、荷载的施加，并能进行计算分析。

形成性评价方法：以相应工程任务的实施过程、完成情况作为过程性评价依据。

表 3–50　成绩评价表

组成部分	评分项目	权重	分项成绩（分）
平时成绩（评分项目含作业）	考勤	10%	20
	作业（或工单）	5%	
	学习状态	5%	
实践考核成绩	操作过程	60%	80
	演示过程		
	综合运用	20%	
总评成绩			100

3. 教材选编

因专业性比较强，现在还没有具体合适的教材，采用《桥梁工程》中相应章节进行讲解。从长远考虑，计划结合我院的教学实际情况，组织编写更符合我院各路桥专业、针对性较强的《山区桥梁方案设计》。

4. 课程资源的开发与利用

与贵州省路桥集团有限公司合作开发相关课程资源，将杭瑞北盘江大桥相关内容展现在教学课件中，结合本课程的要求，使学生能在上岗之前接触并熟悉岗位要求，为学生零距离上岗奠定扎实的知识、技能和素质基础。实施项目还需要用到以下教学资源：电脑、数码相机、多媒体放映设备、网络资源、模型、桥梁结构标准图。

5. 教学设施与实训环境

系部专业实训机房。

六、《山区桥梁高强度混凝土配合比设计》课程标准

表 3–51　课程基本信息表

课程名称	山区桥梁高强混凝土配合比设计
课程类别	岗位技术进阶课程
课程负责人	林林
学分	1 学分

续表

课程名称	山区桥梁高强混凝土配合比设计
参考学时	16 课时
考试考查	考查
适用专业	道路桥梁工程技术专业

（一）课程性质

《山区桥梁高强混凝土配合比设计》是道路桥梁工程技术专业、养护专业、地下工程与隧道工程专业、城市轨道交通工程技术专业的一门岗位技术进阶课程。本课程是以贵州山区桥梁高强机制砂混凝土为主要对象，结合公路工程建设中所常用材料的基本知识、工程性质和试验检测方法进行讲授。学生通过学习可以掌握高强度机制砂混凝土的组成、性质、技术指标、质量指标的试验操作要点。本课程意在培养学生检测桥梁工程建设所具备的高强混凝土材料质量的实践能力；培养学生进行高强混凝土组成设计的能力；培养学生进行仪器操作、数据处理的动手能力；培养学生运用国家现行试验规范、规程、标准的能力以及对材料、试验检测仪器及试验检测方法不断更新的适应能力，为学习后续课程和参加专业实践奠定基础。

（二）课程标准开发团队

表 3–52　课程标准开发团队名单

序号	教学任务	选取典型桥梁	团队名单	团队分工
1	山区高塔高强机制砂混凝土配合比设计	平塘特大桥（世界最高塔斜拉桥）	斜拉桥团队： 1. 负责人：韦生根；2. 企业专家、优秀校友：刘天贵、刘胜高、韩思信、吴建明、李忠贤、王雯度；3. 校内专任教师：郭天惠、王锋	工程标准制定、资源开发、授课等

（三）课程设计思路

《山区桥梁高强混凝土配合比设计》作为道路桥梁工程技术专业、建设工程监理专业、地下工程与隧道工程专业、城市轨道交通工程技术专业等专业的一门专项技术选修课。为在有限的学时内取得较好的学习效果，为在有限的学时内取得较好的学习效果，教学过程中，选取贵州典型山区大跨斜拉桥——平塘特大桥为工程案例，采取任务式教学方式，通过学习平塘特大桥第一高塔高强机制砂混凝土配合比设计，达到学习目标。

课程共计 16 个学时，2 个学时用于理论教学，14 个学时用于实践教学。

（四）课程培养目标

1. 总目标

以学生为中心，通过《山区桥梁高强混凝土配合比设计》课程的学习，使学生掌握山区桥梁工程建设高强混凝土配合比设计的方法和原材料的技术性能及要求，具备原材料和混合料的试验检测能力，能独立完成试验报告。

教学过程中坚持教书育人原则，同时培养学生诚实、守信，善于沟通和合作的品质，吃苦耐劳和客观科学的职业精神，为发展职业能力奠定良好的基础。

2. 具体目标

（1）知识目标

通过学习平塘特大桥第一高塔高强机制砂混凝土配合比设计，达到如下知识目标。

① 掌握高强混凝土的组成设计。

② 熟悉原材料有关试验规程、技术标准。

（2）能力目标

通过学习平塘特大桥第一高塔高强机制砂混凝土配合比设计，达到如下能力目标。

① 具备混凝土质量试验检测的能力，能够对检测仪器进行正确使用，能正确完成试验操作步骤。

② 具有正确完成高强度混凝土配合比设计的能力，并能根据施工现场的情况进行调整。

（3）素质目标

① 培养学生树立严谨务实、统筹兼顾的大局观，爱岗敬业、吃苦耐劳、勤奋工作的作风，以及诚实、守信的优秀品质。

② 培养学生较强的口头与书面表达能力、人际沟通能力。

③ 培养学生良好的团队精神、协作精神及集体意识。

④ 培养学生具有良好职业道德。

⑤ 培养学生良好的心理素质和克服困难的能力。

（五）课程内容与要求

道路桥梁工程技术专业（16 课时）。

表 3-53　课程内容与要求表

序号	学习任务	知识内容与要求	技能内容与要求	教学活动设计	学时安排	考核方式	考核比例
1	绪论	山区桥梁混凝土材料使用要求	了解本课程的学习内容及学习方法、山区桥梁混凝土材料使用要求	以教具、PPT、图片及视频配合	2	过程考核	12.5%

续表

序号	学习任务	知识内容与要求	技能内容与要求	教学活动设计	学时安排	考核方式	考核比例
2	平塘特大桥第一高塔高强机制砂混凝土配合比设计	1. 高强水泥混凝土的组成材料及各种材料的性质； 2. 高强水泥混凝土的技术性质； 3. 高强水泥混凝土的技术性质试验； 4. 高强水泥混凝土配合比设计。	1. 能够清楚表述水泥、砂、石、水、外加剂在水泥混凝土中的作用及其相互的关系； 2. 能够清楚表述高强水泥混凝土的技术性质； 3. 能够掌握高强水泥混凝土技术性质试验； 4. 能够正确操作仪器，独立完成试验并会分析试验结果； 5. 能够进行C60高强度机制砂混凝土配合比设计。	1. 以教具、PPT、图片及视频配合，介绍水泥混凝土的组成、性质、应用； 2. 通过现场教学法，教师对仪器操作进行讲，解对试验步骤进行演示； 3. 采用分组教学法，以任务为驱动，项目为导向，学生分组完成C60高强度机制砂混凝土配合比设计试验。教师针对学生出现的具体问题进行讲解。	14	过程考核：方案编制	87.5%
总计					16		100%

（六）课程实施建议

1. 教学基本要求

（1）教学团队

本课程为实践性专项技术选修课，要求教学团队为校企协同共建，各成员具备丰富的现场原材料检测经验，并掌握桥梁工程相关原材料基础知识。

(2) 实训条件

混凝土理实一体实训室及平塘特大桥现场，具备混凝土搅拌机等核心设备。

(3) 课程资源

与贵州桥梁集团有限公司合作开发相关课程资源，将平塘特大桥高强混凝土配合比设计相关内容展现在教学课件中，结合本课程的要求，使学生能在上岗之前接触并熟悉岗位要求，为学生零距离上岗奠定扎实的知识、技能和素质基础。

实施项目还需要用到以下教学资源：电脑、多媒体放映设备、网络资源、教学光盘。

2. 教学方法

本课程须采用任务式教学，在丰富的多媒体课件以及充实的实训条件下开展教学活动；课程内容引入平塘特大桥第一高塔高强机制砂混凝土配合比设计为工程案例，以混凝土材料相关试验检测规程为依据，介绍高强混凝土组成、性质、试验及配合比设计方法。教学过程中要着重培养学生对高强混凝土材料试验检测原理、操作过程、试验数据处理的能力。

3. 教材选用

表 3-54 《山区桥梁高强混凝土配合比》课程教材选用表

序号	教材名称	教材类型	出版社	主编	出版日期	书号
1	道路建筑材料	“十二五”职业教育国家规划教材	人民交通出版社	姜志青	2016. 12	ISBN978-7-114-12168-5

从长远考虑，计划结合我院的教学实际情况，组织编写更符合我院各路桥专业、针对性较强的《山区桥梁高强混凝土配合比设计》教材，依据现行有效的规范进行编写，以便更好地引导学生将理论和实际紧密联合起来，培养学生分析问题和解决问题的能力。

(七) 教学考核评价建议

1. 改革传统的学生评价手段和方法，采用过程性阶段评价，理论与实践一体化评价模式。

2. 关注评价的多元性，结合课堂提问、学生作业、平时测验、手工大作业及考核情况，综合评价学生成绩。

3. 应注重学生动手能力和实践中分析问题、解决问题能力的考核，对在学习和应用上有创新的学生应予以特别鼓励，全面综合评价学生能力。

表 3-55 成绩评价表

组成部分	评分项目	权重	分项成绩（分）
过程考核	考勤	10%	100
	平塘特大桥桥塔高强度机制砂混凝土配合比设计	80%	
	学习状态	10%	
总评成绩			100

七、《山区桥梁施工方案编制实例》课程标准

表 3-56 《山区桥梁施工方案编制实例》课程基本信息表

课程名称	山区桥梁施工方案编制实例
课程类别	岗位技术进阶课程
课程负责人	郭天慧
学　　分	2 学分
参考学时	32 课时
考试考查	考查
适用专业	道路桥梁工程技术专业

（一）课程性质

本课程是道路桥梁工程技术专业的一门岗位技术进阶课程，其目标是学生在具备了公路施工组织基本知识、基本原理和决策方法的基础上，培养学生在山区复杂环境下桥梁施工过程中，具有施工现场组织管理和运用

国家现行施工规范、规程、定额、技术标准编制桥梁施工组织设计文件的能力。本门课程以贵州山区典型高墩大跨桥梁为工程载体，教授学生山区桥梁施工方案编制要点、内容，包括施工活动中的工艺、人力、资金、材料、机械等，并对整个工程的施工进度和资源消耗等作出科学而合理的安排，为学生今后从事山区桥梁施工打下基础。

（二）课程团队

表 3-57 课程标准开发团队名单

序号	教学模块	选取典型桥梁	团队名单	团队分工
1	梁桥模块	毕威高速赫章大桥（亚洲梁桥最高墩，世界第二高墩	梁桥团队： 1. 负责人：刘志；2. 企业专家、优秀校友：韩洪举、马平、任前元、杨秀刚、戴德江、孔矗、刘浩然；3. 校内专任教师：卢斌、龙建旭、周敏	课程标准制定、资源开发、授课等
2	拱桥模块	大小井特大桥（世界上跨径最大的上承式钢管拱桥）	拱桥团队： 1. 负责人：林林；2. 企业专家、优秀校友：张胜林、黄鸿飞、王同同、任达勇、王忠懿；3. 校内专任教师：向程龙、李郴娟、张义海	课程标准制定、资源开发、授课等

（三）课程设计思路

根据山区桥梁施工现场管理这一工作领域对知识和技能的需要，对该课程的内容选择做了根本性改革，打破以知识传授为主要特征的传统学科课程模式，选取贵州两座典型山区高墩大跨桥梁为工程依托，基于真实山区桥梁工程施工过程系统化建设该课程，选用施工进程（施工准备、施工方案选择、进度安排、平面图布置、目标保证措施）为载体设计教学情境，且每一载体均是一个完整的工作过程。

在教学情境选择中，考虑以下几个方面来重构知识和技能：

（1）由易到难和施工的先后顺序。

（2）充分考虑高等职业教育对理论知识和可持续发展的需要。

（3）融合了相关职业资格对知识、技能和态度的要求。

（4）考虑山区桥梁施工区域特点。

教学过程中，与修建大桥的项目负责人组建校企合作的教学团队，实施模块化教学。

教学效果评价采取多层次立体化全方位评价综合评判的方式，重点评价学生的职业能力。

（四）课程培养目标

1. 总目标

以学生为中心，通过《山区桥梁施工方案编制实例》课程的学习，使学生掌握山区大跨桥梁施工人力、资金、材料、机械和施工方法五个主要因素在施工现场的综合应用，具备制订合理的施工方案、施工进度图和施工平面图的能力。

教学过程中坚持教书育人的原则，同时培养学生诚实、守信，善于沟通和合作的品质，吃苦耐劳和客观科学的职业精神，为发展职业能力奠定良好的基础。

2. 具体目标

（1）知识目标

通过学习赫章特大桥、大小井特大桥两座桥梁施工方案编制，达到如下知识目标。

① 掌握山区桥梁工程项目施工准备的主要内容，掌握审核施工图纸的一般程序和方法，掌握编制施工调查报告和开工报告的编制方法。

② 掌握山区桥梁施工方案的主要内容和编制方法。

③ 掌握山区桥梁施工进度计划的编制程序，流水施工的组织方法，横道计划、网络计划的编制方法及施工进度计划的调整与优化。

④ 掌握劳动力、材料、机械设备等生产资源的配置方法。

⑤ 掌握山区桥梁施工现场平面布置的原则、主要内容、方法。

⑥ 掌握山区桥梁施工质量、进度、安全技术组织措施。

（2）能力目标

通过学习赫章特大桥、大小井特大桥两座桥梁施工方案编制，达到如下能力目标。

① 能够进行山区桥梁工程施工的准备工作。

② 能进行山区桥梁施工方案的选择与确定。

③ 能够根据具体山区桥梁工程的情况，进行施工进度的安排和调整。

④ 能够根据山区桥梁工程的情况，进行施工场地平面布置。

⑤ 能够根据山区桥梁工程的情况，编制施工方案。

（3）素质目标

① 培养学生树立严谨务实、统筹兼顾的大局观，爱岗敬业、吃苦耐劳、勤奋工作的作风以及诚实、守信的优秀品质。

② 培养学生具有较强的口头与书面表达能力、人际沟通能力。

③ 培养学生具有团队精神、协作精神及集体意识。

④ 培养学生具有良好职业道德。

⑤ 培养学生具有良好的心理素质和克服困难的能力。

五、课程内容与要求

道路桥梁工程技术专业（32 课时）。

表 3–58　课程内容与要求表

序号	模块	知识内容与要求	技能内容与要求	教学活动设计	学时安排	考核方式	考核比例
1	绪论	山区桥梁施工方案编制的意义、总体要求、依据等。	了解本课程的学习内容及学习方法、本课程在专业教学中的重要性及对专业课学习的指导性。	以教具、PPT、图片及视频配合，介绍本课程。	2	过程考核	6%

续表

序号	模块	知识内容与要求	技能内容与要求	教学活动设计	学时安排	考核方式	考核比例
2	山区梁桥施工方案编制（以赫章特大桥为例）	1. 赫章特大桥施工方案编制步骤； 2. 赫章特大桥施工方案编制依据； 3. 赫章特大桥各部件施工方法、工艺； 4. 赫章特大桥劳动力需要量、设备计划编制； 5. 赫章特大桥施工进度编制。	掌握赫章特大桥施工方案编制程序、依据、工艺、人力、设备、进度安排等。	任务教学、多媒体教学、现场教学、图片、施工图纸、课件、小组讨论。	15	过程考核：方案编制	46.9%
3	山区拱桥施工方案编制（以大小井特大桥为例）	1 大小井特大桥施工方案编制步骤； 2. 大小井特大桥施工方案编制依据； 3. 大小井特大桥各部件施工方法、工艺； 4. 大小井特大桥劳动力需要量、设备计划编制； 5. 赫章特大桥施工进度编制。	掌握大小井特大桥施工方案编制程序、依据、工艺、人力、设备、进度等。	任务教学、多媒体教学、现场教学、图片、施工图纸、课件、小组讨论。	15	过程考核：方案编制	46.9%
总计					32		100%

（六）课程实施建议

1. 教学基本要求

（1）教学团队

本课程为实践性专项技术选修课，综合了公路施工技术、桥涵施工技术、公路施工组织设计、公路工程造价等课程，要求教学团队为校企协同共建，各成员具备丰富的现场施工经验，并掌握相关公路工程造价的基础知识。

（2）实训条件

学院具有集教学、生产、科研、培训、技能鉴定与技术服务等功能于一体的资源共享型综合实训中心，以及赫章特大桥、大小井特大桥现场。

（3）课程资源

与两家施工龙头企业贵州公路集团有限公司、贵州桥梁集团有限公司合作开发相关课程资源，将赫章特大桥、大小井特大桥两座典型贵州山区桥梁施工组织相关内容展现在教学课件中，结合本课程的课程要求，使学生能在上岗之前接触并熟悉岗位要求，为学生零距离上岗奠定扎实的知识、技能和素质基础。

实施项目还需要用到以下教学资源：电脑、数码相机、多媒体放映设备、网络资源、教学光盘。

2. 教学方法

① 采用案例引导法。结合赫章特大桥、大小井特大桥的工程实际分析，激发学生对该课程的浓厚兴趣。引导学生去解决案例中的问题，从而培养学生操作技能和解决问题的创新能力。

② 应用启发式教学模式。在教学过程中以教师提出问题、学生思考问题、解决问题为主线，教师在授课时以强调基本概念、原理方法为主，突出难点和重点，课后布置适当的思考题和作业题；课堂教学与课堂讨论相结合，课堂上注重与学生的互动，开展讨论式教学。

③ 实施任务驱动教学。在实践教学中，积极探索任务驱动的教学方法，让学生带着具体任务，进行实训，强调学生实践工作能力的培养，实施效果良好。

④ 模块化教学。课程组采用模块化的授课方式，以增加知识的广度。两座大桥施工现场负责人作为兼职教师，参与到教学中来，把他们丰富的实践经验传授给学生。并且采用到施工一线观摩学习的方式，让学生在实践中认识专业的特征和适用性，从而形成了行业专家指导专业的建设、教学、实践、就业等全过程的合作培养模式。

3. 教材选用

教材建议选用人民交通出版社出版的《公路施工组织设计》（马敬坤主编）。

（七）教学考核评价建议

1. 改革传统的学生评价手段和方法，采用过程性阶段评价，理论与实践一体化评价模式。

2. 关注评价的多元性，结合课堂提问、学生作业、平时测验、手工大作业及考核情况，综合评价学生成绩。

3. 应注重学生动手能力和实践中分析问题、解决问题能力的考核，对在学习和应用上有创新的学生应予以特别鼓励，全面综合评价学生能力。

表 3-59　成绩评价表

组成部分	评分项目	权重	分项成绩（分）
过程考核	考勤	10%	100
	赫章特大桥施工方案编制	40%	
	大小井特大桥施工方案编制	40%	
	学习状态	10%	
总评成绩			100

第四章　山区峡谷桥梁技术技能人才培养模式的创新实践

2007年，路桥专业以国家“示范校”建设为起点，紧扣贵州交通发展态势、调整专业定位，经过三年研究探索，凝练了“一桥一课一团队”山区高桥技术技能人才培养的“贵州模式”。成果聚焦“差异化办学、特色化育人、个性化成长”，全方位推动了专业高水平建设、深层次发展。

第一节　以“一桥”为切入点，连通校企供需两端

多路径搭建工学结合平台，改革人才培养模式，校企共建实训基地。随着“贵州高桥”建造技术不断创新，人才规格不断提升，解决专业建设与行业需求不匹配问题。

一、改革专业人才培养模式

从2010年起，依托在建“贵州高桥”项目，与贵州桥梁集团、交勘股份等在黔龙头企业建立深度合作。让企业深度介入人才培养过程，合作开展现代学徒制、订单班等工学结合人才培养。

（一）与贵州宏信创达工程检测咨询有限公司开展现代学徒制

依托贵州高桥试验检测项目，2016 年 3 月，学院与大型综合甲级检测企业贵州宏信创达工程检测咨询有限公司合作开展现代学徒试点工作，试点专业为道路桥梁工程技术（检测方向），招收学徒 20 名。试点工作实施三年中，圆满完成了各项试点任务，校企联合制定了协同育人机制、推进了招生招工一体化、制定人才培养制度和标准等。取得成效如下：

1. 探索了校企分工合作、互利共赢的协同育人长效机制

学校、企业基于双方在人才培养和人才需求的契合点，重点以贵州在建高桥试验检测项目为依托，双方制定了长期合作联合培养人才机制。经过三年试点，校企共同制定并规范了招生招工制度和流程，建立了学徒、师傅（导师）遴选、考核、激励办法，实践探索了共商培养规格、共建课程标准、共管教学环节的校企分工双主体育人机制。学校主要对学生进行系统的专业理论知识的讲授，企业主要是实践技能的锻炼和企业文化熏陶。校企共同讨论制定专业建设和人才培养方案 4 次，12 名企业技术骨干直接参与学徒指导。完善学徒制培养制度，明确校企双方的职责和分工，完善了专人全程指导、共同管理学徒在企业期间的随岗学习、顶岗实训管理制度，形成校企双导师管理、协同育人的学徒培养管理机制。建立了校企定期沟通协调工作制度，每月召开工作例会，互相交流讨论学徒培养中出现的问题和解决措施，不断完善学徒随岗岗位与教学要求一致的保障措施。共同对实施效果进行评估，初步构建分段考核评价标准与分工协作组织模式。同时，着眼校企双方的现实需求，通过校内设技能大师工作室和企业设教师工作站的方式，学校、企业在科技研发、技术攻关、社会服务等方面开展深度合作，实现共赢进步。

2. 形成了“学岗交替，能力渐进”的三阶段人才培养模式

针对道路桥梁工程检测企业的生产特点、工作场地、用工要求，校企全程合作，在重点分析山区高桥检测各岗位应具备的知识能力、技能能力、素养能力要求基础上，确定专业人才培养目标，共同设计可操作、易实施、满足培养目标的专业人才培养方案。学生培养过程采取学校、企业交替进行。实施了“学生→学徒→准员工→员工”四位一体的能力渐进式

教学，实现了“学生与学徒合一、教师与师傅合一、教室与工地合一、教学与生产合一”的四合一。

3. 建立与现代学徒制相适应的专业标准和课程体系

在明确企业对人才需要的具体要求基础上，学校老师与合作企业技术人员密切配合，全过程双方参与，共同开发基于岗位工作内容的专业课程内容、建立了基于典型工作过程的、与现代学徒制相适应的专业课程体系。基于教学诊断与改进思路，校企共同制订专业教学标准和《桥梁工程试验与检测》等10门课程的课程标准，以及专业岗位人才培养标准、师傅标准、质量监控标准，形成教育教学标准体系。主持土木工程检测技术专业国家备选资源库在线课程建设2门，开发基于岗位工作内容、融入国家职业资格标准的专业教学内容和教材3门。通过专业标准、课程标准的建立，实现专业共建、课程共建、人才共育，将职业道德、知识学习和技能培养三者有机结合，实现了专业教学与企业生产、行业技术发展的同频共振。

4. 建立了与现代学徒制相适应的教学管理制度

建立并不断完善了校企联合招生招工制度，学徒培养管理制度，学徒制教学管理制度，现代学徒制试点校企定期例会制度，校内指导教师标准、企业师傅标准、企业师傅培养考核办法、教学质量监控与评价标准，导师（师傅）选拔、培养、考核、激励制度，学徒制试点专业学分制管理办法和弹性学制管理办法等11项教学管理制度，为学徒制人才培养的持续推进奠定了基础。

5. 建立了多方参与的教学效果评价体系

学徒制班的教学效果评价和实施由学校、企业共同考核、评价方式。学校导师主要对学生所掌握的理论知识进行考核，企业师傅注重学生专业技能、解决问题能力的考核，校内导师和企业师傅的考核结果综合评价学生（学徒）的学习效果，从而使教学效果的评价结果更科学、更客观、更具有针对性。为保证实施效果，探索建立了更加适应本专业学徒学习特点的企业师傅、部门、人力资源部分级管理分级考核学徒的制度，纠正避免了企业师傅单方对学徒放松理论知识要求和不注重综合素质培养的现象。

引进第三方教育数据咨询和评估机构——麦可思公司，对学院的现代学徒制试点专业的教学实施了第三方质量评价。麦可思公司的质量评价报告显示，试点专业的现代学徒制试点教学质量良好，基本达到预期目标，学生、家长、企业、学校四方对教学效果都感到满意，满意度均在85%以上，学生毕业率100%，就业率100%。

（二）与贵州桥梁集团联合开展企业订单班

2019年，学院与贵州桥梁集团联合开展“订单班”人才培养，“订单班”共招收路桥专业学生59名。实施过程中，以贵州在建高桥为载体，校企双方针对性制订人才培养方案、教学标准等，更加精准对接山区高桥建造工作岗位需求，实现了山区高桥建造高素质技术技能人才的培养和多方共赢。

1. 订单班人才培养模式实现了人才的精准培养

订单班人才培养模式下，学生的理论学习、技能提升完全遵循贵州桥梁集团山区高桥建造的实际需求开展，减少了高素质技术技能人才培养的盲目性。有了桥梁集团的深度参与，整个订单班的培养计划更具个性化、精品化，提升了学生的专业技术能力，满足了实际工作岗位的用人需求。订单班人才培养模式，提升了人才培养精准度，实现了人才培养与山区高桥建造需求的精准对接，并促进了学生100%高质量精准就业。

2. 订单班人才培养模式加大了校企合作的力度

订单班人才培养模式与以往校企合作模式的最大不同在于企业成为校企合作的直接受益者，使学生就业和企业选拔实现对接。因此，订单班人才培养模式激发了桥梁集团参与校企合作的积极性，促进了校企合作健康快速发展。同时，以在建山区高桥项目为载体，教师深度参与项目建设，提高了学院对企业的服务能力，进一步夯实校企合作基础。

二、建设专业实习实训基地

校企以“贵州高桥”建造的岗位能力为主线，共建了省级交通土建公共实训基地等35个集“教学、培训、生产、职业鉴定、技术研发”于一体的校内外实训基地。配置与生产同步的先进实验实训设备，实现学生按计划、分阶段，带任务、进项目，在真实生产环境中“做中学、学中做”。同时，以建成国家级“喀斯特山地道路智能“建-养-运”虚拟仿真实训基地”为目标，虚实结合开发技术技能训练项目。

（一）打造交通土建高水平、专业化产教融合实训基地

对接贵州高桥建设-管理-养护主导技术，与贵州桥梁集团、交勘股份等龙头企业深度合作，打造了集“教学、培训、生产、职业鉴定、技术研发”于一体的交通土建高水平、专业化产教融合实训基地。

重点围绕山区高桥建设及维护新技术，基地建设了基础技能实训中心（20个理实一体实训室）、施工技术实训中心、工程养护与管理实训中心、结构实验与检测实训中心、BIM技术实训中心、工程质量管理与监控应用实训中心等6大综合技能实训中心。配备与生产同步先进的仪器设备，设备总值3580余万元，设备台套数2872台/套，实训工位3200余个，能开展山区高桥设计、施工、检测、静动力试验、BIM管控等技术实训项目150余项，涵盖山区高桥“建-管-养”全部核心技能。

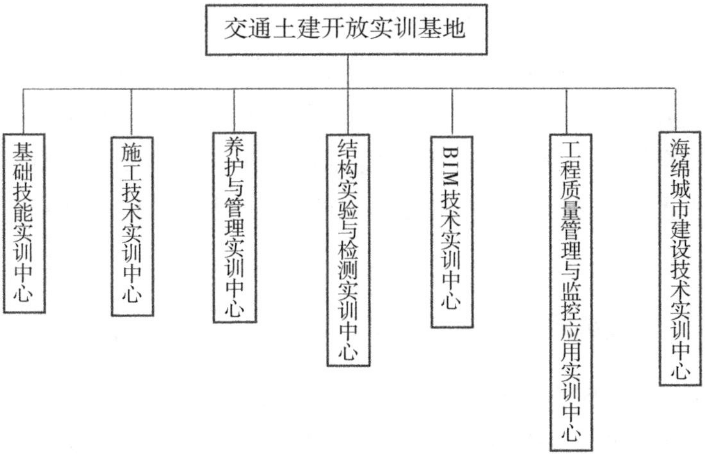

图4-1　交通土建开放实训基地结构图

图 4–2　交通土建开放实训基地结构实验室

基地始终开放共享，依托基地先进的实训设备和管理机制，成为全省交通土建类职业院校开放实训基地和学院对外技术服务的窗口，并获国家“生产性实训基地”“双师型教师培养培训基地”双基地认定。基地 85%的实训场地能组织理实一体化教学，60%的场地能进行生产性实训，设施设备项目达标率和实习实训项目开出率 100%；校企、校政共享基地资源，搭建科研创新和产业孵化平台，提升社会服务能力，打造职业技能鉴定、继续教育培训、企业生产服务、技术研发推广和政府技术咨询“五位一体”的社会服务体系。近年来，实训基地社会培训量达 39000 余人/天，纵横向技术服务到款金额达 420 余万元，支撑厅级、院级科研立项 20 余项。

（二）建设高质量校外实践基地

依托贵州山区在建高桥项目，选择建桥龙头企业共建校外实践基地，校企联合开发工学结合随岗实践项目。校外实践基地从主要接收顶岗实习到全面支持专业教学转变，增加了技术成果转化为教学资源、教师下企业研修、学生随岗实践等功能，校外实践基地向高水平产教融合实训基地转变，校企协同育人功能更加突出，增添了山区桥梁高强机制砂混凝土配置与运用、超高主塔（墩）施工、大跨空腹式连续刚构主梁施工、大跨钢管混凝土（钢筋混凝土）拱桥施工、大跨斜拉桥钢桁梁架设等创新性、研究性、综合性实验实训项目。具体建设校外实践基地名单如表 4-1 所示。

表 4-1　校外实践基地一览表

序号	合作企业名称	实践基地名称
1	贵州宏信创达工程检测咨询有限公司	贵州宏信创达工程检测咨询有限公司校外实践基地
2	浙江交通工程集团	浙江交通工程集团校外实践基地
3	贵州省交通规划勘察设计研究院股份有限公司	贵州省交通规划勘察设计研究院股份有限公司校外实践基地
4	贵州高速公路集团有限公司	贵州高速公路集团有限公司校外实践基地
5	贵州交通建设集团有限公司	贵州交通建设集团有限公司校外实践基地
6	贵州省公路工程集团有限公司	贵州省公路工程集团有限公司校外实践基地
7	贵州路桥集团有限公司	贵州路桥集团有限公司校外实践基地
8	贵州桥梁建设集团有限责任公司	贵州桥梁建设集团有限责任公司校外实践基地
9	贵州省公路勘察设计院	贵州省公路勘察设计院校外实践基地
10	贵州顺康路桥有限责任公司	贵州顺康路桥有限责任公司校外实践基地
11	贵州隧道工程有限公司	贵州隧道工程有限公司校外实践基地
12	贵州交通科学研究院有限责任公司	贵州交通科学研究院有限责任公司校外实践基地
13	贵阳路桥公司	贵阳路桥公司校外实践基地
14	贵州交通建设咨询监理有限公司	贵州交通建设咨询监理有限公司校外实践基地
15	贵州路达公路试验检测技术有限责任公司	贵州路达公路试验检测技术有限责任公司校外实践基地
16	贵州黔贵市政工程有限公司	贵州黔贵市政工程有限公司校外实践基地
17	贵阳树诚路桥有限责任公司	贵阳树诚路桥有限责任公司校外实践基地
18	黔南公路管理局	黔南公路管理局校外实践基地
19	清镇公路养护段	清镇公路养护段校外实践基地
20	中交第一公路工程局有限公司	中交第一公路工程局有限公司校外实践基地

续表

序号	合作企业名称	实践基地名称
21	中铁港航局集团有限公司	中铁港航局集团有限公司校外实践基地
22	黔正工程造价事务所	黔正工程造价事务所校外实践基地
23	广州建通测绘地理信息技术股份有限公司	广州建通测绘地理信息技术股份有限公司校外实践基地
24	贵州大西南检测有限公司	贵州大西南检测有限公司校外实践基地
25	贵州道兴检测有限责任公司	贵州道兴检测有限责任公司校外实践基地
26	贵州陆通公路工程监理有限公司	贵州陆通公路工程监理有限公司校外实践基地
27	贵州黔弘检测有限责任公司	贵州黔弘检测有限责任公司校外实践基地
28	贵州省昊远德建筑工程有限公司	贵州省昊远德建筑工程有限公司校外实践基地
29	贵州建工集团	贵州建工集团校外实践基地
30	深圳市和一装饰设计工程有限公司贵州分公司	深圳市和一装饰设计工程有限公司贵州分公司校外实践基地
31	中国第四冶金建设有限责任公司	中国第四冶金建设有限责任公司校外实践基地
32	中建二局第三建筑工程有限公司	中建二局第三建筑工程有限公司校外实践基地
33	中铁十八局集团第三工程有限公司	中铁十八局集团第三工程有限公司校外实践基地
34	重庆宏发造价咨询有限公司	重庆宏发造价咨询有限公司校外实践基地
35	重庆华兴工程咨询有限公司贵州分公司	重庆华兴工程咨询有限公司贵州分公司校外实践基地

（二）建设国家级喀斯特山地道路智能“建-养-运”虚拟仿真实训基地

围绕国家交通强国战略、西部交通示范省建设和职业教育示范虚拟仿真实训基地建设要求，建设喀斯特山地道路智能建造、智能养护、智能运输、智能装备 4 个专业虚拟仿真实训中心，满足交通行业转型升级高素质技术技能人才培养要求。

其中，重点建设的喀斯特山地道路智能建造虚拟仿真实训中心，按"以实带虚、以虚助实、虚实结合"原则，联合贵州桥梁集团等省龙头企业，精准对接喀斯特山区峡谷桥梁基础-下部结构-上部结构智能建造成套技术，选取贵州世界级典型梁桥拱桥（大小井特大桥-450 米世界最大跨度上承式钢管混凝土拱桥）、斜拉桥（平塘特大桥-332 米世界最高塔）等为工程依托，充分挖掘桥梁建造过程中贵州原创、世界领先技术，运用虚拟仿真技术再现喀斯特复杂地质环境下复杂桥梁施工环境、复杂空间结构、复杂施工技术，破解山区高桥实训过程中"三高三难"问题，打造山区超高混凝土斜拉桥索塔施工、大体积悬索桥隧道锚碇施工等虚实结合的数字孪生资源 10 项，常规桥梁以虚助实的模块化资源 11 项。并搭载先进 VR、MR 等虚拟仿真硬件设备，实现高仿真度、高交互操作、全程参与式"场景化"实训教学，支撑学生开展专业群桥梁智慧施工课程模块等核心技能实训。

图 4-3　拟依托大小井特大桥开展的大跨钢管混凝土拱桥缆索吊装施工

第二节　以"一课"为突破口，突显人才培养特色

围绕山区高桥建造技术技能人才培养目标，重构特色化课程体系。满足共性培养要求的同时，随工程资源不断增加，课程资源不断丰富，解决共性与个性培养不兼容问题。

一、打造模块化课程样板

以《桥梁施工技术》课程改革为突破口，打造课程样板。课程改革之初，改变过去先学桥梁下部结构施工、再学上部结构施工的教学安排，择取贵州最大跨度连续刚构梁桥—贵阳至毕节公路六广河大桥、世界跨径最大的桁式组合拱桥—江界河大桥、贵州首座预应力混凝土双塔双索面斜拉桥—马岭河大桥、世界首座山区千米级悬索桥—坝陵河大桥为载体，将四座典型“贵州高桥”整套工程技术资料转化为教学资源，序化教学内容为梁桥施工、拱桥施工、斜拉桥施工、悬索桥施工 4 个课程模块，实施项目式模块化教学。在教学实践中，“贵州高桥”典型工程项目的择取，随建造技术迭代创新而动态调整。现阶段，依托贵州在建高桥项目，更新了各课程模块工程案例资源，选取了世界首创空腹式连续刚构-水盘高速北盘江大桥、世界最大跨度上承式钢管混凝土拱桥-大小井特大桥、世界最高塔斜拉桥-平塘特大桥、山区千米级悬索桥-开州湖特大桥等为载体，将桥梁科技创新成果转换给为教学资源融入课程教学。具体课程内容及实践项目如表 4-2、表 4-3 所示。

表 4-2 《桥梁施工技术》课程教学内容

序号	模块	知识内容与要求	技能内容与要求	学时安排
1	总论部分：桥梁组成、分类	1. 桥梁组成、分类； 2. 构造及受力特点。	掌握桥梁组成、分类，掌握桥梁构造及受力特点	4
2	梁桥施工模块（以水盘高速北盘江大桥、赫章大桥为例）	1. 水盘高速北盘江大桥主梁空腹段斜拉扣挂法施工、实腹段挂篮悬臂浇筑施工； 2. 赫章大桥主桥主墩桩基础施工； 3. 赫章大桥主桥主墩墩身液压爬模施工； 4. 赫章大桥引桥 T 梁施工。	以水盘高速北盘江大桥、赫章特大桥为工程案例，掌握梁桥基础、墩身、梁体施工方法及工艺流程	15

续表

序号	模块	知识内容与要求	技能内容与要求	学时安排
3	拱桥施工模块（以香火岩大桥、大小井特大桥为例）	1. 香火岩大桥、大小井特大桥拱座施工； 2. 香火岩大桥、大小井特大桥主拱缆索吊装施工； 3. 香火岩大桥、大小井特大桥拱上立柱施工。	以香火岩大桥、大小井特大桥为工程案例，掌握拱桥拱座、主拱、拱上立柱施工方法及工艺流程	15
4	斜拉桥施工模块（以杭瑞北盘江大桥、平塘特大桥为例）	1. 杭瑞北盘江大桥钢桁梁“纵移悬拼”施工； 2. 杭瑞北盘江大桥斜拉索施工； 3. 平塘特大桥主塔液压爬模施工； 4. 平塘特大桥钢混叠合梁桥面吊机悬拼施工。	以杭瑞北盘江大桥、平塘特大桥为工程案例，掌握斜拉桥主塔、主梁、斜拉索施工方法及工艺流程	15
5	悬索桥施工模块（以坝陵河大桥、开州湖特大桥为例）	1. 坝陵河大桥重力式锚碇施工、隧道锚碇施工； 2. 坝陵河大桥主缆、吊杆施工； 3. 开州湖特大桥钢桁梁施工； 4. 开州湖特大桥索塔施工。	以坝陵河大桥、开州湖特大桥为工程案例，掌握悬索桥锚碇、主缆、吊杆、钢桁梁、主塔施工方法及工艺流程	15

表 4-3　实践项目安排

序号	实践名称	实践项目简介	每组人数	实验属性	实验学时
1	水盘高速北盘江大桥、赫章大桥施工工艺流程编制	水盘高速北盘江大桥主梁空腹段施工技术、赫章大桥超大和超长桩基础施工技术、超高墩柱液压爬模施工技术、主梁挂篮悬臂浇筑施工技术	6–8	综合	8
2	香火岩大桥、大小井特大桥施工工艺流程编制	大小井特大桥钢管混凝土主拱缆索吊装施工技术、大跨钢管混凝土拱桥 BIM 施工控制技术、香火岩大桥拱座施工技术	6–8	综合	8

续表

序号	实践名称	实践项目简介	每组人数	实验属性	实验学时
3	杭瑞北盘江大桥、平塘特大桥施工工艺流程编制	杭瑞北盘江大桥大跨钢桁梁施工技术、超长斜拉索施工技术、平塘特大桥超高主塔施工技术、钢混叠合梁施工技术	6-8	综合	8
4	坝陵河大桥、开州湖特大桥施工工艺流程编制	坝陵河大桥主塔施工技术、开州湖特大桥超大锚锭施工技术、超长主缆施工技术	6-8	综合	8

二、重构特色化课程体系

聚焦山区峡谷桥梁建造特色化育人，在专业核心学习领域，将《桥梁构造》并入《桥梁施工技术》，增设《桥梁工程试验与检测》必修课，与《桥梁施工技术》课程共同培养学生高桥建造的专业核心能力。在专业进阶学习领域，依托“贵州高桥”建造技术创新成果，教学团队开发适应岗位进阶的《山区桥梁高强混凝土配合比设计》《山区桥梁结构受力计算》《山区桥梁测量新技术》《山区桥梁施工方案编制实例》4 门选修课，根据学生未来就业岗位意愿个性选修。在专业拓展学习领域，增设高、精、尖的前沿技术课《山区高墩大跨桥梁智能建造技术》，将新工艺、新材料、新设备及时纳入课程体系。具体课程体系形成过程如图 4-4 所示。

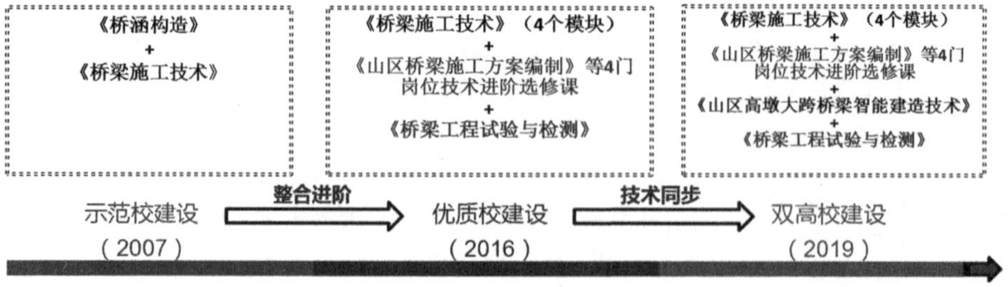

图 4-4　山区峡谷桥梁特色课程体系形成过程

课程体系中每门课程教学内容均充分融入了贵州山区高桥建造新技术、新工艺、新材料，课序安排及课程组织按桥梁建造实际工序实施。具体各课程主体教学内容如表 4-4 所示。

表 4-4　山区峡谷桥梁建造特色课程体系课程主体教学内容

序号	课程	模块	课程内容
1	《桥梁施工技术》	总论部分：桥梁组成、分类	1. 桥梁组成、分类； 2. 构造及受力特点。
		梁桥施工模块（以水盘高速北盘江大桥、赫章大桥为例）	1. 水盘高速北盘江大桥主梁空腹段斜拉扣挂法施工、实腹段挂篮悬臂浇筑施工； 2. 赫章大桥主桥主墩桩基础施工； 3. 赫章大桥主桥主墩墩身液压爬模施工； 4. 赫章大桥引桥 T 梁施工。
		拱桥施工模块（以香火岩大桥、大小井特大桥为例）	1. 香火岩大桥、大小井特大桥拱座施工； 2. 香火岩大桥、大小井特大桥主拱缆索吊装施工； 3. 香火岩大桥、大小井特大桥拱上立柱施工。
		斜拉桥施工模块（以杭瑞北盘江大桥、平塘特大桥为例）	1. 杭瑞北盘江大桥钢桁梁“纵移悬拼”施工； 2. 杭瑞北盘江大桥斜拉索施工； 3. 平塘特大桥主塔液压爬模施工； 4. 平塘特大桥钢混叠合梁桥面吊机悬拼施工。
		悬索桥施工模块（以坝陵河大桥、开州湖特大桥为例）	1. 坝陵河大桥重力式锚碇施工、隧道锚碇施工； 2. 坝陵河大桥主缆、吊杆施工； 3. 开州湖特大桥钢桁梁施工； 4. 开州湖特大桥索塔施工。

续表

序号	课程	模块	课程内容
2	《山区高墩大跨桥梁智能建造技术》	总论部分：贵州桥梁建设环境与建设成就	1. 贵州山区复杂建桥环境； 2. 贵州桥梁建设成就。
		梁桥智能建造模块（以水盘高速北盘江大桥为例）	1. 创新结构体系：空腹式连续刚构新型桥梁结构形式； 2. 创新施工工艺：主梁空腹段斜拉扣挂施工方法； 3. 创新装备：大吨位、大倾角、变曲率、可斜向行走的新型挂篮成套设备。
		拱桥智能建造模块（以大小井特大桥为例）	1. 创新设计：竖V形双剪力撑，平缀管式格构柱； 2. 创新施工控制技术：缆吊、扣挂系统监测及控制信息化系统； 3. 创新施工管理：BIM数字化协同管理平台。
		斜拉桥智能建造模块（以杭瑞北盘江大桥为例）	1. 创新施工工艺：山区特大跨径钢桁梁斜拉桥主梁“纵移悬拼”施工技术； 2. 创新材料：机制砂自密实混凝土。
		悬索桥智能建造模块（以坝陵河大桥为例）	1. 创新设计：全桥四铰钢桁加劲梁结构体系，在观光通道上设置气动衣板抵抗横向风荷载； 2. 创新施工工艺：桥面吊机悬臂架设技术的应用，遥控氦气飞艇施放先道索技术。
3	《桥梁工程试验与检测》	公路工程质量检验与评定	1. 掌握桥梁工程单位工程、分部工程、分项工程划分； 2、掌握桥梁工程质量检验评定的流程和方法。
		桥梁工程制品试验检测	1. 预应力锚具、夹具和连接器检测； 2. 张拉设备校验机张拉力控制； 3. 预应力构件检测与评定； 4. 桥梁支座试验检测； 5. 桥梁伸缩装置检测。

续表

序号	课程	模块	课程内容
		桥梁工程地基与基础试验检测	1. 地基承载力检测； 2. 基桩成孔质量检测； 3. 基桩完整性检测； 4. 基桩承载力检测。
		无损检测技术	1. 掌握回弹法检测混凝土强度步骤； 2. 掌握混凝土碳化深度检测方法； 3. 掌握混凝土内部缺陷检测方法。
		桥梁技术状况评定(以杭瑞北盘江大桥为工程载体)	1. 熟悉桥梁检查的内容和方法； 2. 熟悉桥梁检查的评定方法。
		桥梁荷载试验（以杭瑞北盘江大桥为工程载体）	1. 了解静载试验目的、试验的主要工序、基本方法及质量标准； 2. 了解动载试验目的、试验内容、测点布置观测和试验过程。
4	《山区桥梁测量新技术》	绪论	山区桥梁测量新技术简介
		无人机航测、RTK放样（以毕威高速赫章大桥为例）	1. 无人机航测完成赫章特大桥桥址位置坐标测量； 2. RTK 完成赫章特大桥主桥及引桥墩柱中心位置放样。
		三维激光扫描（以大小井特大桥为例）	大小井特大桥主拱三维激光扫描
5	《山区桥梁方案设计》	总论	桥梁作用、荷载等级、极限状态算法、有限元计算理论
		节点、单元的建立(以大小井特大桥为例)	有限元软件建立节点及单元
		截面、材料的添加(以大小井特大桥为例)	有限元软件添加截面、材料

续表

序号	课程	模块	课程内容
		边界、荷载的添加（以大小井特大桥为例）	有限元软件添加边界、荷载
		计算结果提取与分析（以大小井特大桥为例）	有限元软件提取计算结果、分析计算结果
6	《山区桥梁高强混凝土配合比》	绪论	山区桥梁混凝土材料使用要求
		平塘特大桥第一高塔高强机制砂混凝土配合比设计	1. 高强水泥混凝土的组成材料及各材料的性质； 2. 高强水泥混凝土的技术性质； 3. 高强水泥混凝土的技术性质试验； 4. 高强水泥混凝土配合比设计。
7	《山区桥梁施工方案编制实例》	绪论	山区桥梁施工方案编制的意义、总体要求、依据等
		山区梁桥施工方案编制（以赫章特大桥为例）	1. 赫章特大桥施工方案编制步骤； 2. 赫章特大桥施工方案编制依据； 3. 赫章特大桥各部件施工方法、工艺； 4. 赫章特大桥劳动力需要量、设备计划编制； 5. 赫章特大桥施工进度编制。
		山区拱桥施工方案编制（以大小井特大桥为例）	1. 大小井特大桥施工方案编制步骤； 2. 大小井特大桥施工方案编制依据； 3. 大小井特大桥各部件施工方法、工艺； 4. 大小井特大桥劳动力需要量、设备计划编制； 5. 赫章特大桥施工进度编制。

三、融入行业化课程思政

针对贵州桥梁建造过程中的工作条件艰苦、施工条件困难、技术挑战多等特点，深度挖掘“贵州高桥”建造所蕴含的思政元素，融入相关课程。近年来，路桥专业在开展课程思政过程中取得显著效果，实现了课程全方位、全过程育才育人。特别是2021年，《桥梁工程试验与检测》成功入选国家课程思政示范课，本课程在开展课程思政过程中，一些具体做法如下：

（一）课程思政总体设计

紧扣课程重工程伦理、强实操技能特点，总体设计为：

（1）以德为先明方向。有机融入贵州交通尤其是桥梁的建设成就、人文历史、技术创新元素，拓展课程的广度、深度、温度，推进育人和育才相统一。一是在小省办大交通中，弘扬牢记习近平总书记嘱托，感恩奋进新时代贵州精神，厚植爱党爱国情怀；二是在桥梁安全案例中强化质量至上理念，树立求真务实的职业意识；三是在贵州世界级高桥建造技术积累与创新中，传承逢山开路、遇水架桥的拼搏创新精神。

（2）植根专业定目标。聚焦桥梁健康监测与检测前沿技术，全面提高培养高素质高技能桥梁质检人员的能力。出名师，全面提升教师开展课程思政建设的意识和能力；出范例，健全协同推进课程思政建设的体制机制；出品牌，全面提升立德树人成效。争创国家级示范课程，引领科学设计课程思政教学体系。

（3）聚焦行业显特色。世界高桥看中国，中国高桥看贵州。深度挖掘提炼贵州喀斯特山地世界级高墩大跨桥梁建管养用所蕴含的思政元素，推进精神内涵进教材、大国工匠进课堂、价值塑造进头脑，开发个性化特色教学资源。

（二）具体措施

立足培养掌握桥梁智能检测与养护技术的高素质技术技能人才要求，紧扣课程特点，深挖教师团队、课程资源、实践平台等思政教育资源，优化课程目标、完善教学内容、创新教学方法，实现课程全方位、全过程育才育人。

（1）育人与育才统一，优化课程目标

桥梁检测从业人员不但需要具备扎实的桥梁工程检测原理知识，掌握桥梁检测核心技能，更需要爱岗敬业、德才兼备的优良职业操守。结合课程重工程伦理、强实操技能特点，深挖贵州高墩大跨桥梁建造丰富的案例资源，准确定位课程思政爱党爱国、求真务实、拼搏创新的价值塑造目标。以知识传授为基础，以能力培养为根本，以价值塑造为核心，将桥梁检测与评定6大学习情景的核心知识点、技能点与本课程核心价值目标有机结合，构建“知识、能力、价值”三贯通的课程目标，实现知识传授、能力培养和价值塑造的统一（图4–5）。

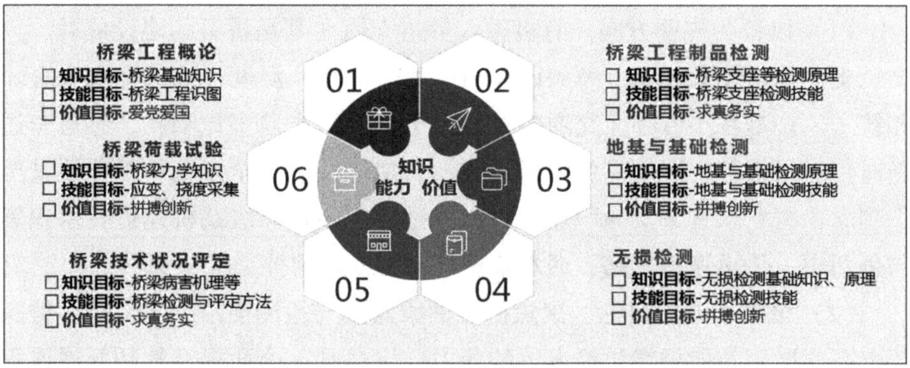

图4–5 “知识、能力、价值”三贯通课程目标

（2）有机融入思政元素，完善教学内容

与行业技术同频共振，完善精密快速检测、即时数据采集与分析、智能装备调试维护等数字化、智能化桥梁检测技术内容，有机融入思政元素，主动对接从业人员对实践能力、合作能力、创新能力等全面职业能力的提升要求。以贵州典型高墩大跨桥梁真实生产检测任务为工程案例，重点补充超高斜拉桥索塔、超长斜拉索PE、超大（超长）桩基检测、隐蔽病害无损检测等最新桥梁智能检测知识点、技能点，并充分利用知名校友讲故事、贵州典型桥梁工程案例、检测实训实操等方式挖掘思政元素，开发课程思政案例资源，有机融入课程“爱国爱党、求真务实、拼搏创新”核心价值目标，持续优化教学内容。

（3）多元多维，构建“过程+结果+增值”综合评价模式

打破传统课程考核方式，建立学生、教师、企业“多元”评价方式，从知识、技能、价值目标等维度进行过程+结果的综合评价，并探索增值评价。

表 4–5　课程综合评价表

组成部分	评分项目	权重	分项成绩（分）
过程评价	价值目标–综合观测成绩	30%	70
	技能目标–逐项综合成绩	40%	
结果评价	知识目标–期末笔试成绩	30%	30
增值评价	奖励成绩	/	X（范围 0 至 20）
总评成绩			100+X

在教学全过程中围绕“爱国爱党、求真务实、拼搏创新”设立多个价值目标观测点，例如对贵州桥梁的了解、对国产仪器的认识、对数据填写的规范、对技术运用的创新等，融入教学各个环节。通过创新“技能学时打卡”制度探索增值评价，锤炼工匠精神。即学生自主安排课余时间强化技能，参加以企业标准制定的技能考核，并可定期申请技能重测，测试成绩持续提升或累积一定技能学时均可获奖励成绩。

（三）成效

本课程全面推进课程思政建设改革以来，成效显著。学生评价课程满意度均超 95%，校内、校外督导专家听课均达 90 分以上。课程教学质量得以提升，学生近三年参加全国高职院校学生无损检测技能大赛获奖 42 人次。团队成员以本课程思政建设改革案例为范本，在校内开展课程思政讲座、教研学习累计 9 次，贵州装备职业技术学院等 5 所中高职院校到校交流学习，示范辐射作用凸显。

第三节　以“一团队”为实施保障，促进成长成才

创设由“贵州高桥”企业专家、参建校友、专任教师组成的 5 个教学团队。《桥梁施工技术》模块化课程、岗位技术进阶选修课程、前沿技术课程，由梁桥、拱桥、斜拉桥、悬索桥 4 个施工技术模块教学团队实施教学；团队

每位教师聚焦一类桥，通过项目建造技术追踪、教学资源建设等，凸显专业特质。《桥梁工程试验与检测》由桥梁试验与检测团队单独完成。学生根据兴趣爱好和未来就业岗位意愿，个性化选择岗位进阶选修课程。随着教学实践不断积累，教学团队不断壮大，双师素质不断提升，教学质量不断提高，建桥人才不断输出，解决双师素质难提升和山区孩子难出彩问题。

一、搭建校企双向交流平台

（一）组建专兼结合的师资团队

校内专任教师根据自身技术特长和职业发展意愿，加入相应的桥梁施工模块教学团队。团队内专任教师及时追踪对应类型桥梁项目的技术和建设动态，以教学实施中所择取的桥梁工程项目为载体，引入建造该项目的企业专家和参建校友，组成专兼结合的师资团队。并依托贵州世界级高桥，汇聚校友、企业、社会资源，将中国十大桥梁人物、詹天佑奖、鲁班奖、李春奖获得者张胜林、韩红举、刘天贵、马平、刘胜高 5 位行业企业大师名匠引进团队。

现阶段，选定“水盘高速北盘江大桥、大小井特大桥”等 8 座贵州山区高墩大跨桥梁，组建 5 个教学团队，结合选定桥梁开展实施《桥梁施工技术》《山区高墩大跨桥梁智能建造技术》《山区桥梁设计方案》《山区桥梁高强度混凝土配合比设计》《山区桥梁测量新技术》《山区桥梁施工方案编制实例》《桥梁工程试验与检测》7 门课程各模块教学任务，包括标准制定、资源开发、授课等，具体各团队情况如表 4–6 所示。

表 4–6　山区高桥建造课程团队

序号	教学团队	团队组成	团队分工
1	梁桥团队	择选桥梁：水盘高速北盘江大桥+赫章大桥 负责人：刘志 企业专家、优秀校友：韩洪举、马平、任前元、杨秀刚、戴德江、孔矗、刘浩然 校内专任教师：卢斌、龙建旭、周敏	《桥梁施工技术》《山区高墩大跨桥梁智能建造技术》《山区桥梁测量新技术》《山区桥梁施工方案编制实例》课程梁桥模块课程标准制定、资源开发、授课等

续表

序号	教学团队	团队组成	团队分工
2	拱桥团队	择选桥梁：香火岩大桥+大小井特大桥 负责人：林林 企业专家、优秀校友：张胜林、黄鸿飞、王同同、任达勇、王忠懿 校内专任教师：向程龙、李郴娟、张义海	《桥梁施工技术》《山区高墩大跨桥梁智能建造技术》《山区桥梁测量新技术》《山区桥梁施工方案编制实例》课程拱桥模块课程标准制定、资源开发、授课等
3	斜拉桥团队	择选桥梁：杭瑞高速北盘江大桥+平塘特大桥 负责人：韦生根 企业专家、优秀校友：刘天贵、刘胜高、韩思信、吴建明、李忠贤、王雯度 校内专任教师：郭天惠、王锋	《桥梁施工技术》《山区高墩大跨桥梁智能建造技术》《山区桥梁方案设计》《山区桥梁高强度混凝土配合比设计》课程斜拉桥模块课程标准制定、资源开发、授课等
4	悬索桥团队	择选桥梁：坝陵河大桥+开州湖特大桥 负责人：周德军 企业专家、优秀校友：刘胜高、王宇、谢勋诚、李忠贤、肖钦 校内专任教师：张涛、陈珂、杨毅	《桥梁施工技术》《山区高墩大跨桥梁智能建造技术》课程悬索桥模块课程标准制定、资源开发、授课等
5	桥梁检测团队	择选桥梁：杭瑞高速北盘江大桥 负责人：刘正发 企业专家、优秀校友：谢勇、刘天贵 校内专任教师：周德军、雷建海、林林、向程龙、应江虹、李琼、李何	《桥梁工程试验与检测》课程标准制定、资源开发、授课等

（二）校企联合承接科研课题和技术服务项目

依托在建山区高桥项目，团队联合承接科研课题和技术服务项目。近年来，团队联合攻关的镇胜公路北盘江特大桥钢桁梁缆索吊机吊装系统，缆索吊机的跨度、吊重当时在贵州排名第一，大桥获贵州“黄果树杯”优质工程奖、贵州省“科技进步二等奖”；思剑高速公路木蓬特大桥在省内首次采用大跨径钢筋混凝土拱圈悬臂浇筑工艺，该桥填补了贵州省在该项技术上的空白，大桥获贵州“黄果树杯”优质工程奖、贵州省“科技进步二等奖”；承接山区千米级悬索桥开州湖特大桥健康监测横向技术服务；编制完成《灌注桩成孔质量检测技术规程（DBJ 52/T068）》《桥梁预应力工程质量检测技术规程》等4项地方标准。结题《桥梁智慧非接触式快速检测与安全评估研究》等15项厅级以上科研课题，申报了《基于人工智能的中小跨径桥梁健康监测》《基于自平衡法贵州典型地质情况下桩周土负摩阻力研究》等省、厅级科研课题20余项，申请并授权发明专利、实用技术新型专利60余项。长期的科研联合攻关和技术服务，培养了省级名师韦生根、雷建海，培养了具备双师素质且有个性化特长的骨干教师向程龙、李郴娟等5名。

图 4-6　团队成员现场调研

（三）共建山区高桥实践基地

依托贵州世界级“高桥”，搭建校企人员交流平台，重点建设了平塘特大桥、大小井特大桥等研修实践基地及教师流动工作站，充分发挥基地、流动站的学生实践、师资培养等功能。

2021年，学院与贵州省公路开发有限责任公司校企共建“桥旅融合”综合实践实训基地。充分利用平塘特大桥、大小井特大桥两座世界级大桥优势，发挥桥梁科普馆及企业兼职教师等优势，围绕高墩大跨桥梁的建造、监测、管养技术，建成道路桥梁工程技术专业群的教师下企业实践基地、学生专业认知实践基地、师生爱国主义和交通精神教育基地。同时，天空之桥服务区作为交通运输部列为交通强国贵州省唯一一个交旅融合发展的示范项目，将天空之桥服务区打造成交旅融合的“前哨站”，服务省级重点专业旅游管理专业群人才培养。发挥其在桥梁方面的研学旅行功能，提升服务区流量，为旅游专业群师生交通研学、科普研学等提供学习和实践实训场所。

图 4-7 平塘特大桥“桥旅融合”综合实践实训基地揭牌

二、开发教学资源，实施“一课多师、当事人说当时事”教学

（一）校企联合开发资源

企业专家、参建校友和专任教师分工协作，以建设省级精品在线开放课程、主持国家级专业教学资源库等教改项目为载体，以“贵州高桥”原创技术、先进工艺工法为支撑，共同开发并不断丰富《桥梁施工技术》《桥梁工程试验与检测》等课程教学资源，逐步完善“贵州交通百大工程”教学资源库。现阶段，校企已搜集整理、开发教学资源约

2T，具体建设资源清单如表 4-7 至 4-10 所示。同时，依托国家教学资源库优势，建设资源在职教云平台得到广泛运用，其中《桥梁工程试验与检测》目前有注册用户 2243 人，包括社会学习者 539 人、教师 559 人、企业用户 541 人、学生 604 人。课程被来自全国 18 所学校使用，互动总量达 233 万余次。

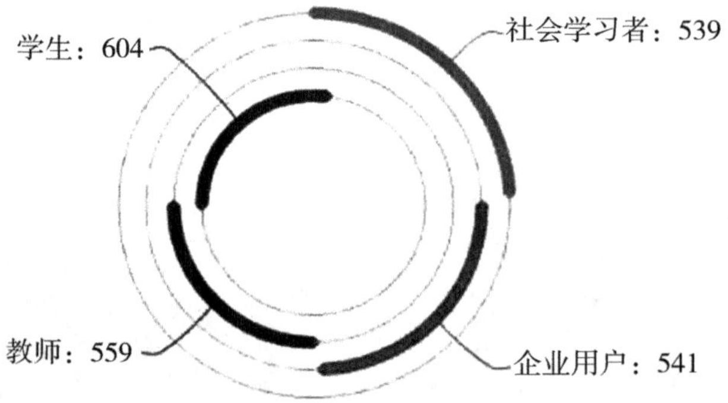

图 4-8 《桥梁工程试验与检测》用户量

合计：学习人数（5238）互动总量（2337656）被调用学校总数（18）

全部	SPOC课程名	主持教师	学校	学习人数	互动总量
桥梁结构无损检测训练	基桩无损检测	魏琼	山西经贸职业学院	23	10665
桥梁结构无损检测训练	无损检测技术	蔺栓保	酒泉职业技术学院	80	518
桥梁工程试验与检测	桥梁检测与维护技术	张松雷	陕西交通职业技术学院	245	98837
桥梁工程试验与检测	桥梁检测技术	田亮	北京交通运输职业学院	55	3720
桥梁工程试验与检测	桥梁检测	叶生	安徽交通职业技术学院	30	757
桥梁工程试验与检测	桥梁现场检测	胡凤辉	江西交通职业技术学院	272	200672
桥梁工程试验与检测	桥梁检测技术	闫志红	北京交通职业技术学院	8	751
桥梁工程试验与检测	桥梁工程试验与检测	薛振华	陕西铁路工程职业技术学院	99	183348
桥梁工程试验与检测	桥梁检测技术	陈冰	武汉铁路桥梁职业学院	50	19065
桥梁工程试验与检测	桥梁工程试验与检测	王仙芝	广东水利电力职业技术学院	62	9834

图 4-9 《桥梁工程试验与检测》使用情况

表 4-7　梁桥资源库清单

编号	桥梁名称	主跨（m）	主桥跨径布置（m）	桥梁全长（m）	主梁型式	建成时间	显著特点	原创技术简介（设计、施工、材料）	获奖
1	国道 G212（贵毕公路）六广河大桥	240	130+240+130	564	连续刚构桥	2001	省内跨径最大的连续刚构桥。桥面距水面高差近 300 米，最高墩达 90 米，桥高与墩高在当时均居全国第一，曾经被誉为“亚洲第一峡谷高桥”		贵州省科技进步一等奖，贵州省勘察协会设计一等奖
2	G75 兰海高速贵州境崇溪河至遵义段鞍山大桥	60	2×60	441.7	T 型刚构桥	2004	省内首次采用转体施工的刚构桥		贵州省勘察协会设计一等奖
3	G75 兰海高速贵州境崇溪河至遵义段小阁丫大桥	138	2×138	509	T 型刚构桥	2004	省内跨径最大悬臂的刚构桥		中国公路勘察设计协会银奖
4	G75 兰海高速贵州境贵阳至遵义段乌江大桥	2×200	106+2×200+106	1447	连续刚构桥	2007			
5	省道 S208 遵义至赤水公路盐津河大桥	198	76+198+110	395	连续刚构桥	2008	省内的第一座大跨径不对称刚构桥		贵州省勘察协会设计一等奖

续表

编号	桥梁名称	主跨（m）	主桥跨径布置（m）	桥梁全长（m）	主梁型式	建成时间	显著特点	原创技术简介（设计、施工、材料）	获奖
6	G60沪昆高速贵州境镇宁至胜境关段平寨大桥	3×235	130+3×235+130	1382	连续刚构桥	2008			贵州省勘察协会设计二等奖
7	G60沪昆高速贵州境镇宁至胜境关段沙银沟大桥	120	68+120+68	550	连续刚构桥	2008	交通部西部科技课题，省内曲线半径最小的刚构桥		全国优秀工程勘察设计行业二等奖，贵州省勘察设计协会一等奖，中国公路学会科技进步二等奖
8	S20大兴至威宁高速公路毕节至威宁段赫章大桥	180	96+2×180+96	1074	连续刚构桥	2013	亚洲梁桥最高墩，世界第二高墩		贵州省科技进步二等奖，贵州省勘察设计协会设计二等奖
9	S25印江至荔波高速公路思南至剑河段乌江大桥	220	116+220+116	2167	连续刚构桥	2013			鲁班奖
10	G56杭瑞高速贵州境大龙至思南段乌江大桥	3×200	108+3×200+108	1540	连续刚构桥	2013			

续表

编号	桥梁名称	主跨（m）	主桥跨径布置（m）	桥梁全长（m）	主梁型式	建成时间	显著特点	原创技术简介（设计、施工、材料）	获奖
11	G76厦蓉高速贵州境清至织金段三岔河大桥	3×230	122+3×230+122	1576	连续刚构桥	2015			
12	S77威宁至兴义高速公路水城至盘县段北盘江大桥	290	82. 5+220+290+220+82. 5	1261	空腹式连续刚构桥	2015	世界上首创的空腹式连续钢构——跨度亚洲第一	1. 首次提出了空腹式连续刚构新型桥梁结构形式；2. 提出大跨度连续刚构桥预应力筋交叉锚固布置新形式；3. 施工过程中创新提出了斜拉扣挂施工方法。	贵州省勘察协会设计一等奖，“黄果树杯”、鲁班奖
13	G6001贵阳环城高速都拉营大桥	100	60+100+60	678	连续刚构桥	2016	转体重量7200吨，半小时之内转体就位		
14	S55赤水至望谟高速公路白腊坎至黔西段洱海河大桥	190	101+4×190+101	1420	连续刚构桥	2017	国内近10年来规模最大的高墩、大跨、长联刚构桥		贵州省“黄果树杯”

续表

编号	桥梁名称	主跨（m）	主桥跨径布置（m）	桥梁全长（m）	主梁型式	建成时间	显著特点	原创技术简介（设计、施工、材料）	获奖
15	镇（宁）胜（境关）高速公路虎跳河大桥	225	120+4×225+120	1140	连续刚构桥				2009 年度贵州省科学技术进步三等奖
16	开阳至息烽公路洋水河大桥	230	122+230+122		连续刚构桥				

表 4-8　拱桥资源库清单

编号	桥梁名称	主跨（m）	桥梁全长（m）	主梁型式	建成时间	显著特点	原创技术简介（设计、施工、材料）	获奖
1	省道 S205 江界河大桥	330	461	桁式组合拱	1995	世界跨径最大的桁式组合拱桥，该类桥梁为贵州桥梁在国内首创的结构形式		国家科技进步二等奖，“詹天佑”大奖
2	省道 S526 六圭河大桥	195	255.76	单箱三室箱拱桥	2007	贵州省内首次采用多段吊装施工，全桥共 40 个吊装节段，上下游各 20 个		

续表

编号	桥梁名称	主跨（m）	桥梁全长（m）	主梁型式	建成时间	显著特点	原创技术简介（设计、施工、材料）	获奖
3	省道 S209 小兴浪大桥	122	200.8	单箱三室箱拱桥	2010	省内转体重量最大的拱桥		
4	省道 S105 花江大桥	140	242.5	单箱双室箱拱桥	2010	省内转体跨径最大的拱桥		
5	G60 沪昆高速贵州境玉屏至三穗段舞阳河大桥	150	580	单箱五室箱拱桥	2008	省内高速公路上跨径最大的缆索吊箱拱桥		贵州省勘察设计协会设计一等奖
6	省道 S204 珍珠大桥	120	135.2	单箱双室箱拱桥	2009	拱体采用负角度竖转施工，施工工艺系国内首创		
7	G6001 贵阳环城高速花溪大桥	175	290	中承式钢管拱桥	2009	省内第一座大跨径钢管拱桥		
8	S25 印江至荔波高速公路思南至剑河段木蓬大桥	165	364.4	单箱双室箱拱桥	2013	省内第一座、国内第三座悬浇拱桥		·
9	S29 沿河至独山高速公路沿河至德江段马蹄河大桥	180	327.595	单箱双室箱拱桥	2015	建成时为省内跨径最大的悬浇拱桥	创造性地采用挂篮悬臂浇筑、斜拉扣挂法施工成拱	鲁班奖
10	G56 杭瑞高速贵州境毕节至都格段总溪河大桥	360	928	上承式钢管拱桥	2015	当时贵州省已建成的最大钢管砼上承式土桁拱桥，高 264 米，世界第 46 高桥	总溪河特大桥钢管拱微膨胀自密实混凝土自填充施工技术	“黄果树杯”，“李春杯”质量奖

续表

编号	桥梁名称	主跨（m）	桥梁全长（m）	主梁型式	建成时间	显著特点	原创技术简介（设计、施工、材料）	获奖
11	G75 兰海高速贵州境遵贵扩容工程香火岩大桥	300	829	上承式钢管拱桥	2017	国内第二座双向6车道钢管拱桥，创造性的提出了混凝土“下灌上顶”的新工艺		
12	S55 仁怀至望谟高速公路织金至普定段夜郎湖大桥	210	391.4	单箱单室箱拱桥	2018	国内高速公路上跨径最大的悬浇拱桥，首次采用长距离劲性骨架合龙箱拱桥		
13	S62 三都至册亨高速公路平塘至罗甸段大小井大桥	450	1501	上承式钢管拱桥	2018	世界上跨径最大的上承式钢管拱桥	设计上：1 创新性提出竖 V 形双剪力撑；2. 通过不断优化比选拱上立柱形式，最终采用平缀管式格构柱。施工上：1 采用了缆吊、扣挂系统监测及控制信息化系统等国际领先的施工设备和工艺；2. 大小井特大桥 BIM 数字化协同管理平台形成了一套全寿命周期的完整的解决方案。	荣获“中国钢结构金奖”、中国公路学会首届 BIM 创新技术一等奖

续表

编号	桥梁名称	主跨（m）	桥梁全长（m）	主梁型式	建成时间	显著特点	原创技术简介（设计、施工、材料）	获奖
14	S32 玉屏至盘州高速公路三穗至施秉段江凯河大桥	220	259	中承式钢管拱桥	2018	省内公路桥梁跨径最大的中承式拱桥		
15	国道 G211 沙沱大桥	240	626. 8	单箱双室箱拱桥	2019	建成时国内跨径最大的悬浇拱桥，国内首次在混凝土拱桥中采用整节段安装钢筋工艺		
16	正安县格林至大院子公路改扩建工程渔塘特大桥	200	200	上承式钢筋混凝土劲性骨架箱拱桥	2020		贵州首创采用劲性骨架底板混凝土吊装形成主拱圈技术施工	
17	林织铁路纳界河特大桥桥	352		上承式提篮钢桁拱	2015	世界上跨度最大的单线铁路上承式钢桁拱桥，高 310 米，世界第 23 高桥		
18	沪昆高铁北盘江特大桥	445		上承式劲性骨架钢筋混凝土拱桥	2016	该桥 445 米的跨度为目前世界最大跨度高速铁路桥梁，高 295 米世界 30 高桥		

续表

编号	桥梁名称	主跨（m）	桥梁全长（m）	主梁型式	建成时间	显著特点	原创技术简介（设计、施工、材料）	获奖
19	水柏铁路北盘江特大桥	236		上承式钢管混凝土拱桥	2001	当时世界上最大跨度、最大单铰转体重量的铁路钢管混凝土拱桥，高 275 米，世界第 40 高桥	最大单铰转体重量的铁路钢管混凝土拱桥	
20	成贵高铁鸭池河特大桥	436		中承式空腹钢混结合提篮拱桥	2019	该桥是世界上第一座用于双线高速铁路上的中承式空腹钢混结合提篮拱桥，高 272 米，世界第 41 高桥	创新地提出了中承式空腹钢混结合提篮拱桥的桥型方案	
21	成贵高铁西溪河大桥	240		上承式钢管混凝土拱桥	2019	我国高铁首座钢管混凝土转体拱桥，我国高铁转体桥梁的最大跨度，高 256 米，世界第 56 高桥	国内首次极不对称的“双向水平转体”新结构，首次在国内高铁拱桥建设中创新采用了“连续拖拉式桥梁顶推”	

表 4-9　斜拉桥资源库清单

编号	桥梁名称	主跨（m）	主桥跨径布置（m）	桥梁全长（m）	主梁型式	建成时间	显著特点	原创技术简介（设计、施工、材料）	获奖
1	G60 沪昆高速贵州境清镇至黄果树段红枫湖大桥	185	132+185	321	独塔（A 型塔）非对称双索面斜拉桥	2004	国内岩溶地区修建的第一座大跨径预应力混凝土斜拉桥，也是贵州的第一座大跨径斜拉桥		贵州省科技进步三等奖
2	G78 汕昆高速贵州境板坝至江底段马岭河大桥	360	155+360+155	1386/1367.5	预应力混凝土双塔双索面斜拉桥	2011	贵州省内的第一座预应力混凝土斜拉桥	1. 采用主梁与主塔一飘一固的结构形式；2. 采用塔梁同步施工技术的斜拉桥；3 用机制砂取代河砂配制生产高强（C50）机制砂混凝土用于斜拉桥主梁等重要结构。	贵州省公路学会科学技术奖一等奖
3	S55 赤水至望谟高速公路黔西至织金段六冲河大桥	438	195+438+195	1508.016	双塔双索面混凝土斜拉桥	2012	省内跨径最大混凝土斜拉桥，首次采用机制砂 C60 高性能混凝土	1. C60 机制砂高强混凝土应用；2. 超高液压爬模施工技术突破常规 4.5 米施工高度；3. 自创控制新工艺“销锋法”，混凝土温控“内降外保”法。	贵州省勘协设计一等奖、贵州省公路学会科技奖一等奖、贵州省科技进步奖“三等奖”

续表

编号	桥梁名称	主跨（m）	主桥跨径布置（m）	桥梁全长（m）	主梁型式	建成时间	显著特点	原创技术简介（设计、施工、材料）	获奖
4	G76 厦蓉高速贵州境织金至纳雍段武佐河大桥	380	178+380+178	1473.44	PC	2015	省内首座主梁全部采用机制砂 C60 高性能混凝土，建成当时最高塔	避开织金至纳雍高速公路中的老鹰嘴山，保护生态环境，大桥特别设计为全桥主线位于半径 850 米的平曲线上。主桥宽度 28 米，引桥双幅各宽 12.25 米，集曲线桥、斜拉桥、连续刚构桥等桥型优点	
5	G76 厦蓉高速贵州境织金至纳雍段龙井河大桥	160	86+160+86	672.01	曲线矮塔斜拉桥	2015	国内第一座曲线矮塔斜拉桥		中国公路勘察设计协会二等奖，省科技进步三等奖、中国公路学会二等奖
6	G69 银百高速贵州境道真至瓮安段乌江大桥	360	125+360+125	617	双塔双索面混合式叠合梁斜拉桥	2015	贵州首座混合式叠合梁斜拉桥		

续表

编号	桥梁名称	主跨（m）	主桥跨径布置（m）	桥梁全长（m）	主梁型式	建成时间	显著特点	原创技术简介（设计、施工、材料）	获奖
7	G69银百高速贵州境道真至瓮安段芙蓉江大桥	170	170	340	单跨地锚式独塔斜塔混凝土斜拉桥	2015	国内首座地锚式斜塔斜拉桥	主塔为钢筋混凝土倒Y型斜塔，高98.5米，整体倾向边跨侧，倾角18.43°，由于斜塔无索区垂直高度较高，施工临时支撑采用格构式钢管支架并在其顶部布置千斤顶	
8	S62三都至册亨高速公路望谟至安龙段岩架大桥	328	150+328+150	817.5	PC	2015			
9	S99贵阳至毕节高速公路贵阳至黔西段鸭池河大桥	800	220+800+220	1466.5	钢桁梁、PC箱梁	2016	世界最大跨径山区钢桁梁斜拉桥，世界高桥排名第五		国际桥梁桥协（IBC）“古斯塔夫·林登少”大奖

续表

编号	桥梁名称	主跨（m）	主桥跨径布置（m）	桥梁全长（m）	主梁型式	建成时间	显著特点	原创技术简介（设计、施工、材料）	获奖
10	G75兰海高速贵州境遵贵扩容工程乌江大桥	320	150+320+150	617	PC 箱梁	2016	省内桥面最宽的混凝土斜拉桥		
11	G69银百高速贵州境惠水至罗甸段红水河大桥	508	213+508+185	956	双塔双索面混合式叠合梁斜拉桥	2016	世界首座大跨径非对称混合式叠合梁，首次提出缆索吊装用于斜拉桥建造	贵州岸的叠合梁采用顶推施工法，跨中的叠合梁则采用桥面吊机逐段悬拼施工法	依托课题获广西壮族自治区科技二等奖，贵州省公路学会科技进步特等奖，广西壮族自治区施工最高质量奖“真武阁杯”
12	S30江口至都格高速公路息烽至黔西段六广河大桥	580	243+580+225	1280	叠合梁	2016	省内跨径最大的叠合梁斜拉桥		

续表

编号	桥梁名称	主跨（m）	主桥跨径布置（m）	桥梁全长（m）	主梁型式	建成时间	显著特点	原创技术简介（设计、施工、材料）	获奖
13	G56 杭瑞高速贵州境毕节至都格段北盘江大桥	720	256+720+256	1341. 4	双塔双索面钢桁梁斜拉桥	2016	世界第一高桥，世界大跨径钢桁梁斜拉桥排名第二，首次采用“纵移悬拼”工艺完成斜拉桥主梁的安装	1. 首次研发山区特大跨径钢桁梁斜拉桥主梁“纵移悬拼”施工技术；2. 研发“机制砂自密实混凝土”，能够自动流动均匀地填密充实模具里的空间，既保证质量，又节约施工成本。	国际桥梁桥协（IBC）“古斯塔夫·林登少”大奖，贵州省优秀设计一等奖
14	S82 铜仁至怀化（黔湘界）高速公路铜仁段锦江大桥	276	125+276+125	1126	PC 箱梁	2019	省内第一座双塔中央索面斜拉桥		

续表

编号	桥梁名称	主跨（m）	主桥跨径布置（m）	桥梁全长（m）	主梁型式	建成时间	显著特点	原创技术简介（设计、施工、材料）	获奖
15	S62 三都至册亨高速公路平塘至罗甸段平塘大桥	2×550	250+2×550+250	2135	叠合梁	2019	被业内专家和同行称为当今“最高、最美”的空间索塔，为世界第一高混凝土桥塔，山区第一座三塔斜拉桥	1. 首次采用了造型优美的空间钻石形索塔；2. 大桥钢主梁拟采用安装质量高、速度快的整节段拼装方案。整节段最大拼装质量 170 吨，为山区钢混组合梁斜拉桥的施工方法提供了新的选择。	第 38 届国际桥梁大会（IBC）最高奖–“古斯塔夫·林德撒尔”奖

表 4–10　悬索桥资源库清单

编号	桥梁名称	主跨（m）	桥梁全长（m）	主梁型式	建成时间	显著特点	原创技术简介（设计、施工、材料）	获奖
1	G210 贵遵公路乌江特大桥	168	462	PC 加劲板	1997	世界上第一座吊拉组合桥		
2	国道 G326（贵毕公路）落脚河大桥	278	321	PC 加劲板	2000	省内高等级公路上第一座悬索桥		贵州省优质施工工程奖

续表

编号	桥梁名称	主跨（m）	桥梁全长（m）	主梁型式	建成时间	显著特点	原创技术简介（设计、施工、材料）	获奖
3	国道 G321（贵毕公路）西溪河大桥	338	479	PC 加劲板	2001	省内高等级公路上第二座悬索桥		贵州省优质施工工程奖
4	国道 G356（水黄公路）阿志河大桥	283	373	PC 加劲板	2003			
5	省道 S213（关兴公路）北盘江大桥	388	388	PC 加劲板	2003	国内跨径最大的混凝土加劲梁悬索桥		
6	G60 沪昆高速贵州境镇宁至胜境关段北盘江大桥	636	964	钢桁梁	2008	建成时为国内最大跨径采用双向预应力混凝土加劲板梁设计的悬索桥世界上最高桥梁之一	主梁采用缆索吊装技术，全桥 78 片主梁的吊装作业仅用时 18 天，在贵州悬索桥梁的施工中，创下吊装重量最大、吊装时间最短的施工纪录	贵州省勘察协会设计二等奖
7	G60 沪昆高速贵州境镇宁至胜境关段坝陵河大桥	1088	1564	钢桁梁	2009	为当时国内已建成的钢桁梁悬索桥最大跨度，是当时世界十大高桥之一	全桥四铰钢桁加劲梁结构体系，桥面吊机悬臂架设技术的应用，开创了山区峡谷大跨径悬索桥新的架设方法；在观光通道上设置气动衣板抵抗横向风荷载；遥控氦气飞艇施放线道索	鲁班奖、贵州省科技进步二等奖

续表

编号	桥梁名称	主跨（m）	桥梁全长（m）	主梁型式	建成时间	显著特点	原创技术简介（设计、施工、材料）	获奖
8	G69银百高速贵州境贵阳至瓮安段清水河大桥	1130	2171.4	钢桁梁	2015	世界上最大单跨板桁结合加劲梁悬索桥，亚洲第一的山区双塔单跨钢桁悬索桥	提出“少纵梁+次横梁”的新型板桁结构体系，革新了千米级悬索桥板桁分离加劲梁构造体系；创新研发的“四吊点可调节起吊系统”“轻型支索器”“横坡转索鞍”等千米级大吨位缆索吊成套技术	
9	G56杭瑞高速贵州境毕节至都格段抵母河大桥	538	881.5	钢桁梁	2015	世界排名第14位高桥，两岸索塔高度差异国内最大，以尽量适应地形，减少开挖对环境的破坏		中国公路勘察协会设计三等奖
10	S208息烽至金沙段乌江大桥	325	445	PC加劲板	2015			
11	S70江津经习水至古蔺高速公路赤水河大桥	1200	2009	钢桁梁	2020	世界山区最大跨径悬索桥	建造过程中采用的塔梁异步及主动横撑配套施工工艺、散索鞍门式液压安装系统、陡坡狭窄地形条件下大直径桩基钢筋笼下放技术等，使国内山区悬索桥建造水平再上新台阶	

续表

编号	桥梁名称	主跨（m）	桥梁全长（m）	主梁型式	建成时间	显著特点	原创技术简介（设计、施工、材料）	获奖
12	贵阳至黄平高速公路阳宝山大桥	650	1030	单跨钢桁梁悬索	在建	国内首座 AS 架设主缆悬索桥	国内首座 AS 架设主缆悬索桥，AS 法在阳宝山特大桥上的成功运用补充和完善了国内主缆施工工法，填补国内技术空白	

（三）实施“一课多师、当事人说当时事”教学

依托在建贵州高桥，邀请该桥梁建造的企业专家和参建校友，以现场教学、专题讲座、实习实训指导等方式讲述该桥梁建造技术。以《桥梁施工技术》教学实施为例，“一课多师”，梁桥、拱桥、斜拉桥、悬索桥4个团队选择其持续追踪的桥梁工程项目并配套教学资源，分别完成四类桥梁施工技术模块的教学实施。如“双高”期间，邀请了梁桥团队企业专家韩洪举到校主讲了他本人负责的世界首创空腹式连续刚构桥——水盘高速北盘江桥创新施工工艺，邀请拱桥团队企业专家张胜林到校主讲了她本人负责的世界最大跨径上承式钢管混凝土拱桥——大小井特大桥BIM信息化管控技术，邀请斜拉桥团队企业专家刘天贵到校主讲了他本人参与的世界最高塔斜拉桥——平塘特大桥超高空、超大体积机制砂混凝土施工技术，邀请悬索桥团队优秀校友刘胜高主讲了他本人参与的山区千米级悬索桥——开州湖特大桥超大体积锚碇施工技术。

图4-10　梁桥团队企业专家韩洪举到校授课

三、构建“三类课堂”，丰富教学形式

第一课堂，校内校外师资互补，实施“一课多师”模块化教学，推动启发式、探究式、参与式教学方法改革。依托5支专兼结合的山区高桥建造课程团队，开展校企协同育人，联合研制课程标准，共同设计教学任务，建设线上教学资源，编制活页式教材和工作手册式任务单，校内“双师型”教师与企业导师分工协作进行模块化教学，综合考核评价。运用现代信息技术以学生为中心进行模式改革，依托职教云平台实施线上线下混合教学，在课前、课中、课后三个阶段充分拓展学习时空。课前启动任务，发布资料，掌握学情；课中分解任务，展示方法，全程记录学习行为；课后强化任务，巩固提升，反思改进。同时，校企共同精选项目、提炼任务，及时补充山区高桥建设与维护新技术、新工艺，将生产任务贯穿整个教学过程，实现教学过程与工作过程对接。教学过程按照真实生产任务组织实施，基于岗位工作流程，拆解任务，细化操作，基本采用“知任务—明原理—探方法—练技能—强本领”五个环节设计教学流程，层次递进、环环相扣、首尾闭合，形成“任务导向、五环渐进、知行合一”的教学模式。

第二课堂，校内校外基地互补，进一步提升学生技能水平。校内实施“技能学时打卡”制度，强化技能培养。建立了学生自主实训机制，设定课外学生技能训练质和量的标准，解决“课内实训时间有限、个性化教学不充分”等教得不够、“课后实践动手过少、训练质量不高”等做得不够的实训教学难题，实现实训时间全天开放、实训项目全面覆盖、实训过程全员参与、实训成果全面认可和有目标、有标准、有考核、有反馈的“四全四有”实训保障机制和实训质量评价体系，推动“以做为核心”的学生自主管理、自我服务的技能训练，在不断的实践动手过程中加深对专业理论知识的领悟；校外依托坝陵河、平塘桥等世界级桥梁，搭建校企人员交流平台，建设了坝陵河、平塘桥等校外实践基地，创设“一座高桥，一个课堂”，将课堂搬到大桥工地或现场，及时传递大桥建设与维护过程的新技术、新工艺、新材料等。

第三课堂，线上线下资源互补，充分运用国家专业教学资源库和虚拟仿真实训特色资源，促进学生自主、泛在、个性化学习。建立素质、知识、技能、价值多维的评价标准，实行学分奖励、兑换和增值评价；主动应对学生意愿，实施技术技能人才、能工巧匠、大国工匠的“千百十”三层次人才培养，为有特长、有潜质、学有余力的学生打通上升通道。

图 4-11　丰富的教学形式

第五章　山区峡谷桥梁技术技能人才培养模式的经验与启示

2007—2010 年，在国家示范校及专业（群）建设中，贵州交通职业技术学院道路与桥梁工程系，对路桥专业（群）的发展定位为“面向贵州桥梁建造主战场，面向企业高素质人才重大需求，面向山区峡谷高桥前沿技术”（三个面向），突出喀斯特山地交通人才特色的育人理念。

2012 年，国务院《关于进一步促进贵州经济社会又好又快发展的若干意见》（国发〔2012〕2 号）的发布，明确“加强交通基础设施建设，提高发展支撑能力”，对此贵州提出“县县通高速”宏伟目标，促进了贵州经济发展的“黄金 10 年”，也新增了 1 万多座桥梁。《桥梁施工技术》课程团队结合贵州特殊的地质地形条件，抓住山区峡谷高墩大跨桥梁建设的特有结构物和技术难点，迎合高端企业对高墩大跨桥梁建造高端技术技能人才需求，通过对马岭河大桥（贵州首座双塔双索面斜拉桥）、江界河大桥（世界跨径最大的桁式组合拱桥，该类桥梁为贵州桥梁在国内首创的结构形式）、坝陵河大桥（世界山区首座千米级钢桁梁悬索桥）和六广河大桥（贵州最大跨径刚构桥-梁桥）等典型桥梁建设案例的分析，将贵州山区桥梁建设的特点、难点和亮点等“四新技术”引进了课堂，解决了教学内容明显滞后于行业技术发展水平的问题，初步构建了及时跟踪行业最新技术发展成果，使之快速成为教学资源并融入专业教学中，参建项目的一线专家带着成果走进校园的机制。

2011年，学院及专业群发展进入后示范时期。《桥梁施工技术》课程团队对如何充分利用贵州丰富、独特的桥梁设计建造养护技术资源开展教学；如何实现专业教学与行业技术发展同频共振；如何让培养的高端技术技能人才更加符合真实工作场景需求；如何满足企业对山区桥梁建造人才的需求等进行了深入思考。课程团队以问题为导向并开展了大量有针对性的企业调研，最终确定与贵州桥梁建设集团有限责任公司（以下简称“贵州桥梁集团”）、贵州省公路工程集团有限公司（以下简称“贵州公路集团”）、贵州路桥集团有限公司（以下简称“贵州路桥集团”）三大施工企业进行校企深度融合。同时，加强与参建贵州高墩大跨桥梁的省内外高端企业开展校企深度合作，择选赫章大桥（贵州公路集团建设，2013年建成，亚洲梁桥最高墩，世界第二高墩）、香火岩大桥（贵州桥梁集团建设，2017年建成，国内第二座双向6车道钢管拱桥）、杭瑞高速北盘江大桥（贵州公路集团建设，2016年建成，斜拉桥，世界第一高桥）、抵母河大桥（中交二公局建设，2015年建成，悬索桥，世界高桥排名第14位）等具有典型代表的贵州桥梁，全面推进“一桥一项目，一桥一切入点”的校企双元协同育人的教育教学改革。

通过以真实的桥梁建设任务为载体，校企联合共同制订人才培养方案、教学设计和实施、评价与考核全过程协同，为企业定制培养专门人才等方式，丰富了生产型教学平台，即以真实生产任务驱动的“校企一体、任务驱动”人才培养模式，进一步完善了人才培养规格。校企共同商定人才培养方案、校企人才双向交流互动、实践基地与教学资源共建、技术资料和创新成果共享机制，真正实现了“职业能力与生产标准合一、教学内容与生产任务合一、教师身份与企业员工合一、学校课堂与施工现场合一、教学评价与任务质量合一”的独具贵州特色的“五合一”人才培养方式。

《桥梁施工技术》课程团队通过不断的探索与实践，充分运用诊断与改进思维，以一座真实的、具有典型代表性的桥梁工程为载体、以桥梁施工一门课程为突破口、以一个专兼结合的“双师型”教师团队建设为保障，引领育人方式、课程建构、团队建设、教法改革等专业教育教学改革的模式，凝练为“一桥一课一团队”的贵州特色育人模式。

通过2007—2010年国家“示范校”建设期的探索，2011—2015年的凝练，最终形成“一桥一课一团队”的贵州特色育人模式。2016—2019年国家“优质校”建设期间，该模式在路桥、养护专业的应用与验证，支撑学院路桥专业获批国家级专业。

在“一桥一课一团队”贵州特色育人模式的引领下，专业集群效应更加凸显。2019年，以路桥专业为核心，聚焦贵州山区高墩大跨桥梁建造技术技能人才培养的道路桥梁工程技术专业群支撑学院获批“双高校”立项建设单位，专业群同步获批国家级“双高专业群”立项建设专业群，在为高职专业提供了“差异化办学、特色化育人、个性化成长”的“贵州模式”道路上继续前行。育人方式独特，教育教学质量获得社会广泛认可，“十三五”时期的标志性成果丰硕。2019年7月，获教育部批准成为国家级“双师型”教师培养培训基地“道路桥梁工程技术（试验检测方向）‘双师型’教师培养培训基地”和“交通土建专业群‘双师型’教师培养培训基地”。2021年7月，“喀斯特山地道路智能‘建-养-运’虚拟仿真实训基地”，获教育部职业教育与成人教育司批准成为职业教育示范性虚拟仿真实训基地培育项目。

独具特色的“一桥一课一团队”贵州特色育人模式在经过示范建设期的探索、后示范建设期的成形、优质校建设期的运用、“双高”建设期的推广辐射，在“三教改革”、诊断与改进、课堂革命、课程思政等职教改革活动中，取得了多个国家级、省级教育教学成果，有力支撑了学院高质量发展，夯实了贵州交通“黄埔”的美誉，服务贵州交通的自信再上台阶，将继续沿着“当地离不开、业内都认可、国际可交流”的高职样板建设，踔厉奋发，笃行不怠。下面将重点阐述特色化优质教材、结构化双师队伍、个性化教法改革方面所获取的经验与启示。

第一节　“一桥”融入“一课”，特色化建设优质教材的经验与启示

自示范建设以来，团队教师在国家专业教学标准共性培养要求基础

上，针对贵州省辐射西南地区喀斯特环境区域交通建设特点，衔接“贵州高桥”建造产业链、技术创新链，构建了与人才培养目标相匹配的特色化课程体系。以“一课”为突破口，将“贵州高桥”典型工程资源转化为教学资源，以山区桥梁类型重构课程模块，以桥梁建造过程序化课程内容。团队始终坚持以学生为中心，尊重学生个性发展，以“致用以学”构建理念，增设岗位技术进阶选修课程。随着我国机械加工与制造技术的快速发展，桥梁建造技术日新月异，团队又紧随建桥技术创新，及时将新技术、新工艺、新设备、新材料等纳入课程开发，开设前沿技术课程。同时，紧跟新时代特色化教育需求，落实立德树人，深化课程思政。构建了职业教育特色化育人的专业课程体系，打造了模块化课程样板，开发了模块化的系列教材。

一、分类梳理课程资源，建立数字化课程资源库

建设团队持续系统收集梳理了2000—2019年贵州建成的57座大桥新技术、新材料、新装备、新工艺创新成果，即“四新成果”，特别是贵州高墩大跨桥梁原创技术、工法、专利，包括典型梁桥16座、拱桥20座、斜拉桥15座、悬索桥6座。择取贵州46座排名世界前100名的高墩大跨桥梁，具有贵州岩溶、煤系地层施工特点的14座典型隧道，20例高填深挖路基施工，20例在役桥梁隧道改造加固、路基重大灾害成功治理工程，收集整理设计、施工文件、现场图片、视频影像等质量保障资料，加工模拟真实工作任务的动画素材、微课、幕课等，构建包含1000G资源的“贵州交通百大工程”数字化素材信息库。

以建设“贵州交通百大工程”数字化素材为支撑，运用VR、AR、MR、CAVE等虚拟仿真技术，开发一大批展示先进工艺技术的，可视、立体、动态、交互的学习资源，构建具备鲜明贵州交通特色的课程资源库。截至目前，已制作个性化颗粒资源5000个以上。充分整合“贵州路桥职业教育资源库”数字化资源，构建“贵州元素”个性化课程学习模块，实施优质课程建设工程，以结构化课程设计思路，开发“贵州特色”专业拓展课程成套线上课程资源，其中微课类、动画类、视频类以及运用虚拟仿

真技术制作的颗粒化资源达3500个以上，建成个性化在线课程30门，从中择优推出10门以上个性化课程成为在线开放课程。目前，专业群省级以上精品在线开放课程达到3门，实现了优质教学资源的开放共享。其中，有特色教材13门；1个国家级专业教学资源库建设；国家优秀教材一等奖一门。

二、划分专业进阶模块，开发特色拓展课程

示范校建设期即成果探索期（2007—2010），团队探索以“一桥一课一团队”模式设计教学情景、创新教学方式。改变《桥梁施工技术》先下部结构施工，后上部结构施工的安排，重组为梁、拱、斜拉、悬索桥施工4大教学模块，根据教学模块组建与之对应的课程团队，团队选定1座代表性贵州高桥，以施工过程的典型工作任务设计教学情景，教学情景中各个工作任务的设计由建桥技术主管、能工巧匠和专业教师共同商定，各个工作任务均设计相应的技能训练项目，注重任务实施过程及完成评价，学习任务项目化、评价考核过程化。再如《山区桥梁高强混凝土配合比设计》，课程由“六冲河大桥”团队以国内首次成功应用机制砂配制高强C60混凝土，解决河砂匮乏地区大桥施工难题的实际案例，开发设计教学情景、组织教学。该时期的探索成果，为示范校的顺利验收提供了强有力的支持，同时为成果的形成奠定了坚实的理论基础，为结构化师资队伍建设提供了组织保障。

在成果形成期（2011—2015）以及实施期（2016—2019），团队人员紧跟造桥技术的迭代更新，协同专业群发展需要，分施工、检测、养护实际工作岗位，按课岗融通原则重组桥梁工程课程包。紧跟高速公路建设收尾期到来和后高速时代临近的需要，2019年团队将路桥专业核心课程模块增设了《桥梁工程试验与检测》必修课，与《桥梁施工技术》课程共同拓展培养学生桥梁“建管养用”的专业核心能力。以服务学生个性化学习需求，课程团队开发了专业进阶课程模块，增设了《山区桥梁高强混凝土配合比设计》《山区桥梁结构受力计算》《山区桥梁施工方案编制实例》《山区桥梁测量新技术》4门专业进阶选修课程供学生个性化学习需求选用。

为适应后高速时代的不断临近，提前谋划培养高墩大跨桥梁“管养用”所需求的高端技术技能人才需求，团队成员开发了专业拓展课程模块，增设了《公路桥梁技术状况检测与评定》企业实践课。通过创新分阶分层的桥梁课程模块，将山区峡谷现代桥梁建造新技术、新工艺、新材料、新设备，及时纳入专业课程体系和教学内容，突出特色化个性化育人。

表 5-1　专业拓展课程一览表

类型	选修说明	课程名称	学分	学时	备注
专业任选课程（技术进阶课程模块）	第 3 学期 3 选 1	数学建模	2.0	32	
		土木工程专业英语	2.0	32	
		BIM 技术基础	2.0	32	1+X 课程
	第 4 学期 3 选 1	专业常用软件	2.0	32	
		山区桥梁方案设计	2.0	32	“一桥一课一团队”实施教学
		山区桥梁测量新技术	2.0	32	“一桥一课一团队”实施教学
	第 5 学期 3 选 1	山区桥梁结构受力计算	2.0	32	“一桥一课一团队”实施教学
		山区桥梁高强混凝土配合比设计	2.0	32	“一桥一课一团队”实施教学
		爆破工程	2.0	32	
专业限选课程（前沿技术课程模块）	选择 2 个课程包中的 1 个，其中包含 3 门课程，在 3-5 学期各学习 1 门	山区高墩大跨桥梁智能建造技术 +路基路面智慧施工 +山区桥梁施工方案编制实例	3.0 2.0 2.0	48 32 32	桥梁相关课程由“一桥一课一团队”实施教学
		山区高墩大跨桥梁维护与加固技术 +路基路面预防性养护技术 +桥梁工程健康监测技术	3.0 2.0 2.0	48 32 32	桥梁相关课程由“一桥一课一团队”实施教学

截止到2021年年底，团队已完成《桥梁施工技术》《桥梁工程试验与检测》2门优质核心课程建设。带动完成《工程岩土》《公路工程造价》2门省级精品在线开放课程建设。4门专业进阶选修课和《公路桥梁技术状况检测与评定》专业拓展选修课全部开出。

随着特色化课程不断丰富和完善，为适应教学评价改革的时代要求，团队成员创新构建起了能力提升弹性课程体系，即基于学生个性化发展要求和职业生涯可持续发展的需要，开发职业能力提升模块，为学习有余力、有特长、有潜质的学生打通上升通道。道路与桥梁工程技术专业选修课学分由4分（2016）提高到20分（2018），为学生根据个人兴趣和职业规划，灵活运用学分制拓展不同专业方向能力提供了平台，解决了高职人才培养规格同质化问题。

三、紧扣新时代育人要求，示范课程思政出新绩

党的十八大以来，以习近平同志为核心的党中央，高度重视高校思政工作，全面构建高校思政工作体系，紧紧抓住落实高校立德树人、铸魂育人根本任务的两个中心环节——思政课程建设和课程思政建设，提出了一系列新理念、新思想、新战略、新举措。

课程思政是以“立德树人”为根本任务，把思想政治理论课融于各类课程中，在高校教育教学中构建以全员、全程、全课程式的育人格局，形成协同效应的综合教育理念。课程思政就是高校的所有课程都要发挥思想理论教育作用。根据赫维茨机制设计理论，课程思政体系构建是以提高高校人才培养质量的倡导者为“业主”，明确课程设计任务，确定培养社会主义事业建设者和接班人为期望目标，维持高校人才培养系统均衡且满足期望目标的自然机制。①

道路桥梁工程技术专业群，作为国家级高职示范专业群、中特高建设专业群，响应号召，积极探索和实践课程思政建设，团队成员自2019年初，立足学院“双高建设”打造交通技术技能人才培养高地的新要求，聚焦重大交通设施建管养用产业高端，凸显贵州喀斯特山地交通专业特色，

① 选自《武汉职业技术学院学报》2020年第6期

紧扣课程重工程伦理、强实操技能特点，选定并总体设计《桥梁工程试验与检测》课程思政示范课。以德为先明方向，有机融入贵州交通尤其是桥梁的建设成就、人文历史、技术创新元素，拓展课程的广度、深度、温度，推进育人和育才相统一。一是在小省办大交通中，弘扬牢记习近平总书记嘱托，感恩奋进新时代贵州精神，厚植爱党爱国情怀；二是在桥梁安全案例中强化质量至上理念，树立求真务实的职业意识；三是在贵州世界级高桥建造技术积累与创新中，传承逢山开路、遇水架桥的拼搏创新精神。植根专业定目标，聚焦桥梁健康监测与检测前沿技术，全面提高培养高素质高技能桥梁质检人员的能力。出名师，全面提升教师开展课程思政建设的意识和能力；出范例，健全协同推进课程思政建设的体制机制；出品牌，全面提升立德树人成效。争创国家级示范课程，引领科学设计课程思政教学体系。聚焦行业显特色，世界高桥看中国，中国高桥看贵州。深度挖掘提炼贵州喀斯特山地世界级高墩大跨桥梁建管养用所蕴含的思政元素，推进精神内涵进教材、大国工匠进课堂、价值塑造进头脑，开发个性化特色教学资源。

团队把《桥梁工程试验与检测》课程思政示范课建设，立足培养掌握桥梁智能检测与养护技术的高素质技术技能人才要求，紧扣课程特点，深挖教师团队、课程资源、实践平台等思政教育资源，优化课程目标、完善教学内容、创新教学方法，实现课程全方位、全过程育才育人。

优化课程目标，实现育人与育才统一。桥梁检测从业人员不但需要具备扎实的桥梁工程检测原理知识，掌握桥梁检测核心技能，更需要爱岗敬业、德才兼备的优良职业道德。结合课程重工程伦理、强实操技能特点，深挖贵州高墩大跨桥梁建造丰富的案例资源，准确定位课程思政爱党爱国、求真务实、拼搏创新的价值塑造目标。以知识传授为基础，以能力培养为根本，以价值塑造为核心，将桥梁检测与评定 6 大学习情景的核心知识点、技能点与本课程核心价值目标有机结合，构建“知识、能力、价值”三贯通的课程目标，实现知识传授、能力培养和价值塑造的统一（图 5-1 所示）。

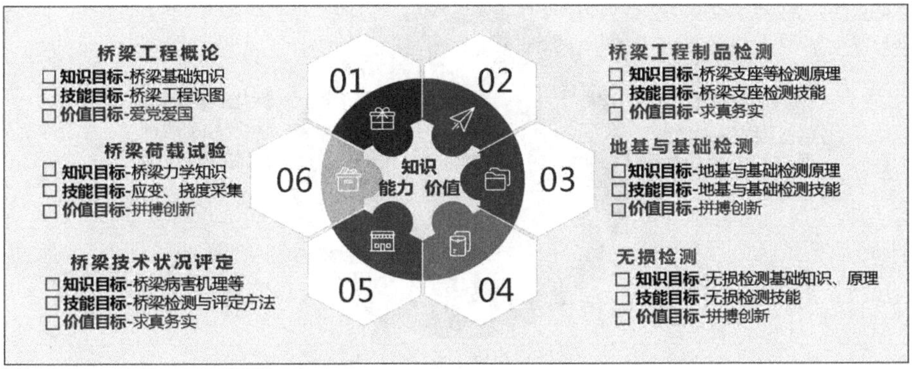

图 5-1　“知识、能力、价值”三贯通的课程目标

完善教学内容，有机融入思政元素。与行业技术同频共振，完善精密快速检测、即时数据采集与分析、智能装备调试维护等数字化、智能化桥梁检测技术内容，有机融入思政元素，主动对接从业人员对实践能力、合作能力、创新能力等全面职业能力的提升要求。以贵州典型高墩大跨桥梁真实生产检测任务为工程案例，重点补充超高斜拉桥索塔、超长斜拉索PE、超大（超长）桩基检测、隐蔽病害无损检测等最新桥梁智能检测知识点、技能点，并充分利用知名校友讲故事、贵州典型桥梁工程案例、检测实训实操等方式挖掘思政元素，开发课程思政案例资源，有机融入课程“爱国爱党、求真务实、拼搏创新”核心价值目标，持续优化教学内容。

推动课堂革命，全面融合“三类课堂”。将价值塑造有机融入知识传授与能力培养各环节中，构建“课内第一课堂、课外第二课堂、线上第三课堂”融合的理实一体、线上线下混合式教学模式，全面推动课堂革命，实现知识传授、能力培养和价值塑造的统一。第一课堂实施“一课多师”模块化教学，推动启发式、探究式、参与式教学方法改革，在学习过程中激发家国情怀、强化工程伦理教育；第二课堂创新“技能学时打卡”制度，强化技能培养，磨砺工匠精神；第三课堂充分运用国家教学资源库和虚拟仿真实训特色资源，促进学生自主、泛在、个性化学习，培养学生自立自强、奋发有为的行为自觉。最终实现知识传授、能力培养和价值塑造的统一，达到全方位、全过程育才育人。

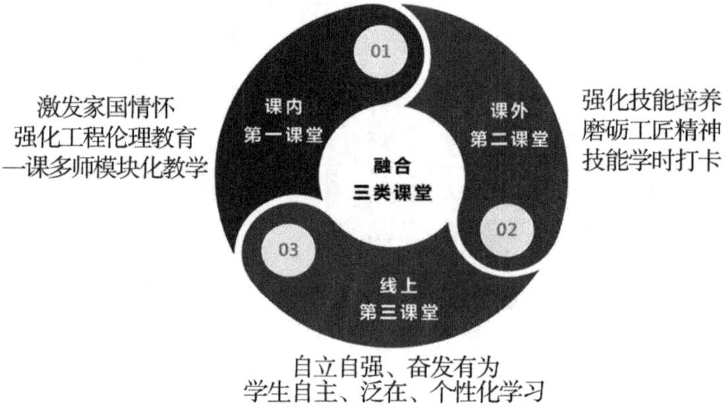

图 5-2　全方位、全过程育才育人教学模式

2021 年 5 月，《桥梁工程试验与检测》成功入选教育部课程思政示范课，团队成员入选课程思政教学名师和教学团队。在此背景下，专业群各课程团队按照学院及专业群课程思政建设总体规划和选树一批课程思政示范课程、教学名师和团队的整体要求，团队成员指导建设的专业群《路基路面养护技术》《应用力学》等 2 门课程建设并申报获批院级课程思政示范课，并同步指导建设《智慧公路概论》《大学生心理健康》《工程制图与计算机绘图》《工程岩土》4 门课程作为专业群课程思政培育课程，为全面推进不同类型课程的思政建设理论研究和教学实践，探索创新课程思政建设方法路径，构建全面覆盖、类型丰富、层次递进、相互支撑的课程思政体系，为加快形成教育部要求的“校校有精品、门门有思政、课课有特色、人人重育人”的良好局面创造了环境条件。

第二节　“一桥”牵引“一团队”，结构化打造双师队伍的经验与启示

一、校企深度融合，打造“三位一体”“双师型”教师队伍

示范校建设期，专业群团队认识到高素质“双师型”教师队伍建设是

加快推进职业教育现代化的基础。专业群创新构建了“校企一体、系企一体”的产教互通、校企互聘、专兼协调的结构化教师队伍建设机制，形成了校内专任教师、企业兼职教师（包含行业专家、企业专家、项目技术骨干等）、参与重大桥梁建设的优秀校友“三位一体”的“双师型”教师队伍。“三位一体”的“双师型”教师队伍建设，保障了“个性化”教学的实施。

校内专任教师根据自身技术特长和职业发展意愿，加入相应的教学团队持续追踪一类桥梁的建造技术，通过收集和开发资源、工地和教学实践、联合科研攻关和横向技术服务等途径，在不断提升“双师”素质的同时，成为掌握该类桥梁建造技术的行家里手，凸显自身的专业特质。

企业兼职教师通过技术服务，指导专业教师成长，走进课堂开展专题讲座，走进教室指导学生开展施工方案编制等，实现了其人身价值的提升。学院创新开设了“夕霞学院”，为离退休的行业企业专家发挥专业特长，沉淀专业技术传承创造了有力条件，也为学院企业兼职教师“难”的问题创新性的提供了解决途径。

参与重大桥梁建设的优秀校友带着感恩母校的情怀，定期或不定期的到校开展讲座，讲授自己的成长经历，通过指导学弟学妹学业，充分发挥“传帮带”和朋辈示范引领作用。近年来，团队教师组织知名校友采用“当事人说当时事”，开发了10余个知名校友讲故事特色化教育资源，构建特色化课程思政元素库，实施效果良好。2021年5月，团队成员刘正发、周德军、雷建海、林林、向程龙等负责的《桥梁工程试验与检测》课程入选国家级“课程思政示范课程”，授课教师入选国家级“课程思政教学名师和教学团队”。

2021年8月，包含团队主要成员的“土木工程检测技术”成为第二批国家级职业教育教师教学创新团队立项建设单位。

信息名称：教育部关于公布第二批国家级职业教育教师教学创新团队立项建设单位和培育建设单位名单的通知
信息索引：360A10-04-2021-0020-1生成日期：2021-08-16　发文机构：中华人民共和国教育部
发文字号：教师函〔2021〕7号　信息类别：教育综合管理
内容概述：教育部关于公布第二批国家级职业教育教师教学创新团队立项建设单位和培育建设单位名单。

教育部关于公布第二批国家级职业教育教师教学创新团队立项建设单位和培育建设单位名单的通知

教师函〔2021〕7号

各省、自治区、直辖市教育厅（教委），新疆生产建设兵团教育局：

为深入贯彻落实习近平总书记关于教育的重要论述和全国职业教育大会精神，按照《国家职业教育改革实施方案》《全国职业院校教师教学创新团队建设方案》部署安排，我部启动了第二批国家级职业教育教师教学创新团队遴选工作。

经院校自主申报、省级教育行政部门和全国行业职业教育教学指导委员会审核推荐、项目秘书处形式审查、专家会议评审、网上公示，确定第二批国家级职业教育教师教学创新团队立项建设单位240个，国家级职业教育教师教学创新团队培育建设单位2个，现将结果予以公布（名单见附件）。

各省级教育行政部门负责省（区、市）域内国家级职业教育教师教学创新团队（以下简称国家级团队）立项（培育）建设的过程管理和质量监控，要加大对国家级团队立项（培育）建设单位的支持力度，在职业院校教师素质提高计划等项目中予以重点倾斜。国家级团队立项（培育）建设单位作为团队建设第一责任主体，负责团队建设的具体筹划和组织实施，要制定具体实施方案，细化目标任务，建立工作机制，创设必要条件，稳步开展建设。各地各校要对接本区域重点专业集群，总结借鉴首批国家级团队建设经验，因地制宜做好省级、校级教师教学创新团队整体规划和建设布局，推动职业教育改革创新和高素质“双师型”教师队伍建设，为全面提高复合型技术技能人才培养质量提供强有力的师资支撑。

附件：1. 第二批国家级职业教育教师教学创新团队立项建设单位名单

2. 第二批国家级职业教育教师教学创新团队培育建设单位名单

教育部

2021年8月9日

附件 1

第二批国家级职业教育教师教学创新团队立项建设单位名单

序号	学校名称	专业领域	专业名称	省份
166	内蒙古农业大学	现代农业	畜牧兽医	内蒙古
167	河南农业职业学院	现代农业	畜牧兽医	河南
168	山东畜牧兽医职业学院	现代农业	动物医学	山东
169	铜仁职业技术学院	现代农业	畜牧兽医	贵州
170	湖南城建职业技术学院	土木建筑	城乡规划	湖南
171	广西建设职业技术学院	土木建筑	市政工程技术	广西
172	内蒙古建筑职业技术学院	土木建筑	给排水工程技术	内蒙古
173	浙江建设职业技术学院	土木建筑	智能建造技术	浙江
174	威海职业学院（威海市技术学院）	土木建筑	装配式建筑工程技术	山东
175	广州番禺职业技术学院	土木建筑	智能建造技术	广东
176	南宁职业技术学院	土木建筑	装配式建筑工程技术	广西
177	贵州交通职业技术学院	土木建筑	土木工程检测技术	贵州
178	黄冈职业技术学院	土木建筑	装配式建筑工程技术	湖北
179	湖北城市建设职业技术学院	土木建筑	智能建造技术	湖北
180	广西师范大学	文体旅游	旅游管理	广西
181	长沙商贸旅游职业技术学院	文体旅游	餐饮智能管理	湖南
182	哈尔滨商业大学	文体旅游	烹饪与餐饮管理	黑龙江
183	青岛职业技术学院	文体旅游	旅游管理	山东
184	无锡商业职业技术学院	文体旅游	旅游管理	江苏
185	成都职业技术学院	文体旅游	旅游管理	四川
186	浙江旅游职业学院	文体旅游	智慧景区开发与管理	浙江
187	青岛酒店管理职业技术学院	文体旅游	酒店管理与数字化运营	山东
188	江西旅游商贸职业学院	文体旅游	旅游管理	江西

图 5-3　第二批国家级职业教育教师教学创新团队立项建设单位名单

2022 年 1 月，包含团队主要成员的“喀斯特山区道路桥梁工程技术专业群教师团队”被教育部认定为第二批全国高校黄大年式教师团队。

信息名称：教育部关于公布第二批全国高校黄大年式教师团队的通知
信息索引：360A10-04-2022-0002-1生成日期：2022-01-28　发文机构：中华人民共和国教育部
发文字号：教师函〔2022〕2号　信息类别：教育综合管理
内容概述：教育部公布第二批全国高校黄大年式教师团队。

教育部关于公布第二批全国高校黄大年式教师团队的通知

教师函〔2022〕2号

各省、自治区、直辖市教育厅（教委），新疆生产建设兵团教育局，有关部门（单位）教育司（局），部属各高等学校、部省合建各高等学校：

为贯彻落实习近平总书记对黄大年同志先进事迹重要指示精神和2021年教师节对全国高校黄大年式教师团队代表的重要回信精神，全面深化新时代高校教师队伍建设改革，教育部启动第二批全国高校黄大年式教师团队创建活动。各地各校高度重视、认真组织、扎实推进团队创建活动，择优推荐成绩突出的团队申报全国高校黄大年式教师团队。经审核，认定北京大学东方语言文化教师团队等团队为第二批全国高校黄大年式教师团队（见附件），现予以公布。

各地各校要以习近平新时代中国特色社会主义思想为指导，学习贯彻习近平总书记关于教育的重要论述，坚定理想信念，凝聚团队力量，立德修身，潜心治学，开拓创新，立志做大先生，潜心做大学问，努力育大英才，真正把为学、为事、为人统一起来，当好学生成长的引路人，为培养德智体美劳全面发展的社会主义建设者和接班人、全面建设社会主义现代化国家不断作出新贡献。

各地各校要加强有组织的科研，依托全国高校黄大年式教师团队，支持和引导团队创新科学范式、组织模式和科研方法，坚持面向世界科技前沿、坚持面向经济主战场、坚持面向国家重大需求、坚持面向人民生命健康，大力弘扬科学家精神，大力开展重大基础性研究、原创性研究、前沿交叉研究，打造战略科学家、学术领军人才和高水平创新团队，推动建设世界重要人才中心和创新高地，支撑高水平科技自立自强，更好服务国家使命。

各地各校团队创建的典型经验和重要进展要及时报我部（教师工作司）。

附件：第二批全国高校黄大年式教师团队名单

教育部

2022年1月27日

附件

第二批全国高校黄大年式教师团队名单

所在高校	团队名称	团队负责人
广西民族大学	边疆民族地区红色文化“大思政课”教师团队	陈媛
柳州铁道职业技术学院	高铁信号职教装备开发教师团队	黄莺
西南政法大学	中华法文化传播教育教师团队	龙大轩
四川美术学院	科技艺术与社会创新教师团队	焦兴涛
重庆电子工程职业学院	物联网应用技术专业群教师团队	陈良
西南石油大学	压裂酸化教师团队	赵金洲
成都中医药大学	系统中药传承创新教师团队	彭成
成都航空职业技术学院	航空装备智能制造专业群教师团队	熊熙
贵州大学	绿色农药与有害生物绿色防控教师团队	宋宝安
贵州交通职业技术学院	喀斯特山区道路桥梁工程技术专业群教师团队	吴有富
昆明理工大学	冶金工程教师团队	杨斌
西北大学	计算机类专业核心基础与文化遗产数字化保护教师团队	耿国华
西安建筑科技大学	地下空间环境保障教师团队	李安桂
陕西工业职业技术学院	应用化工技术教师团队	尚华
西安航空职业技术学院	飞机机电设备维修教师团队	张超
兰州交通大学	测绘科学与技术教师团队	闫浩文

图 5-4　教育部认定第二批全国高校黄大年式教师团队名单

《桥梁施工技术》《桥梁工程试验与检测》2 个教学创新团队，全面推行一课多师的任务式、混合式教学改革和过程+技能综合评价改革，教学效果良好，团队凝聚力不断增强。

二、强化师资培训，教师“教学、科研、实践”能力显著提升，团队合力更加凸显

随着“一桥一课一团队”贵州特色育人模式逐渐形成定格，专业群不断加强教师梯队建设，根据学院“十二五”“十三五”规划同步制定专业群教师培养和成长计划，对青年教师实施“青蓝工程”双导师培养制度，强化校内骨干教师和行业企业专家对新进青年教师的指导，严格实施“传、帮、带”。深入贯彻党的教育方针，落实立德树人根本任务，把好入口关，对新进教师由学院统筹、专业群充分参与进行岗前集中培训，保证新进教师上岗后能更好地履行教育教学岗位职责，树立正确的立德树人教育观念，深刻领会高等职业教育教师职业特点，掌握高等职业教育教学理论及技能，培育良好的职业道德和敬业精神。集中培训结束后，由学院聘请的教育学专家督导教师、校企专业技术骨干等对新入职教师进行教育学等理论知识、专业群相关的基础性实验实训技能等教学能力实施准入考核，考核合格后方可独立承担课堂教学任务，否则将到校内专业群安排的专业导师的课堂上跟班学习，学习结束后通过专业导师认定后方可独立走进课堂。如果条件允许，定期组织专业教师参与国内外教师访学、进修培训、技能提升等培训项目，不断提升教师专业素养，自 2008 年以来，专业群教师先后有 10 余人次分别前往德国、加拿大、澳大利亚、美国等国家以及台湾地区，向职业教育教学发达地方学习先进的职业教育理念。

在成果实施阶段（2016—2019），逐步探索实行企业兼职教师与校内专职教师同步培养、同步教研、同步表彰、同步考核。同时把企业兼职教师全部纳入课程团队或教研室管理，与专任教师共同参加各级各类培训和教研活动，共同进行课程设计和教案编写，共同制订人才培养方案，共同开展课堂革命和教育教学评价改革。

学院鼓励教师积极参与校企联合项目开发，以及项目申报和研发，

教师深度参与企业最前沿的实践研究，提高了教师科研水平和实践能力。专业群以建设“双师型”教师队伍为重点，充分发挥企业的实践优势，安排教师到专业对口的合作企业挂职顶岗，强化实践技能训练，提高双师素质。通过联合承接科研课题和技术服务项目，2016 年以来，培养省级教学名师 4 名（韦生根、雷建海、张玉杰、汪迎红）；2014 年、2015 年培养贵州省“千层次”创新型人才 4 名（刘正发、雷建海、周德军、郭天惠），2016 年至今，团队有正高职称 8 人，引进博士 3 人（其中 2 人在企业从事专业技术工作均超 20 年），专业群“双师型”教师比例提升至 95%。

“一团队”聚焦个性化成长，随着课程体系完善，由示范校建设之初的 1 个桥梁工程教学团队壮大成梁桥、拱桥、斜拉桥、悬索桥 4 个课程模块团队和 1 个《桥梁工程试验与检测》课程教学团队。

2016 年以来，专业群创建平塘特大桥、坝陵河特大桥、杭瑞高速北盘江特大桥和水盘高速北盘江特大桥等教师企业流动工作站 4 个。近三年来，企业教师流动站先后开展培训教师 98 人次，遴选培养了向程龙、李郴娟等 15 名骨干教师，引进水盘高速北盘江大桥马平（同为“知名校友”，毕业于 2002 年道路桥梁工程技术专业 0239 班）企业专家团队、大小井特大桥张胜林企业专家团队、平塘特大桥刘胜高（同为“知名校友”，毕业于 2001 年交通土建专业 0001 班）团队、开州湖大桥肖钦（同为“知名校友”，毕业于 2013 年道路桥梁工程技术专业 50809 班）等企业专家、优秀校友团队 4 个，聘请校外兼职教师 106 人，加强了《桥梁施工技术》梁桥、拱桥、斜拉桥、悬索桥 4 个教师团队建设，为提前谋划贵州后高速公路时代的到来，对高桥从事“管养用”的高端技术技能人才的需求，2019 年新组建了《桥梁工程试验与检测》教师团队。近三年来，团队获得国家级标志性成果 3 项，分别是《桥梁工程试验与检测》授课教师入选国家级“课程思政教学名师和教学团队”“土木工程检测技术”教师教育教学创新团队获第二批国家级职业教育教师教学创新团队立项建设单位、喀斯特山区道路桥梁工程技术专业群教师团队获第二批全国高校黄大年式教师团队。

第三节　“一团队”落实“一课”，个性化服务教法改革的经验与启示

一、以团队建设为出发点，创新团队个性化教育教法

目前，已创设了由“贵州高桥”企业专家、参建校友、专任教师组成的5个教学团队。《桥梁施工技术》模块化课程、岗位技术进阶选修课程、前沿技术课程，由梁桥、拱桥、斜拉桥、悬索桥4个施工技术模块教学团队实施教学；团队每位教师聚焦一类桥，通过项目建造技术追踪、教学资源建设等，凸显专业特质。《桥梁工程试验与检测》由桥梁试验与检测教学团队单独完成。学生根据兴趣爱好和未来就业岗位意愿，个性化选择岗位进阶选修课程。随教学实践不断积累，教学团队不断壮大，双师素质不断提升，教学质量不断提高，建桥人才不断输出，解决了双师素质难提升和山区孩子难出彩问题。

“一团队”解决双师素质难提升和山区孩子难出彩问题。聚焦个性化培养，以“一团队”为实施保障，创设由“贵州高桥”建造企业专家、参建校友、专任教师组成的5个教学团队。校内专任教师根据自身技术特长和职业发展意愿，加入相应的桥梁施工模块教学团队，及时追踪对应类型桥梁项目的技术和建设动态；以择取的桥梁项目为载体，引入企业专家和参建校友，优化专兼结合团队结构。团队分工协作，根据“贵州高桥”原创技术、先进工艺工法，开发并不断丰富课程资源；通过联合科研和横向技术服务项目等，培养有个性化特长的骨干教师，提升整体双师素质。梁桥、拱桥、斜拉桥、悬索桥4个团队，以“一课多师”组织教学，分别完成各门课程中涉及四类桥梁施工技术模块的教学任务；企业专家和参建校友，以“当事人说当时事”开展现场教学、专题讲座、实习实训指导等。构建“三类课堂”，第一课堂，校内校外师资互补，实施模块化教学；第二课堂，校内校外基地互补，校内实施“技能学时打卡”、校外实践基地创设“一座高桥，一个课堂”；第三课堂，线上线下资源互补，促进学生

个性化自主学习。建立多维评价标准，实行学分和增值评价，实施“千百十”三层次人才培养。

专业学生根据自己的兴趣爱好和拟定岗位方向，选修岗位进阶课程。丰富教学形式，构建“三类课堂”，依托已建成的世界级桥梁，建设了坝陵河、平塘桥等实践基地，创新了教学实施过程中“一座高桥，一个课堂”的课堂新形态。探索“分阶分层”培养途径，实施“千百十”三层次人才培养，为有特长、有潜质、学有余力的学生打通上升通道，成就“山区人建造山区高桥”的职业梦想。

十余年来，专业服务贵州高桥建造产业，高桥建造产业助力交通行业发展，交通行业促进区域经济增速，进而推动贵州脱贫攻坚全面胜利，成就了“山区人建造山区高桥”的职业梦想。2019 年以来，以路桥专业为核心的专业群成为国家“双高”专业群立项建设单位，专业获国家级奖项 9 项，学生获国家级奖项 4 项、省级 76 项，全国 28 所院校来校调研学习经验，中央电视台教育频道等媒体纷纷报道育人成果。

二、立足不断提升理实一体教学供给，实践教学条件建设上台阶

围绕现代桥梁施工、管养技术迭代创新，开发了新技术、新技能实训项目 34 个。完成贵州交通土建公共实训基地结构实验与检测实训中心方案编制和建设任务。新增设备 479 台套，设备值 1074. 464 万元，实训工位 1016 个。新增斜拉桥索力检测系统、桥梁无线模态检测系统、波纹管孔道压浆密实度检测系统、大型综合创新加载试验平台等多种先进大型设备。可开展行业前沿技术培训、技能比赛，可支持科研、生产和学生创新实践。

依托在建桥梁项目，校企联合开发工学结合随岗实践项目 16 个。如平塘特大桥桥塔机制砂自密混凝土浇筑、超高液压爬模施工、主梁整节段拼装、三塔拉索施工随岗实践项目，大小井特大桥缆吊、扣挂信息化控制、BIM 数字化协同管理等随岗实践项目。

与建设前相比，校内实训基地工位数增加 1220 个，其中项目组主持新建的结构实验与检测实训中心工位数增加 1016 个，占比 83. 3%。支撑专业

生均工位数达 1.3 个，生均面积达 9.3 平方米，实践教学设备先进完善，达到国内一流水平。

即将开工建设的“双高校”立项建设的“喀斯特山区公路工程安全技术研发与科普教育基地”将大大提升专业群的服务教学、服务社会、服务行业以及开展前沿技术研发的能力。喀斯特山区公路工程安全技术研发与科普教育基地是与贵州省内交通建设龙头企业贵州省交通规划勘察设计研究院股份有限公司（以下“勘设股份”）深度合作，按照“一馆，一园，一场，一室”建设思路，采用 EPC+O 模式，打造具有辐射引领作用的高水平专业化产教融合型实训基地。建成全国唯一的“西部喀斯特山区公路工程安全事故教育与体验馆”和“西部喀斯特工程地质地形教育园”。打造具备真实生产场景的“西部喀斯特山区公路工程安全与病害检测试验实训场”。引进企业重点实验室和行业研发中心建成“西部喀斯特山区公路安全与灾害防治技术实验室”。成为全国交通类职业院校的公共开放实训基地、行业企业的技术培训基地、“四新技术”的展示基地、喀斯特地形地貌科普基地、全国公路工程安全技术科普基地、企业技术研发基地及校企深度融合构建校企命运共同体的示范基地。

特别是“特色项目”里面“一场”的建设，为丰富和拓展“一桥一课一团队”贵州特色育人模式的不断深入实践提供载体。依托校园新建的实体桥梁，真实展现桥梁监测布点，在桥梁感知节点和汇聚节点上安装特殊的传感器元件，以可视化的方式实现桥梁的远程实时监控和预警。

新建试验桥为下承式系杆蝴蝶拱桥，主拱肋采用钢箱截面；主梁采用由系杆箱、横梁、小纵梁组成的钢结构纵横体系；正交异性钢桥面板。桥梁全宽 7.35 米，有效宽度 5 米，桥面横坡为双向 1.5%，通过桥面铺装形成。钢结构采用工厂预制，现场支架吊装施工。

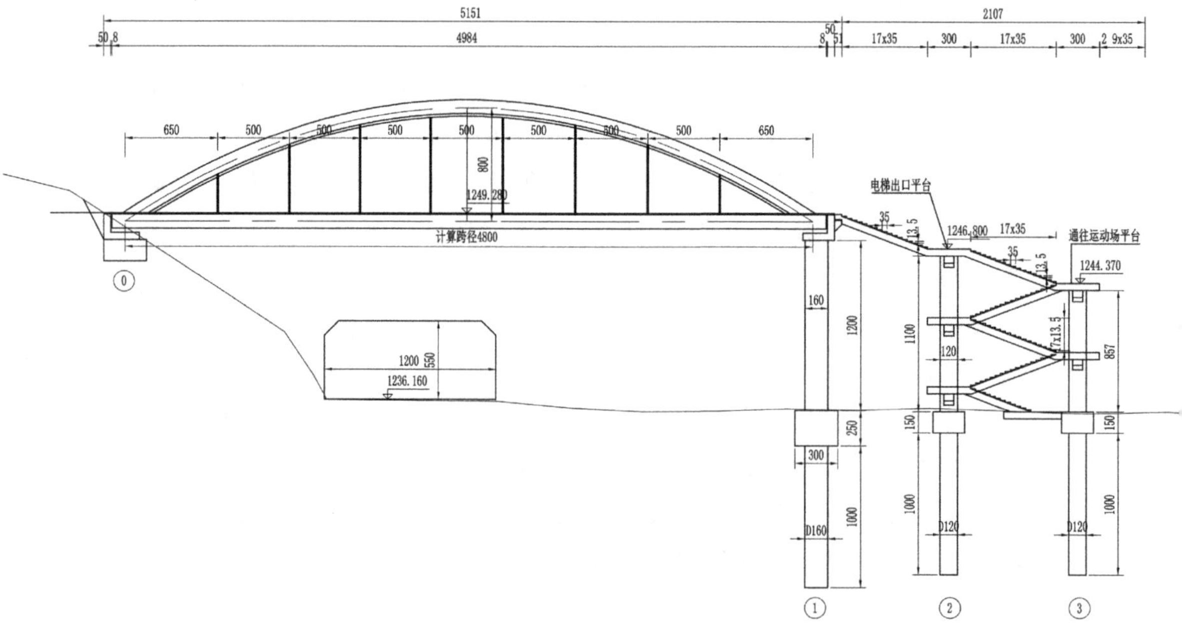

图 5-5　新建试验桥桥型布置图

在试验桥上布置桥梁健康监测系统，实现未来桥梁健康监测高端技术技能人才需求。试验桥按照根据现行有关技术标准、规范、规程以及《公路长大桥梁结构健康监测系统建设实施方案》（交办公路〔2021〕21号）文件要求，布置健康监测系统按照长大桥梁在大桥运营期间的预期功能，试验桥健康监测系统由五个子系统组成，包括自动化监测子系统、人工巡检子系统、数据存储与管理子系统、综合预警与安全评估子系统、用户界面子系统。其中自动化监测子系统包含传感器模块、数据采集与传输模块及数据处理与控制模块；数据存储与管理子系统主要包含桥梁基本信息数据库、实时监测数据库及系统管理数据库；综合预警与安全评估子系统包含数据分析模块、安全预警模块及安全评估模块；用户界面子系统包含报表生成管理模块、数据显示与维护模块及交互式录入与查询模块。

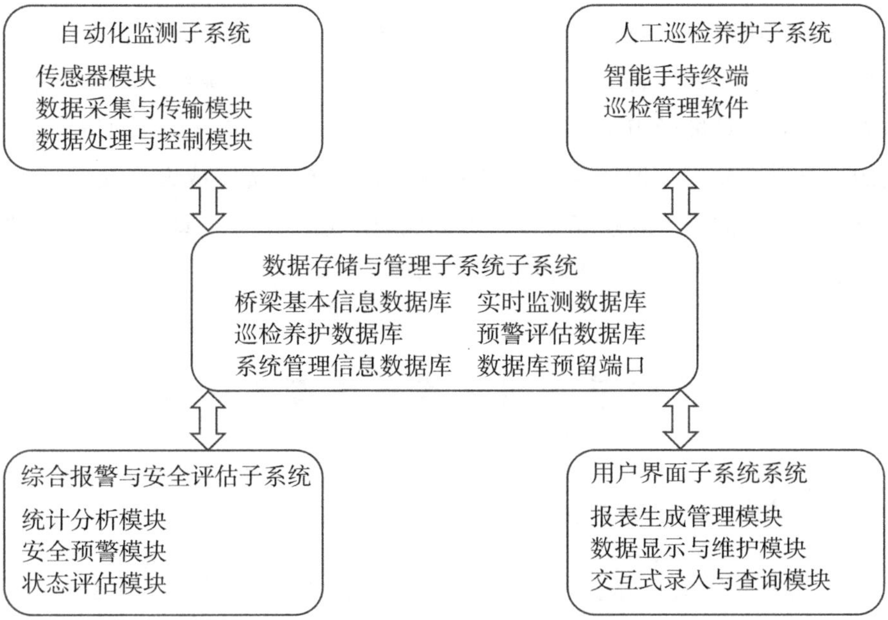

图 5-6　桥梁健康监测系统功能架构图

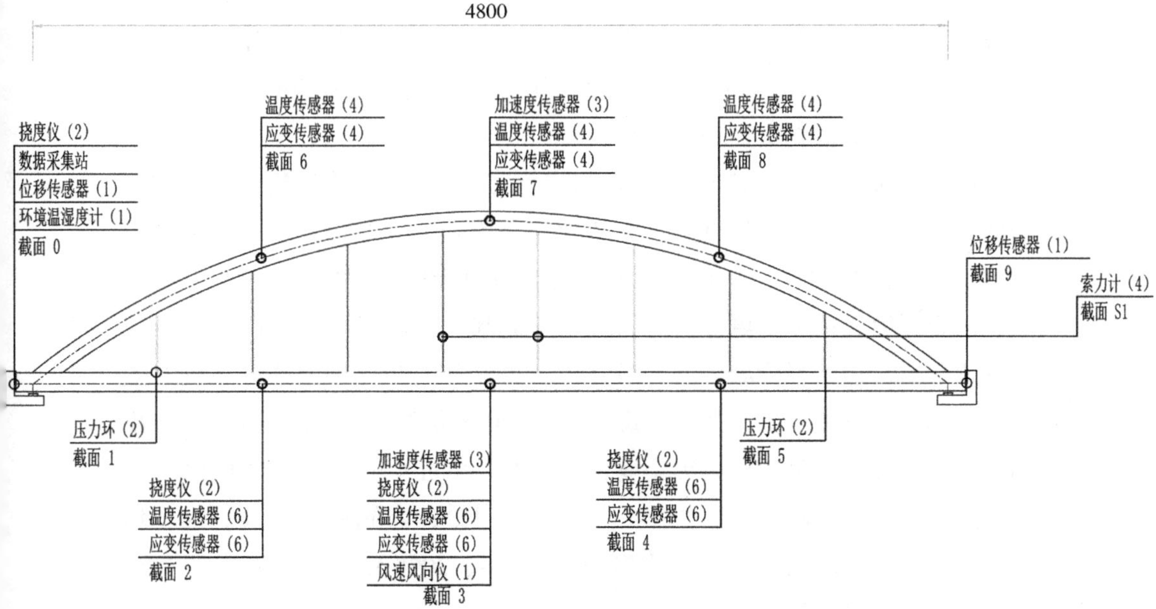

图 5-7　试验桥桥梁健康监测系统测点总体布置图

五大子系统之间建立严密的关系网络，自动化监测子系及电子化人工巡检子系统用于荷载源、结构响应数据、现场车辆信息的采集，并将获取的数据作一定预处理后，统一存储在数据存储与管理子系统中，然后使用软件中计算工具进行相应的统计分析，结合各参数设定的安全阈值实现系统的综合报警和安全评估功能，并由用户界面子系统完成人机交互工作。通过试验桥的健康监测系统建设，可以实现“足不出校”即可开展未来桥梁健康监测前沿技术技能人才的培养培训。

第四节　实施成效典型案例

一、助推专业发展步步高

从2007年国家“示范校”的建设，到2016年国家“优质校”的建设，路桥专业均获批国家级骨干专业，在“一桥一课一团队”育人模式引领下，专业集群效应更加凸显。2019年，以路桥专业为核心、聚焦贵州山区大跨高墩桥梁建造技术技能人才培养的道路桥梁工程技术专业群成为国家级“双高”专业群立项建设单位。“十三五”时期，路桥专业建成国家级“双师型”教师培养培训基地2个，国家级生产性实训基地1个，立项建设国家级虚拟仿真实训基地1个。

以贵州桥梁建设为纽带，与桥梁设计、施工、管养单位建立了更加紧密的合作关系。依托在建世界级大桥建设，为企业定制培养人才，从施工单位扩大到检测和养护单位，从省内企业扩大到在黔央企和省外大型企业，从定制模式拓展到更加精准的现代学徒制、企业订单班模式。2016年与贵州宏信创达工程检测咨询有限公司、2017年与贵州顺康路桥咨询有限公司合作开办学徒制班，共2个班50人。2018年至2019年与浙江交工集团股份有限公司、贵州桥梁等企业合作开办订单班4个，培养学生120人。“校企一体、任务驱动”人才培养模式与时俱进，内涵更加丰富。人才培养规格与行业需求高度契合，本专业2017年、2018年就业率稳定在98%以上，办学质量得到社会广泛认可。

通过在建世界级大桥，创建了产业、行业、企业、职业、专业、学业“六业”即时联动机制，吸引企业一线专家走进了校园，深度参与人才培养过程，完善了专业建设指导委员会成员遴选机制、问题发现机制、人才培养规格调整机制。行业最新技术发展能够快速反馈到专业教学中。2017年，遴选贵州省高速公路开发总公司副总工程师石大为等5名校外专家重组专业建设指导委员会。2018年，补充贵州省交通规划勘察设计研究院股份有限公司总工程师马平均等2名校外专家。专业建设研讨会先后审定了2017版、2018版专业人才培养方案，培养喀斯特山区高桥技术技能人才的专业特色更加突出。

二、助力教师成长渐出彩

通过多年探索与实践，团队及团队成员取得一系列标志性成果，实现职业教育教师人生出彩，助推了团队及成员在职业教育领域的不断提升。

1. 团队成果丰硕

2013年，道路桥梁工程技术教学团队入选贵州省高等职业教育教师教学创新团队；2017年，企业兼职教授石大为，建立省级大师工作室——“石大为大师工作室”；2021年，《桥梁工程试验与检测》授课教师入选国家级“课程思政教学名师和教学团队”；2021年；专业群校内带头人刘正发、企业带头人韩洪举带领《土木工程检测技术》教学团队入选国家级职业教育教师教学创新团队；2022年1月，喀斯特山区道路桥梁工程技术专业群教师团队获第二批“全国高校黄大年式教师团队”；团队成员的“‘一桥一课一团队’、山区高桥技术技能人才培养‘贵州模式’的创新与实践”获2021年贵州省级教学成果奖“特等奖”。

2. 专兼职教师获社会认可度高

韦生根、雷建海、张玉杰、汪迎红等获省级、厅级职教名师。刘正发、雷建海、周德军、郭天惠等获贵州省高层次创新型人才（千层次）；韩洪举（团队成员、中特高路桥专业群企业带头人、贵州交通建设集团有限公司党委委员、总工程师）获贵州省“百”层次创新人才。

教师成长案例一：团队负责人刘正发教授

1992年，刘正发大学毕业即到校工作，伴随学院“中职升高职”“国家示范校”“国家优质校”三个重要发展阶段的28年，扎根交通职教、不畏艰难困苦，从助教成长为教授；从青年教师成长为省内知名职教专家；从入党积极分子成长为合格共产党员。

扎根职业教育，政治坚定。步入新时代，刘正发同志树牢“四个意识”，坚定“四个自信”，做到“两个维护”，持续推进习近平新时代中国特色社会主义思想进教材、进课堂、进头脑，牵头将课程思政全面融入教学改革，成立思政课发展创新研发中心，确保各类课程与思政课程同向同行。

践行教学改革，业绩显著。刘正发同志以“培养什么人、怎样培养人、为谁培养人”为根本出发点，带领团队参与教育部教育教学“诊断与改进”试点工作、国家级现代学徒制试点工作；主持学院省级优质校建设工作，成功入选国家级优质校；主持中国特色高水平高职学校和专业群申报，学院立足“双高”校建设。

2016年至今，在刘正发同志引领带动下，学院获批立项“贵州省高职院校人才培养质量提升工程”35个项目，其中21个项目被国家高等职业教育创新发展行动计划认定；2018年，学院上榜全国普通高校竞赛评估结果高职组300强，位居第70名，年度排行第17名；2019年至今，学院已获国家级奖项16个，省部级奖项27个。在其担任分管教学副院长的近3年，毕业生就业率保持在96.5%以上，用人单位平均满意度为98.44%。

刘正发同志坚守职教27年，先后承担了《公路勘测设计》《公路施工技术》等12门课程的授课任务。作为专业带头人，组织团队开发了交通土建类工学结合教材8本，建成国家级精品资源共享课1门，国家级精品课程2门，国家级教学资源库课程2门，省级精品课程2门。近三年来，参与国培、省培项目授课超过40课时。

创新育人途径，作风过硬。刘正发同志恪守职业道德、作风过硬，深信“人人都能成才”，坚持开展“新生开学第一课”及“毕业生最后一堂课”教育。倡导和主持了学院“场馆文化育人”建设，依托通过省部共建

“西部山区道路运输安全警示教育基地”“交通教育博物馆”“贵州交通红色教育基地”“学生素质发展中心”“廉政基地”等系列场馆文化建设，着力培养学生作为交通人的自豪感，职教人的职业荣誉感。

探索产教融合，能力突出。刘正发同志在担任学院副院长期间，促进了学院社会服务能力提升。仅2018年，非学历教育培训25974人次，社会服务到账额1818万元，道路运输和交通工程建设安全生产标准化考评产值70余万元，学院入选了2019年全国高职质量年报“服务贡献50强”。

主要工作业绩：2018年获省级教学成果奖一等奖一项；2019年获省公路学会科学技术奖一等奖一项；2018年省级教育科学研究优秀成果奖一等奖一项；参与四项国家级项目，一项省级项目；一项实用新型专利《一种下水道过滤盖》；参与贵州省交通运输厅科技项目三项，其中一项为项目负责人；一项贵州省职业教育课题，担任项目负责人；一项贵州省教育改革发展研究重大招标课题，担任首席专家。

荣誉称号：2011年9月，获“西部之光访问学者”；2015年3月，获贵州省2014年高层次创新型“千层次”人才；2014年8月，获省级教师培训专家；2016年11月，担任贵州师范大学客座教授；2019年4月，获省交通厅年度考核优秀。

承担重大课题：2019年，担任贵州教育改革发展研究重大课题《贵州特色高水平高职学校和专业群建设研究与实践》首席专家。

教学成果：(1) 2013年，《高职道路桥梁工程技术专业信息化共享教学资源建设与应用》获得交通运输职业教育教学指导委员会教学成果特等奖，排名第16位，(2) 2014年，《高职道路桥梁工程技术专业信息化共享教学资源建设与应用》获得国家级教学成果二等奖，子项目负责人，排名第16位；(3) 2014年，《提升专业人才培养质量，服务地方经济，校企深度融合模式研究与实施》获得国家级教学成果二等奖，排名第5位；(4) 2017年，获得贵州省第三届教育科学研究优秀成果一等奖（贵州高等职业教育诊断与改进“四横”质量标准体系研究）；(5) 2018年，获得贵州省职业教育省级教学成果一等奖（民族地区专本衔接培养中职师资的“四方共育、德能并进”模式探索与实践）；(6) 2021年，获得贵州省省级教学成果奖特等奖（“一桥一课一团队”，山区高桥技术技能人才培养“贵州模式”的创新与实践)。

教师成长案例二：团队主要成员、企业兼职教师韩洪举

企业兼职教授、立项建设“中特高”专业群——道路与桥梁工程技术专业群企业带头人韩洪举，1994年毕业于重庆交通大学，贵州省省管专家，贵州公路学会首席专家，现任贵州交通建设集团有限公司副总经理兼总工程师。从业二十余年来，主要从事山区大跨径桥梁建造技术研究和设备研发。

韩洪举自2008年起，作为路桥专业企业兼职教师，先后指导并参与学院示范校建设，为人才培养模式成果的探索（2007—2010）提供了智力支持、项目支撑；之后在成果的形成阶段（2011—2015），多次参与成果的架构设计、实施方案的研究制定、成果的提升提炼，为成果的定型付出企业专家的担当；为独具贵州特色的成果在实施阶段（2016—2018）得以顺利实施，在师资特别是“双师型”教师培养、教育教学创新团队打造、学生成长成才方便取得一些列成果奠定了建设基础；在后来的成果推广阶段(2019—2021)，根据其作为大型国有企业总工程师的职业优势，为成果的载体（在建的典型、大型桥梁）选择提供便利条件，为企业专家（含项目施工管理人员)、参建项目的优秀校友组团进入“一桥一课一团队”的专兼结合的师资队伍提供人力资源支撑，拓宽了师资队伍的专业结构，在数量和质量上都得到显著提升。同时，韩洪举在参与人才培养模式的不断更新迭代过程中，在自身专业及团队管理方面也取得了一系列标志性成果，实现了作为专业技术人员的技术升华，在贵州桥梁建设以及利用专业特长服务职业教育方面，成果丰硕。主要业绩如下：

主持修建的工程作品：崇遵高速鞍山大桥（现娄山关特大桥)，建成时为贵州最大的公路转体桥（转体重量8498吨)；镇胜高速公路北盘江大桥（主跨636米)，建成时为国内最大的钢桁加劲梁悬索桥；通达大桥(主跨120米)，用贝雷梁作为拱架修建了贵州第一座跨径超百米的钢筋混凝土拱桥；夜郎湖大桥（主跨125米)，贵州第一座钢筋混凝土薄壁开口箱转体桥；木蓬特大桥（主跨165米)，贵州第一座悬臂浇筑钢筋混凝土拱桥；水盘高速北盘江大桥（主跨290米)，世界上最大的空腹式刚构桥；

六广河大桥（主跨580米），贵州最大的钢混叠合梁斜拉桥，目前世界第五；沙坨大桥（主跨240米），国内最大的悬臂浇筑拱桥等等。

创新工艺新方法方面：（1）依托崇遵高速公路鞍山转体大桥，独创了外置式牵引系统和采用普通设备实现高精度转盘安装工艺（3米直径安装精度小于0.2毫米），该工艺至今一直沿用并广泛推广；（2）依托镇胜高速公路北盘江大桥，首次在缆索吊装系统上采用平衡轮系统解决了主承重索受力均衡问题，现缆索吊装系统普遍采用，并提出了采用缆索吊实施1000米级悬索桥可行性，并在后面的大桥中逐步实现（如清水河大桥，主跨1130米），该研究成果获得2010年贵州省科技进步二等奖。在此基础上，依托江习高速公路笋溪河大桥完成了吊装系统的控制集成，该项目获得“中国钢结构金奖”和鲁班奖；2019年依托湄石高速河闪渡大桥，利用北斗技术和PLC控制技术完成了吊装系统的智能化、集成化、可视化升级，该工艺达到了国内领先水平；（3）依托思剑高速公路木蓬特大桥，提出了采用预置偏量法对主塔进行偏位控制、扣索一次张拉，独创了倒三角斜爬挂篮施工工艺，使施工更高效、控制更精准，获得了包括《倒挂式三角斜爬挂篮》发明专利在内的20多项国家专利，该工艺对推动山区大跨径钢筋混凝土拱桥起到示范作用（如沿德高速公路的马蹄河特大桥、重庆武隆的乌江龙溪大桥等），研究成果获得了2016年度贵州省科技进步二等奖，参与编写的《悬臂浇筑混凝土拱桥设计与施工技术》对该桥型的施工起到了指导作用；在此研究的基础上，依托沿河沙沱大桥（主跨240米，国内最大跨径），对该项目工艺进行进一步优化，开发出曲梁节段钢筋整体安装、扣塔实时智能纠偏、短索预应力实现主拱圈拉应力主动控制等先进控制技术，突出提升工艺的自动控制和悬臂节段的快速施工，该技术处于国内领先水平。2019年3月发表相关论文《沙沱特大桥施工控制参数敏感性分析》；（4）依托水盘高速公路北盘江大桥，独创上弦挂篮配合移动模架、下弦斜拉扣挂辅挂篮悬臂施工的方法，突破了三角区施工的技术难题，研究成果得到了同行高度认可，并得以推广，荣获了贵州省科学技术进步奖一等奖、鲁班奖和詹天佑奖；这也为集团公司后续实施的纳晴高速六枝特大桥（主跨3×320米空腹刚构桥）的顺利实施打下坚实基础。

施工装备研发方面：（1）依托贵州洪家渡大桥（主跨135米），研发出150米跨径的自适应拱架，实现了150米跨径以内的钢筋混凝土拱桥拱架跨径、矢跨比任意可调，同时配套开发了扣挂系统、加载长度、位移控制的算法，该拱架处于国内领先水平。2020年3月，依托项目发表高水平论文《大跨度钢筋混凝土拱桥施工阶段动力特性分析》；（2）依托都安高速公路新平河大桥，研发出一套全幅架设的智能桥机，实现了钢混叠合梁整幅架设过程中的横梁过支腿、主梁姿态的任意调整、跑车的自动位移控制等，是国内第一台超宽智能桥机；（3）依托湄石高速公路河闪渡大桥，利用北斗技术和PLC控制技术实现吊装过程中个设备协调控制、位移的高精度控制，以及可视化操作，完成了吊装系统的智能化、集成化、可视化升级，为产品的工业化提供了基础，该控制系统达到了国内领先水平。

主要获得的荣誉及技术成果：在不断提升专业技术能力的过程中，同时将成果转化为教学资源，进入学院中特高建设的“百大资源库”，技术成果转化及时，也获得了大量荣誉成果，主要有：

（1）2013年9月，荣获中国公路学会百名优秀工程师；

（2）2015年1月，荣获国务院特殊津贴专家；

（3）2015年4月，荣获贵州省劳动模范；

（4）2018年3月，荣获贵州省首届“创新争先科技榜样”；

（5）2018年8月，荣获中国公路学会“第三届全国公路优秀科技工作者”；

（6）2018年10月，荣获贵州省百层次创新型人才；

（7）2019年1月，荣获第八届贵州省优秀科技工作者；

（8）2021年4月，荣获贵州省省管专家；

（9）2021年4月，荣获贵州理工学院工程学院名誉院长；

（10）2021年8月，荣获贵州省“最美科技工作者”；

（11）2021年12月，作为主要成员的“‘一桥一课一团队’，山区高桥技术技能人才培养‘贵州模式’的创新与实践”，荣获2021年贵州省省级教学成果奖（高职组）特等奖；

（12）省部级工法12项（其中8项排名第一）；

（13）国家授权专利50件，其中发明专利8件。

带头完成授权专利一览表

序号	专利名称	专利级别	获得时间	主要完成人员	备注
1	倒挂式三角斜爬挂篮	发明	2014.07	何志军、韩洪举等	
2	空心板专用轻型架桥机	发明	2017.08	韩洪举、彭力等	
3	快捷式钢绞线切割装置	发明	2018.09	韩洪举、郭吉平等	
4	可调式卡套型钢绞线切割装置	发明	2018.09	郭吉平、韩洪举等	
5	一种用于挂篮的旋转式止退装置及止退方法	发明	2018.09	郭吉平、韩洪举等	
6	超轻型挂篮主桁架	发明	2019.12	郭吉平、韩洪举等	
7	下置式挂篮的拱桥施工方法	发明	2020.02	韩洪举、郭吉平等	
8	主桁架曲面安装施工方法	发明	2020.04	韩洪举、郭吉平等	

3. 毕业生成为学院发展的靓丽名片

据统计，贵州交通基层一线技术人员75%是学校毕业生；贵州在建的每一座大桥，都活跃着路桥专业毕业生的身影，北盘江特大桥的马平、平塘特大桥的刘胜高，据统计平塘特大桥一线施工技术人员中52名路桥专业毕业的校友等等。毕业生中涌现出一大批能工巧匠和大国工匠，参与建设的“高桥”工程，先后获得“古斯塔夫斯”金奖（世界桥梁界的诺贝尔奖）2座、土木工程最高荣誉“詹天佑奖”3座、“中国建设工程鲁班奖”2座、“李春奖”5座，路桥专业是贵州桥梁建设的“名匠大师摇篮”。2013年至2021年，学生获国家级、省级创新创业大赛和技能大赛80项。在特色人才培养模式下培养的千万学子中的一员——黄鸿飞，成长为贵州省在建高速公路2020年度“交通工匠”。

学生成长案例。下面为对黄鸿飞现任公司领导、班组同事及本人所做的专访（来源：贵州桥梁公众号2021-09-01专访报道）。

我与大桥共成长——十佳工匠黄鸿飞

2008年，毕业于道路桥梁工程技术专业的黄鸿飞，从技术员到主管再到工区长，13 年如一日苦练本领、挥洒青春，一心扎根项目建设最前沿，一路用匠心谱写奋斗者之歌。2021 年 7 月，被贵州省交通运输工会委员会、贵州省交通建设工程质量监督局授予贵州省在建高速公路 2020 年度“交通工匠”。

曾经担任黄鸿飞企业师傅的企业领导评价说，2008 年 8 月，刚从学院毕业的黄鸿飞，凭着对交通事业的热爱，到了贵州桥梁集团这个大家庭，入行十余载他始终秉承着“干一行、钻一行、精一行”的工作态度，主动学习研究核心技术及优秀工法，先后参与了总溪河特大桥、香火岩特大桥、大小井特大桥及正在建设的大发渠特大桥等多座世界级大桥的建设。作为学院毕业的上万名学子中的一员，黄鸿飞专业功底扎实，职业品质优良，继承和发扬了交通人特有的品质。

事必躬亲，干就干出精彩。在接受学院老师回访时黄鸿飞说：“我们缆索吊装施工必须精益求精，行就是行，没有将就，一个小小的疏漏，就可能造成灭顶事故。”这是黄鸿飞经常挂在嘴边的一句话。在多年的技术工作中，黄鸿飞养成了事必躬亲的工作习惯，工作布置下去以后，他总要想方设法到现场盯控各环节作业，每一项工作准备、每一次检修、每一次吊装，他都要亲自复核，确保不出纰漏。

在工作中，黄鸿飞始终坚持身先士卒，处处发挥兵头将尾的带头作用。在他的带领下，面对项目施工工期紧、任务重、技术要求高等难题，所在工区总能严把质量关，严控管理，克服种种困难，圆满地完成了一个又一个生产任务。他也因此先后多次获得先进个人、优秀共产党员、优秀技术干部等荣誉称号，用实际行动展现了贵州桥梁一线年轻干部的风采。

坚守初心，专就专到极致。钢管拱桥首节段吊装是大桥吊装最为重要的环节之一，建设中的大发渠特大桥主拱首节段重达 240 吨，是集团公司建设的世界级大桥中首节段的重量之最。该桥首节段吊装从前期准备、吊装到最后定位、焊接共耗时 72 小时，在 72 小时不间断作业中，现场作业人员及技术员轮班上岗，黄鸿飞则全程无休，坚持全程跟踪、现场值守，不断到各施工点巡查指挥，如他常说：“作为一名党员、工区负责人我必须带头坚守、做好示范。”

舍小为大，做就做出成绩。2021 年春节，黄鸿飞积极响应“就地过年”的号召，带头留岗，并逐个走访职工宿舍，为大家算经济账、讲安全、讲形势、作承诺，成功说服项目32名河北籍员工全部留岗就地过年。在他的带领下，留岗员工在过节期间先后完成了大发渠特大桥6个主拱节段的施工任务，为大桥的整体施工进度争取了近10余天的时间。

2021年4月以来，大发渠特大桥吊装施工进入攻坚阶段，黄鸿飞同样放弃了休假，选择坚守岗位，在他和项目团队的不懈奋斗下，大发渠特大桥缆索吊装系统高效运转，在各岗位人员紧密配合下，节段吊装从2天1节段提升为1天1节段，大大提高了工效、保障了工期。

工艺传承，教就教得透彻。黄鸿飞乐于分享经验，从不“私藏”技术，为了让优秀的施工经验及工法得到传承，他把自己10多年总结的施工经验毫无保留地传授给了工区其他技术员。在他的带领下，一批批技术骨干逐渐成长了起来，开始在各个岗位上独当一面。

在黄鸿飞的身上传承着贵州交通职业技术学院人把青春和汗水挥洒在贵州的山水之间和祖国的大江南北的奉献精神。一座座横空出世的世界级工程写满骄傲与荣光，成为新中国伟大建设征程上的一个个生动缩影和精神丰碑，充分彰显了贵州桥梁人“逢山开路、遇水架桥”的精气神。

作为一名从学院路桥专业走出去的桥梁人，黄鸿飞始终牢记匠心梦想，心怀责任与使命，坚持以公司为家，勇挑重担，忠诚担当，用青春和汗水为集团公司高质量发展添彩助力。

黄鸿飞深切对母校教师的说：“‘我与大桥共成长’已成为我人生格言，我将永远坚持，作为贵州交通职业技术学院学子，在校期间独具特色的教育教学模式是我成长的起点，工作过程中老师们的谆谆教诲激励我不断前行，感谢老师们的培养，目前我已成长为公司骨干，也有幸成为学院‘兼职教师’，我将尽我所能的回报母校，尽好职履好责。”

三、助力学院走出贵州奔向世界

近三年来，重庆交通大学土木工程学院、新疆交通职业技术学院、青海交通职业技术学院、湖北三峡职业技术学院、贵州理工大学交通工程学院等近30所兄弟院校来我校交流，对独具“贵州特色”的“一桥一课一团队”人才培养模式的推广、提升起到了很好的促进和推动作用。其中在开设有类似专业的新疆交通职业技术学院、重庆工业职业技术学院、江西交通职业技术学院、陕西铁路工程职业技术学院、广东交通职业技术学院、云南交通职业技术学院、青海交通职业技术学院、贵州装备职业技术学院、贵阳职业技术学院、贵州建设职业技术学院、贵州工商职业技术学院等10余所院校的路桥专业，结合自身特色，开展“一桥一课一团队”的人才培养模式得到探索、推广、提升及应用。

开展兄弟院校有代表性培训和帮扶10余次，主要有：2015年7月，在全国交通运输职业教育教学指导委员会路桥工程类专业指导委员会开展“施工新技术”培训；2019年8月，针对全国开设路桥专业的兄弟院校开展“国家级职业院校教师素质提高培训”及“双师型”教师专业技能培训班；2020年8月，在全省特色高水平职业院校和专业群建设研修班做经验分享和交流发言；2020年8月，承担“2020年全省高职院校教师教学能力提升培训”；2021年3月，开展2021年贵州省职业院校教师素质提高计划——全省特色高水平学校和专业群建设研修班第一期；2021年6月，开展2021年贵州省职业院校教师素质提高计划——全省特色高水平学校和专业群建设研修班第二期；2021年9月，针对全省职业院校开展2021年职业院校教师教学能力提升培训；2022年1月，根据《交通运输职业院校结对帮扶新疆交通职业技术学院行动计划（2021—2023年）》的要求，专业群组织开展了“2021年新疆交通职业技术学院提质培优建设暨高水平专业群建设项目组能力培训”，主要为提升新疆交通职业技术学院道路桥梁工程学院的交通建设工程技术与管理专业群的整体建设能力，培育国家高水平专业群团队申报及建设能力，增强道路桥梁工程学院推进和落实《学院职业教育提质培优行动计划》的能力，为确保项目建设进度如期保质完成。学院院长何朴带队、道路桥梁工程学院郭社锋院长等专业带头人、骨干教师等一行20人到校交流培训。通过本次培训，达到如下目标：一是专业负责人、骨干教师及教学管理人员的职业理念得到提升；二是专业负责人、骨干教师提质培优的意识和能力得到提升；三是双高专业群申报和建设能力得到提升，双高专业群的建设方案得到进一步细化；四是实训条件整体建设能力和管理水平得到提升。5天的培训，紧张有序，得到参培领导和教师的高度认同。

新疆交通职业技术学院提质培优建设暨高水平专业群建设项目组培训班在我院圆满结束

贵州交通职业技术学院 2022-01-14 17:55

1月12日，新疆交通职业技术学院为期5天的“提质培优建设暨高水平专业群建设项目组培训班”在我院圆满结束，新疆交通职业技术学院院长何朴，道路桥梁工程学院院长郭社锋、副院长冯哲及专业带头人、骨干教师等累计20人参加培训。

培训以项目组构建团队，通过专题讲座、分组研讨、参观交流、成果总结等形式开展。培训内容包括中国特色高水平高职学校和专业建设、提质培优行动计划政策解读、虚拟仿真实训基地建设经验探索与交流、课程思政案例凝练开发及申报等方面。学院党委副书记刘正发、贵州交建集团总工韩洪举、院质控办主任张涛、教务处长雷建海、路桥工程系主任韦生根、路桥工程系党总支书记周德军等专家进行授课，并组

织新疆交职院重点专业群建设块体负责人分别深入到学院相关系部和教学职能部门交流考察。

“学院非常重视本次培训，培训内容力争充实，将毫无保留分享我院在专业群建设、提质培优建设的等方面的经验与收获。”在开班仪式上，学院长吴有富表示，学院将聚焦新疆交职院在专业建设、教学改革、课题研究和课程思政等领域的痛点难点问题，突出培训的“问题导向”与“成果导向”。

今年9月，全国交通运输职业教育教学指导委员会印发了《关于开展结对帮扶新疆交通职业技术学院（第一期）各项工作的通知》，根据文件，贵州交通职业技术学院与新疆交职院开展结对帮扶工作，组建帮扶团队，指导新疆交职院道路工程学院交通建设工程技术与管理高水平专业群建设，协助指导新疆交职院交通建设工程技术与管理专业群开展职业教育规划教材编写、工程测量技术技能竞赛、教师教学能力大赛准备、交通建设与管理虚拟仿真实训基地建设等工作，重点指导新疆交职院课程思政试点院校建设等工作。

本次培训聚焦结对帮扶任务，坚持以提升新疆交通职业技术学院交通建设工程技术与管理专业群的整体建设能力，培育国家高水平专业群团队申报及建设能力，增强道路桥梁工程学院推进和落实《学院职业教育提质培优行动计划》为目标，以成果为导向，通过多形式、全方位的培训形式，有效推进新疆交通职业技术学院与贵州交通职业技术学院在专业建设、教学改革、课题研究、师资培训等领域的交流和高质量发展。

培训期间，双方根据交通运输部人事教育司《关于进一步推进交通运输职业院校结对帮扶工作的意见》和《关于印发<交通运输职业院校结对帮扶新疆交通职业技术学院行动计划（2021—2023年）>的通知》精神，聚焦“高水平专业群打造、师生技能竞赛能力提升、课程资源共建共享”等方面签订了结对帮扶协议，进一步明确和细化结对帮扶措施，为加强两校间的帮扶协作，切实推进双方在专业建设、教学改革、课题研究、师资培训等领域的多方面办学领域的高质量发展明晰了方向。

伴随贵州桥梁企业海外战略实施，团队深化成果的国际交流与合作内涵，在贵州率先招收路桥专业国际交流生，已毕业的 4 名留学生在老挝首都万象至中国磨憨口岸高速公路工作；国内 21 名学生受贵州公路集团邀请，到海外蒙古项目、格鲁吉亚项目顶岗实习。学院领导多次受邀在高职校长联席会、中国职业教育西部双高研讨会、中国东盟国际交流合作办学等高端论坛上，专题作“贵州高桥”特色育人经验介绍。2019 年全国高职高专校长联席会上，学校党委书记张静以“对接山区公路高桥建设，打造贵州特色高桥专业群”为题进行了交流发言，得到专家肯定，参会嘉宾和院校长给予“桥书记”美誉。中央电视台教育频道等媒体纷纷报道贵州交职院育人成果，引起强烈社会反响，显著提升了专业办学国内外影响力。

2022/2/11　【媒体看交院】贵州交通职业技术学院：专业建设对接“高端产业”和“产业高端”

【媒体看交院】贵州交通职业技术学院：专业建设对接“高端产业”和“产业高端”

贵州交通职业技术学院 2021-09-01 16:42

贵州交通职业技术学院：专业建设对接“高端产业”和“产业高端”

更多权威资讯，尽在新华社客户端

新华社

贵州交通职业技术学院：专业建设对接“高端产业”和“产业高端”

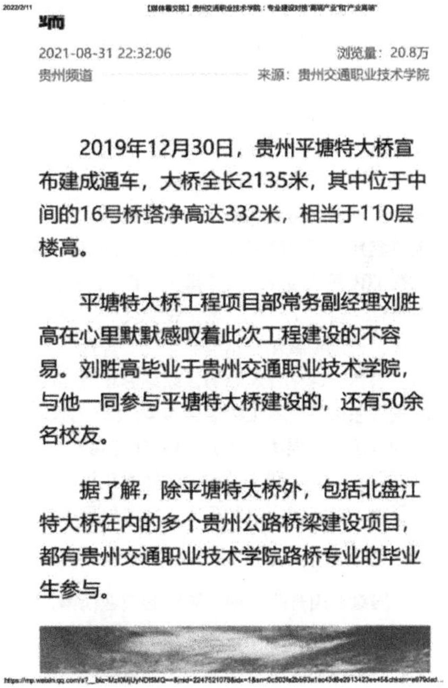
2022/2/11　【媒体看交院】贵州交通职业技术学院：专业建设对接“高端产业”和“产业高端”

2021-08-31 22:32:06　浏览量：20.8万

贵州频道　来源：贵州交通职业技术学院

2019年12月30日，贵州平塘特大桥宣布建成通车，大桥全长2135米，其中位于中间的16号桥塔净高达332米，相当于110层楼高。

平塘特大桥工程项目部常务副经理刘胜高在心里默默感叹着此次工程建设的不容易。刘胜高毕业于贵州交通职业技术学院，与他一同参与平塘特大桥建设的，还有50余名校友。

据了解，除平塘特大桥外，包括北盘江特大桥在内的多个贵州公路桥梁建设项目，都有贵州交通职业技术学院路桥专业的毕业生参与。

2022/2/11 【媒体看交院】贵州交通职业技术学院：专业建设对接"高端产业"和"产业高端"

面对交通强国战略立体、智慧、绿色交通的转型升级，工程建设由机械化到数字化、智能化的转型发展等迫切需求，贵州交通职业技术学院提出了专业建设必须对接“高端产业”，专业高质量的发展必须满足行业高端技术技能人才的需求思路。

对接产业链，将跨界融合的理念融入专业群建设。面向交通基础设施高端智能建造领域，以数字化为基础、网络化为支撑、智能化为方向，对接基础设施数字智能化高端产业（国家七大新兴高端产业之一），衔接

https://mp.weixin.qq.com/s?__biz=MzI0MjUyNDI5MQ==&mid=2247521078&idx=1&sn=0c503fa2bb93a1ec43d6e2913423ee45&chksm=e979dad… 3/6

2022/2/11 【媒体看交院】贵州交通职业技术学院：专业建设对接"高端产业"和"产业高端"

交通基础设施数字化智能建造“设计-生产-建造-运维服务”产业链，以路桥专业为核心，与地隧、养护、检测专业，跨界与计算机网络技术专业融合组成交通智能建造专业群，从而实现专业群人才培养由机械化建造向数字智能化建造的迭代升级。

瞄准智能建造技术链创新链，重构专业群知识技能体系。萃取工厂化、装配化智能建造、物联化无损检测、数字化健康监测、智慧工地管理等智能建造技术链、创新链关键核心技术，重构专业群各专业知识技能体系，探索创新专业群“行动导向、能力递进”的模块化课程体系。以培养复合型、国际化高端应用型人才为靶向，嵌入思政元素，融合1+X证书内容，纳入贵州喀斯特山地交通工程技术积累，与技术创新同频共振，校政企行四方联合，全面动态修订专业课程标准。

聚焦山区大跨高墩桥梁智能建造产业高

https://mp.weixin.qq.com/s?__biz=MzI0MjUyNDI5MQ==&mid=2247521078&idx=1&sn=0c503fa2bb93a1ec43d6e2913423ee45&chksm=e979dad… 4/6

2022/2/11 【媒体看交院】贵州交通职业技术学院：专业建设对接"高端产业"和"产业高端"

端，打造贵州特色高桥人才培养高地。针对制约贵州交通高质量发展的山区大跨高墩桥梁智能化建造与养护技术模型系统化、技术标准化、构件工厂化、施工装配化、工地智慧化、检测物联化、运维数字化、管理协同化、服务全球化发展趋势，以培养掌握喀斯特地貌条件下土木工程信息模型、大型结构装配施工、无损智能检测、物联网监测、大数据智慧工地管理等关键前沿技术应用能力为目标，推进贵州特色高桥人才培养高地建设。

赓续逢山开路、遇水架桥的交通精神，新时代的贵州交院人，力学笃行、拼搏创新，将为贵州交通强国西部示范省的建设贡献更多的力量。

END

https://mp.weixin.qq.com/s?__biz=MzI0MjUyNDI5MQ==&mid=2247521078&idx=1&sn=0c503fa2bb93a1ec43d6e2913423ee45&chksm=e979dad… 5/6

2022/2/11 【媒体看交院】贵州交通职业技术学院：专业建设对接"高端产业"和"产业高端"

编辑：周诚竹
责编：洪 丹
编审：鲁 熙

2021年9月1日

分享给更多人吧！

https://mp.weixin.qq.com/s?__biz=MzI0MjUyNDI5MQ==&mid=2247521078&idx=1&sn=0c503fa2bb93a1ec43d6e2913423ee45&chksm=e979dad… 6/6